申超 著

BIANYUAN XUESHU ZUZHI DE
CHENGZHANG LUOJI
OU ZUZHI

边缘学术组织的成长逻辑

S大学对外汉语机构组织变迁的个案研究

广东高等教育出版社
Guangdong Higher Education Press
·广州·

图书在版编目（CIP）数据

边缘学术组织的成长逻辑：S大学对外汉语机构组织变迁的个案研究/申超著. —广州：广东高等教育出版社，2017.5
ISBN 978－7－5361－5925－9

Ⅰ. ①边…　Ⅱ. ①申…　Ⅲ. ①汉语－对外汉语教学－教学研究　Ⅳ. ①H195.3

中国版本图书馆CIP数据核字（2017）第114825号

出版发行	广东高等教育出版社 地址：广州市天河区林和西横路 邮政编码：510500　电话：（020）85250745 http://www.gdgjs.com.cn
印　　刷	佛山市迎高彩印有限公司
开　　本	787毫米×1 092毫米　1/16
印　　张	14
字　　数	257千字
版　　次	2017年5月第1版
印　　次	2017年5月第1次印刷
定　　价	42.00元

前 言

关于高等教育组织的研究，是笔者迄今较为关心的学术议题之一。无论是在日常的学习还是专业的学术研讨中，笔者都把社会科学（特别是社会学）中关于组织理论的文献视作主要的阅读兴趣点，对这方面的研究成果了解最多、最有心得，也因此基本奠定了笔者博士阶段独立研究的理论基底。这本在笔者的博士论文基础之上修改而成的著作亦得益于此。在选题的过程中，面对林林总总、大大小小的高等教育组织，笔者最终选择了对外汉语教学机构这样一个对大多数教育研究者来说似乎既熟悉又陌生的学术组织，主要是出于以下两方面的考虑。

首先，必须坦诚的是，作为一个研究新手，能够让笔者在若干阻力面前毫不妥协地坚定选题的方向，最初是源自对这一组织独特性的原始好奇。暂且悬置所谓的专业术语，通俗地讲，当前我国许多研究型大学中的对外汉语教学机构最让笔者不解的地方在于，如果从该组织的薄弱的学科基础来看，它明明似是一个“羸弱少年”，这既体现在其所依托的对外汉语教学学科相对短暂的学科化演进过程上，也体现在这一学科相对于母学科来讲的边缘性上。然而，与“羸弱少年”般的学科积淀相对应的却并不是如此这般的学术组织，在组织地位上，我国研究型大学中的对外汉语教学机构基本都已获得了大学二级单位的组织建制，俨然一副“高富帅”的模样，这种大学次生学术组织的学科基础与组织地位的错位无法不令人生疑。在中国，这就好比一个从表面上看资质平平的“青年”，刚刚三十出头就已经跻身地方要员的行列，因此，稍有点探索精神的人应该都会揣测，他是不是有什么特殊的背景？……循此逻辑，笔者所开展的这项研究，从本源上来看，其实就是想要探究一个以薄弱的学科存在为基础的大学学术组织，凭什么具有“高富帅”的组织地位？在广泛调查我国研究型大学的对外汉语教学机构发展状况的基础上，笔者以S大学对外汉语教学机构的组织变迁为个案开展了历史研究。这一研究采用历史研究的范式主要是因为，当笔者试图从文献中探寻上述具有本源性的疑惑时，笔者发现，大多对外汉语教学机构在组织建制上的“高富帅”地位并不是突然获得的，而是经历了一个漫长且曲折的演变过程，组织能成功地向“高富帅”挺进的秘密，恰恰就蕴藏在历史的过程中。因此，那个本源性的疑惑就转化为两个具体的研究问题，即组织在历史上是怎么变化的？为什么会发生这种转变？与此同时，本研究采用个案研究的思路，一方面是由于受研究时限、资料的可获取性等主客观条件的约束，另一方面也是因为与大规模的调查研究相比，个案研究往往更有助于深入、细致地揭示和解释相关的研究问题。

其次，研究对外汉语教学机构，可以看作是笔者作为一个教育学科的研究者，开始关注教育学科的“溢出性学术组织”的产物。尽管对外汉语教学学科已被其学科内部的专家广泛认可为一门由教育学、心理学、语言学等多学科交叉形成的边缘学科，但长久以来，我国教育学界并没有在很大程度上参与这一新兴边缘学科知识的建构之中。这可以较为直观地从我国对外汉语教学师资队伍的普遍学术背景中反映出来，即过去及当前一段时间，我国大学中的对外汉语教学与科研工作者大多出身于中文或外语专业，鲜有出身于教育学专业的。或许正是由于这一原因，笔者也曾收到来自对外汉语教学学科内部专家言辞激烈的拒访信：“当我确认你不是我们这个行当的人，你的博士论文居然与‘对外汉语教学的学科和组织发展’相关，让我吃惊，因为这么多年来，我们自己的研究生的学位论文没有一篇是涉及学科与组织发展的。”这种状况可能既与对外汉语教学从业者的学术视野和学科发展战略有关，也与教育学界无暇顾及主流教育问题之外的衍生性教育问题有关。在这一意义上，本研究或许可以看作是教育学科的研究者将目光投向邻近学科的一种尝试。尽管对于邻近学术组织的关注并不能代替对邻近学科知识的关注，但这仍然有助于教育学界检视自我与他者，特别是重新认识自身可能对其他学科及其学术组织产生哪些影响。

概括地讲，本研究实际上就是在描述和分析中国研究型大学中的对外汉语教学机构是如何实现从无到有、从“星星之火”到“燎原之势”、从“无人问津”到“扬眉吐气”的历史转变的基础上，运用动态变迁的多重制度逻辑的理论框架，对一个案例组织何以实现这种奇妙的历史转变进行了解释。这种解释框架对于分析和解释中国大学内部的学术组织变迁，特别是那些以一个名不见经传的交叉边缘学科为依托的学术组织如何在大学中赢得一席之地具有一定的参考价值。当然，作为教育管理研究方面的一项基础研究，并不能像医生给病人开处方那样，直接告诉一线的大学管理者应如何更好地管理这类边缘学术组织。作为研究者，笔者的责任是揭示这类边缘学术组织变迁的基本特点和规律，供管理人员参考，但如何制定管理策略，则需要管理者本人结合具体的情景来考量和决策。

这一专著最终能够出版，首先要感谢北京大学教育学院这个温暖的大家庭。在那份妙不可言的缘分之下，笔者几乎是无知且任性地“闯”入了其中，在马老师的指导下，开始了一段惊心动魄的旅程。在这个过程中，沟沟坎坎，艰险异常，几度徘徊，几多惆怅，却终究抵挡不住那曾经依稀却渐次清晰的光亮。这份光亮既来自与师长们的犀利交锋，也来自“301”小伙伴间的砥砺与成长，更来自北京大学这份厚土的馈赠和给养！

感谢天津大学教育学院的同事、朋友和领导，特别是王书记和闫院长的关心。在他们的带领下，天津大学教育学院成为国内教育学界一颗冉冉升起的新星，她的宽厚与温情，为笔者提供了一个在“后博士时代”可以安心进步与成长的舞台，使本项研究在多个层面上得以持续拓展和深入。在他们的鼓励和支持下，那段入职后不久即偿夙愿的访学经历，为笔者更加全面地认识和审视此研究的特点与不足提供了宝贵的“回望期”，正是在那段看似放逐的岁月里，各种奇思妙想不断闪现，并在修改此文时，部分得以实现。硕导项老师亦始终关注着笔者每一次的转折与蜕变，在笔者学术道路的每个转捩点上，几乎都有他毫不犹豫的支持和循循善诱的教导。

本研究的初步成果——博士论文完成后，经北京大学教育学院推荐，最终获评中国高等教育学会第十届“高等教育学”优秀博士学位论文奖。

出于研究伦理及若干项需要匿名处理的业务考量，有很多在笔者研究过程中曾给予过笔者各种帮助和支持的师长、同学、朋友和家人，这里均无法一一直名言谢，但笔者会把这份感动融入日后的教学和科研工作中，使更多的学生因此受益，这将是已站在大学讲台上的笔者，对他们长久以来的鼓励与关爱的最好回报。为此，笔者将在学术道路上继续探索、前行！

申　超

2017 年 1 月 2 日

目　录

第一章 导 论

第一节 研究的背景与问题

一、研究缘起

随着世界范围内的知识发展与增长方式的转变，越来越多的新知识的产生往往出现在学科边缘或者学科交叉地带，这使得大学中以边缘交叉学科为依托的学术组织在知识生产方面的独特优越性日渐显现。然而，与这种知识生产的独特优越性不匹配的是，作为一种“另类”的学术组织，中外大学中的边缘学术组织（Interdisciplinary Academic Organization）的生存和发展似乎面临着严峻的考验，这种考验主要体现在为了组织的存续及知识的生长，它必须与所谓“主流”的学术组织展开各种资源的争夺。这是本研究聚焦大学边缘学术组织的宏观背景。

此外，本研究将对边缘学术组织的关注点放在中国大学①中的对外汉语教学机构②与笔者在攻读博士学位期间所参与的两个与大学国际化有关的研究课题不无联系。在研制大学国际化发展水平的指标体系的过程中，笔者发现，无论在中外高等教育的理论界还是实践中，学者们和众多大学管理人员几乎都把留学生数量看作是衡量一所大学国际化水平的重要指标。反观自己所在及周围同学所在的高校，操着各种“奇腔怪调”的外国留学生出现在大学校园中似乎早已司空见惯，然而，当你进一步问他们具体来自哪个学院或学习哪个科系时，他们往往异口同声地回答：“对外汉语学院！”于是，以下一连串的关于对外汉语学院这一机构的疑问始终盘旋在笔者的脑海中：大学

① 本书所指的中国及中国大学，除非特别说明，意指中国大陆及中国大陆的大学，不包括港澳台地区及其所属大学。

② 本书所关注的中国大学中的对外汉语教学机构不是“孔子学院”，两个机构虽然具有某些联系，但基本上是两种不同性质的机构，关于二者的区别详见本文第二章的“基本概念界定”部分。

中的对外汉语教学机构是一个什么样的机构？留学生学的汉语跟我们学的汉语有什么不同吗？若没有不同，大家为什么不都在大学的文学院或中文系学习，而要另起“炉灶”？

正是基于上述两方面的考量，笔者开始一点点地了解大学中这样一个似乎常常被中国学生所遗忘的学术组织——对外汉语教学机构。在研究的过程中，笔者发现，对外汉语教学机构与大学中的其他学术组织相比，具有相当的特殊性（下文详述），而要想了解对外汉语教学机构，必须将对外汉语教学机构、对外汉语教学学科和对外汉语教学事业三者联系起来考察，才能更好地勾勒出这个大学次生学术组织的成长背景，也才能更加深入地解读对外汉语教学机构的发展与变迁。因此，下文将按照“事业→学科→机构”的顺序，简要呈现其三重相互嵌套的组织发展背景。

二、研究背景

（一）对外汉语教育事业—— 一项国家和民族的事业

“对外汉语教学”这个学名是20世纪七八十年代才在中国大陆乃至世界范围内逐渐传播开来的一个新名词，顾名思义就是“对外国人开展的汉语教学”。但是，对外国人开展汉语教学这一现象并非是一件如此晚近才发生的现象。“追溯对外汉语教学的历史，早在两千五六百年前，西周末年的《周礼》及秦汉之初的《礼记》中所提到的通译已见端倪。而外国人或外族人真正大批到中国学习汉语始于汉代。但不管何时何地教、学汉语，在中华人民共和国成立之前，对外国人的汉语教学始终没有成为一项专门的事业和一种专门的学问。”[①] 具有现代意义的、正规的、大规模的对外汉语教学开始于中华人民共和国成立以后。

作为一项事业的对外汉语教学由于与国家的政治、外交工作密切相关，故从新中国成立之初，便受到中国政府和国家领导人的高度重视。新中国成立伊始，我国在外交上坚定地站在以苏联为首的社会主义阵营，于是，一些东欧国家率先提出了与我国交换留学生的建议。在周恩来总理的亲自关怀下，为了教留学生学习汉语，我国首个对外汉语教学机构“东欧交换生中国语文专修班”诞生。此后，周总理作为国家高级领导人，曾就我国对外汉语教学机构的设立与重建，甚至具体的对外汉语教学进行过多次专门的批示，例如，他曾在《当前文字改革的任务》的报告中肯定了北京大学的做法，指

① 张德鑫. 对外汉语教学五十年：世纪之交的回眸与思考［J］. 语言文字应用，2000（1）：49－50.

出："北京大学的外国留学生专修班采用了汉语拼音方案的第一个草案进行教学，很有成效，说明汉语拼音方案在这方面有很大优越性，汉字和注音字母是远不能跟它相比的。"①

为了推动我国对外汉语教育事业的发展，国务院于 1987 年专门批准成立了国家对外汉语教学领导小组（国家汉办的前身），它由教育、文化、侨务、新闻、出版、外交等多部门有关领导组成，是我国政府旨在集合多重行政力量来加强国家对此项工作的统一领导和协调的表现。1988 年，第一次全国对外汉语教学工作会议召开，会议正式提出"对外汉语教学是一项国家和民族的事业"，从而把对外汉语教学提到了前所未有的高度。②此后，在我国各种与对外汉语教学工作有关的官方政策文本当中，常常可见国家关于推动这项事业发展的坚定决心。1993 年，中共中央颁布《中国教育改革和发展纲要》，提出"大力加强对外汉语教学工作"。1999 年，第二次全国对外汉语教学工作会议召开，会议强调指出："对外汉语教学是国家和民族的事业，是国家改革开放大局中的一个组成部分，发展对外汉语教学事业，对于向世界推广汉语，传播中华民族的优秀文化，增进我国与世界各国人民的相互了解和友谊，培养更多的对华友好人士，扩大我国与世界各国的经济、文化等各方面的交流与合作，提高我国在国际上的影响，具有重要的战略意义，对于维系全世界 3 000 万华人、华侨与中华文化的血脉联系具有重要作用。"③进入 21 世纪，据当时有关方面的统计，"全世界有 85 个国家的 2 100 多所大学在教授中文，另有不计其数的中小学、社会办学机构也在开展汉语教学，学习中文的人数已达 3 000 万人，学习汉语的国家分布极其广泛。有传媒认为，随着中国经济水平的提高和国力的提升，汉语将得到广泛的传播，并且有望在新世纪成为世界第二大传媒语言。"④ 在这样一种"汉语热"的浪潮下，我国政府相继出台了《汉语桥工程》《关于加强汉语国际推广工作若干意见的通知》等相关政策文本，在中国国家汉语国际推广领导小组办公室（以下简称"汉办"）的领导和推动下，中国的对外汉语教育事业伴随着孔子学院和孔子课堂在世界范围的广泛布局，开启了新的篇章。

（二）对外汉语教学学科——一个交叉边缘学科的独特成长轨迹

对外汉语教育事业的大发展为中国大学的对外汉语教学学科和机构的发

---

① 程裕祯. 新中国对外汉语教学发展史［M］. 北京：北京大学出版社，2005：11.

② 李泉. 国际汉语教学学科建设若干问题［J］. 语言文字应用，2010（2）：108.

③ 教育部. 教育部关于印发《第二次全国对外汉语教学工作会议纪要》的通知（教外专〔2000〕6 号）.

④ 严美华. 汉语，迎来世界注目礼［N］. 光明日报，2003－02－13（2）.

展创造了良好的外部环境。由上文的历史梳理可以看出，具有现代意义的中国对外汉语教育事业在开创初期，就与大学中相应教学机构的设立具有了某种本源性的联系，而几乎与中国大学中对外汉语教学机构的变迁相伴始终的，是对外汉语教学学科的酝酿、诞生与发展的全过程。回顾对外汉语教学专门知识学科化的发展历史，可以发现，人们对这一学科的认识经历了“前学科→ 一个特殊的教学和研究领域→ 一门学科→ 一门交叉边缘学科”的演变过程。

在对外汉语教学机构跻身中国大学讲堂的早期（20 世纪 50—60 年代），并不存在严格意义上的对外汉语教学学科，当时在大学从事对外汉语教学的教育工作者，大多出身于大学的中文系科或外文系科，他们的主要任务是为外国留学生教授汉语，主要运用的是汉语的本体知识，很少有人专门探讨如何更好地教授留学生汉语，间接与之相关的是教员们就如何编写针对留学生的汉语教材、如何组织针对留学生的汉语课堂教学所开展的零星的经验交流，但这方面的学术交流既不系统也不成规模，可以说还处在对外汉语教学学科发展的前学科阶段。印证这一阶段更为明显的标记是，尚未有人对这一领域的知识进行学科命名，“对外汉语教学”这一学科名称是后来才提出的。

对外汉语教学界的专家学者真正有意识地进行对外汉语教学的学科化建设大约是在 20 世纪 70 年代以后。1973 年以后，随着我国恢复招收外国留学生的逐步增多，众多高校纷纷恢复和新建了一批对外汉语教学机构，相应的专业人员也逐步增加，专业人员之间的学术交流网络逐步建立起来，各种地区性或全国性学术讨论会开始举办。对外汉语教学开始渐渐摘掉了“是个中国人、会说中国化”就能教汉语的“小儿科”的帽子，越来越多的人开始承认教授外国人汉语也是一门特殊的教学和研究领域。1978 年，在北京地区语言学科规划座谈会上，吕必松先生首次提出“对外汉语是一个专门的学科”，获得了与会语言学家的支持，并写进了会后发表的《北京地区语言学科规划座谈会简况》中，此后，对外汉语教学界开始比较自觉地向学科建设的方向和目标奋斗。进入 20 世纪 80 年代以来，不少语言学界的专家、学术团体以及政府教育行政部门，就对外汉语教学的学科地位不断发表看法。1984 年，王力先生在给《语言教学与研究》创刊五周年题词时写道：“对外汉语教学是一门科学。”同年 8 月，时任教育部副部长的何东昌先生在工作报告中指出“多年的事实证明，对外汉语教学已发展成为一门新的学科”。与之相伴随的是，1983 年中国教育学会下属的对外汉语教学研究会（All China Association for Teaching Chinese as a Foreign Language）成立，并于 1988 年脱离中国教育学会，成为独立的对外汉语教学学会，作为一个民间学术团体，它承担了促进对外汉语教学界同仁进行学术交流的重任，为推动对外汉语教学学科发展和建设发挥了重要作用。由此开始，对外汉语教学就被学术界和政府教育部门确认为是一个专门的学科，学科名称也逐步传播开来。有学者指出，从此对外汉语教学学科的发展进入了“由经验型向科学型转变的时期”①。

进入20世纪90年代以后，从事对外汉语教学工作的学者们不断地反思学科建设的问题，召开了一系列有关对外汉语教学学科建设的学术研讨会，其中有代表性的当属1994年召开的“对外汉语教学定性、定位、定量问题座谈会”，这次座谈会被学术界简称为对外汉语教学的“三定”会议，会议对学术界关于对外汉语教学学科身份的诸多颇有争议的问题，形成了比较一致的看法，使得对外汉语教学朝着规范化的方向进一步得到了发展。随着学科队伍发展的不断壮大，学术界对对外汉语教学的学科性质的认识也逐步深入。在2007年国务院学位委员会颁布的“《汉语国际教育硕士专业学位设置方案》说明”中，对外汉语教学的学科性质作为更为明确的官方说明，指出“汉语作为第二语言/外语教学是一门具有特殊规律的科学，在学科方向、培养对象、培养目标、培养内容和方法等方面有着显著的特点，它同时也是一门高度交叉、高度综合的前沿学科，具有语言学、教育学、心理学、社会学、文化学、政治学等多重学科的综合属性，而且要求有实践环节的训练。”② 至此，对外汉语教学学科作为一门交叉边缘学科的地位得以进一步确立。然而，不可否认的是，对外汉语教学学科作为一个20世纪80年代以来才逐步获得各方认可的新兴学科，其发展尚处在初级阶段，至少可以说，它还不是一个成熟的学科，其最明显的例证就是学术界对其学科地位的质疑似乎从未销声匿迹过。

（三）对外汉语教学机构—— 一个迅速崛起的大学次生学术组织③

如前所述，中国现代对外汉语教育事业在源头上就已与中国大学中对外汉语教学机构的设立具有直接的关联。新中国成立伊始，为了教授来新中国留学的第一批外国学生的汉语，在中国的一所大学里成立了“东欧交换生中国语文专修班”，后因1952年全国高等学校的院系调整，该专修班调至另外一所大学，这被很多对外汉语教学工作者认为是我国大学中设立对外汉语教学机构的肇始。此后，中国的对外汉语教学机构在全国各地、各高校迅速蔓

---

① 程裕祯．新中国对外汉语教学发展史［M］．北京：北京大学出版社，2005：83.

② 国务院学位委员会．关于下达《汉语国际教育硕士专业学位设置方案》的通知（学位〔2007〕10号）［Z］．2007-03-30.

③ 大学次生学术组织在本文中的含义见下文“基本概念界定”部分。

延开来，虽历经变迁，甚至一度销声匿迹，但仍然顽强地在很多大学中特别是中国的研究型大学中以各种方式存续了下来，形成了一个同类型的大学学术组织群体。据程裕祯教授牵头的新中国对外汉语教学发展史编写组统计，大约到21世纪初，全国已有32所著名大学，成立了35个专门从事对外汉语教学的二级学院。[①]

1. 对外汉语教学机构的组织形式

为了更为详细地呈现我国大学中对外汉语教学机构的发展情况，笔者逐一登录了中国各“985”高校[②]网站进行查询，截至2012年年底，各高校网站公布的、具有明确组织身份且有一定规模的对外汉语教学机构或其所属机构的名称及其变化情况见表1－1。

表1－1 中国“985”高校中的对外汉语教学机构或其所属机构一览表[③]

（排名不分先后）

序号	校名	机构名称
1	北京师范大学	对外汉语教育中心
		对外汉语教育学院
		汉语文化学院
2	中国人民大学	对外汉语教学中心
		对外语言文化学院
		对外汉语教学中心（隶属文学院）
3	北京大学	对外汉语教学中心
		海外教育学院
		对外汉语教育学院
4	复旦大学	外国留学生部
		国际文化交流学院

① 程裕祯. 新中国对外汉语教学发展史［M］. 北京：北京大学出版社，2005：265.

② 这里的“985”高校是国家“985”工程重点建设的高等学校的简称。“985”工程是中国政府旨在重点支持国内部分高等学校创建世界一流大学和高水平大学的项目简称，一般认为，入围“985”工程的高等学校可以大致看作是中国研究型大学的代表。截至2011年3月31日，我国共有39所“985”高校。

③ 本列表的信息主要依据各大学官方网站公布的有关该大学历史上及现今存在对外汉语教学机构的名称，成立时间因匿名考虑暂时隐去。中国军事系统的“985”高校未记入统计范围。若一所大学历史上或现今存在对外汉语教学机构，但未在其官方网站中公布，则暂时未列入本表中。整理时间为2012年6—12月。

续上表

序号	校名	机构名称
5	南开大学	对外汉语教学中心
		汉语言文化学院
6	中央民族大学	对外汉语教学中心
		国际教育学院
7	中山大学	汉语培训中心
		对外汉语教学中心
		国际交流学院
		国际汉语学院
8	清华大学	对外汉语文化教学中心
		人文学院对外汉语文化教学中心
9	中国海洋大学	对外汉语教学中心
		国际语言文化交流学院
		中国语言文化学院
		文学院
		文学与新闻传播学院
10	上海交通大学	国际教育学院
		人文学院中国语言文学系
11	华中科技大学	国际教育学院
		人文学院中国语言文学系
12	四川大学	文学与新闻学院中国语言学系 语言学及对外汉语教研室
13	兰州大学	国际文化交流学院
14	武汉大学	文学院汉语言文化系对外汉语教研室
15	吉林大学	国际语言学院
16	南京大学	文学院
17	山东大学	国际教育学院
18	浙江大学	外国语言文化与国际交流学院

续上表

序号	校名	机构名称
19	大连理工大学	国际文化交流学院
20	西北农林科技大学	国际学院
21	西安交通大学	国际教育学院
22	东南大学	海外教育学院
23	华南理工大学	国际教育学院
24	天津大学	国际教育学院
25	中南大学	文学院
26	同济大学	国际文化交流学院
27	东北大学	国际交流学院
28	电子科技大学	外国语学院对外汉语教研室
29	华东师范大学	对外汉语学院
30	厦门大学	海外教育学院
31	重庆大学	国际学院
32	哈尔滨工业大学	—
33	中国农业大学	—
34	北京理工大学	—
35	北京航空航天大学	—
36	西北工业大学	—
37	湖南大学	—
38	中国科技大学	—

如表1－1所示，在38所中国“985”高校中，有31所大学（约占“985”高校总数的82%）设有从事对外汉语教学或研究工作的机构。虽然很多院校的对外汉语教学机构的官方网站中并未详细介绍各校当前的对外汉语教学机构的历史沿革情况，但根据各校现有对外汉语教学机构及其隶属部门官方网站中已公布的有关机构变革的历史信息、《新中国对外汉语教学发展史》[①] 中有关章节公布的信息以及笔者对部分对外汉语教学工作者的访谈中得知，很多高校的对外汉语教学机构都经历了多次组织形态的变迁。其中，较多高校的对外汉语教学机构都经历了从“对外汉语教研组/室”“对

① 程裕祯. 新中国对外汉语教学发展史［M］. 北京：北京大学出版社，2005.

外汉语教学中心”（系级或类似系级的建制）到“对外汉语教育学院”/“国际教育学院”/“文学院”/“人文学院”（二级学院建制）等近似组织形态的转变，还有一些高校的机构变革情况要比以上两种组织形式更复杂。①

为了进一步从总体上厘清当前中国研究型大学中对外汉语教学机构的组织形态的发展情况，笔者将观测范围缩小至设有从事对外汉语教学与研究工作的30所②中国“985”高校晚近成立的相关组织上。研究发现，当前中国研究型大学中对外汉语教学机构的组织形式大致分化成两种类型：一种是具有独立二级学院建制的对外汉语教学机构（共20所，约占总数的67%），它们在名称上体现为“对外汉语教育学院”“汉语文化学院”“国际教育学院”“国际文化交流学院”等不同的叫法；另一种是隶属于学校某个邻近学科所在的二级学院下的学术组织（共10所，约占总数的33%），它们在名称上体现为文学院、人文学院或外国语学院下的对外汉语教研室，或根本不存在一个明确的对外汉语教学机构（无论是实体机构还是虚体机构），只是由其所属二级院系（如文学院或中文系）在完成其核心学科的教学科研任务的同时，兼行对外汉语教学方向的教研工作。

2. 对外汉语教学机构的组织功能

为了进一步厘清当前中国各研究型大学中对外汉语教学相关院系组织的具体功能，笔者对30所从事专门的对外汉语教学或研究工作的“985”高校的相关机构职能进行了归类和整理，其结果见表1－2。

表1－2　中国“985”高校中的对外汉语教学机构或其所属机构与职能一览表③
（排名不分先后）

序号	校名	机构名称	主要职能
1	北京师范大学	汉语文化学院	教学科研
2	北京大学	对外汉语教育学院	教学科研
3	复旦大学	国际文化交流学院	教学科研
4	南开大学	汉语言文化学院	教学科研

① 这一结论的得出主要是基于笔者对表1－1中所列各大学对外汉语教学机构官网中的历史沿革情况的介绍，以及对部分从事对外汉语教学工作的教师和管理人员的访谈。

② 表1－1显示有31所中国“985”高校设有从事对外汉语教学与研究工作的机构，但中国海洋大学当前在其原对外汉语教学中心基础上组建的文学与新闻传播学院的官方网站上，并未显示其现今是否仍旧从事有关对外汉语教学的活动，且该校其他的院系组织也未见有从事对外汉语教学的相关部门，故暂时舍去不计。

③ 本列表整理的信息主要来自各大学官方网站公布的有关信息。整理时间同表1－1。

续上表

序号	校名	机构名称	主要职能
5	中山大学	国际汉语学院	教学科研
6	吉林大学	国际语言学院	教学科研
7	同济大学	国际文化交流学院	教学科研
8	华东师范大学	对外汉语学院	教学科研
9	厦门大学	海外教育学院	教学科研
10	中国人民大学	文学院对外汉语教学中心	教学科研
11	清华大学	人文学院对外汉语文化教学中心	教学科研
12	上海交通大学	人文学院中国语言文学系	教学科研
13	四川大学	文学与新闻学院中国语言学系 语言学及对外汉语教研室	教学科研
14	武汉大学	文学院汉语言文化系对外汉语教研室	教学科研
15	南京大学	文学院	教学科研
16	中南大学	文学院	教学科研
17	浙江大学	外国语言文化与国际交流学院	教学科研
18	华中科技大学	人文学院中国语言文学系	教学科研
		国际教育学院	留学生管理
19	电子科技大学	外国语学院对外汉语教研室	教学科研
		国际教育学院	留学生管理
20	中央民族大学	国际教育学院	教研 + 留管
21	山东大学	国际教育学院	教研 + 留管
22	兰州大学	国际文化交流学院	教研 + 留管
23	大连理工大学	国际文化交流学院	教研 + 留管
24	西北农林科技大学	国际学院	教研 + 留管
25	西安交通大学	国际教育学院	教研 + 留管
26	东南大学	海外教育学院	教研 + 留管
27	华南理工大学	国际教育学院	教研 + 留管
28	天津大学	国际教育学院	教研 + 留管
29	东北大学	国际交流学院	教研 + 留管
30	重庆大学	国际学院	教研 + 留管

如表 1－2 所示，当前中国各研究型大学中对外汉语教学机构通常主要承担本学科的教学科研或全校的留学生管理两项职能。教学科研职能是大学各平行二级院系都具备的职能，但负责全校的留学生管理则是对外汉语教学机构所承担的一项区别于其他平行院系的特殊职能。在中国的 30 所研究型大学中，有 19 所（约占总数的 63%）大学的对外汉语教学机构仅履行教学科研的职能（当然也包含与其他平行院系一样的对中外学生共同开展的常规管理），这类大学的留学生管理工作通常由学校的国际交流与合作处（部）或外事处（部）负责，这些部门通常都下设有留学生办公室等类似的分支管理机构；同时，有 11 所（约占总数的 37%）大学的对外汉语教学机构同时肩负教学科研职能和全校的留学生管理（通常指负责全校的留学生招生、教学管理、生活管理等工作）两项职能，其中两所大学的留学生管理工作由一个专门的国际教育学院来负责，但该学院并不承担对外汉语教学和科研的任务，故暂不算作对外汉语教学机构。

3. 对外汉语教学机构组织形式与功能的交互分析

上文笔者分别分析了中国研究型大学中对外汉语教学机构的基本组织形式与组织功能，下面将两者结合起来进行分析。

表 1－3 当前中国部分“985”高校中对外汉语教学机构的组织性质与分类

组织性质	组织性质的分类	所占比重（实际数量）
组织形式	独立式的学术组织建制	67%（20 所）
	依附式的学术组织建制	33%（10 所）
组织功能	教学科研	63%（19 所）
	教学科研＋留学生管理	37%（11 所）

由表 1－3 可知，在当前我国的部分研究型大学中，对外汉语教学机构的组织形式以独立型为主，组织职能以教学科研为主，依附式的组织形式和“教学科研兼留学生管理”的组织职能并非对外汉语教学机构的主流模式。进一步分析还可发现，在对外汉语教学机构仅承担教学科研职能的 19 所大学中，有 9 所（约占总数的 47%）大学的该机构是独立建制的大学二级学术组织，有 10 所（约占总数的 53%）大学的该机构是隶属于某一大学二级学术组织的下级虚体或实体组织，抑或根本不存在一个虚体/实体的对外汉语教学机构，仅依托某一邻近学科所在的二级院系从事对外汉语教学与科研的相关工作。这表明，以交叉边缘学科中的对外汉语教学学科为基础的、以教学科研任务为主的对外汉语教学机构，在中国的研究型大学中，并未完全获得与主流学科（指与交叉边缘学科相对的、发展已经比较成熟的学科）所

在组织相当的独立的组织席位。

将对外汉语教学机构的组织形式和组织功能采用二维交叉的方式进行分析，其结果见表1－4。

表1－4　当前中国部分“985”高校中的对外汉语教学组织的形式与功能分布表①

组织功能	组织形式	
	独立式的学术组织建制	依附式的学术组织建制
教学科研	区域A（9个）	区域B（10个）
教学科研 + 留学生管理	区域C（11个）	区域D（0个）

如表1－4所示，在当前30所设有对外汉语教学或研究机构的中国研究型大学中，从组织功能的角度来看，主要履行专业的教学科研职能的对外汉语教学机构共19个，其中9个在各自大学中属独立建制的二级学院，另外10个为依附式的组织建制，② 而教学科研和留学生管理职能“双肩挑”的对外汉语教学机构共11个，且全部为相应大学独立建制的二级学院。

笔者在各大学对外汉语教学机构的官方网站中、有关的历史文献中以及针对部分对外汉语教育工作者的访谈中获知，如表1－4所示，区域A中的对外汉语教学机构通常是由区域C中的对外汉语教学机构发展而来，区域B和区域C中的一些对外汉语教学机构具有向区域A中的机构演变的某种倾向（如表1－4所示的虚线箭头所指）。当然，并非所有的研究型大学都是这种情况，例如，有的研究型大学中的对外汉语教学机构就曾经历了从区域A到区域B的反向的机构变迁。尽管各研究型大学的对外汉语教学机构的变迁之路各不相同、各有“千秋”，但追求独立的学术组织建制、将全校的留学生管理职能与对外汉语教学组织相剥离的目标（即区域A所代表的组织类型），似乎是很多具有一定学术基础的研究型大学中的对外汉语教学机构所持有的共同愿景。

① 表1－4是在表1－2相关信息的基础上绘制的，其表格信息的整理时间亦同表1－1。

② 结合表1－2来看，这里的10个依附式组织建制的对外汉语教学机构基本上是指那些隶属于或寄生在对外汉语教学学科的母学科所在组织中，如中文院系、外国语院系等大学的人文社会科学院系。但需要指出的是，与上述这种对外汉语教学机构的依附类似的还有一种依附形式，即依附于留学生管理机构，这也可看作是一种依附式的组织建制，只是这种建制的对外汉语教学机构在历史上较多，在当前较少，或者在当前那些“教学科研＋留学生管理”双肩挑的对外汉语教学机构中（即表1－4中的C区域所代表的机构），有些机构的留学生管理职能发挥得更显著，导致其作为全校的留学生管理机构的属性更加鲜明，从而使整个机构的对外汉语教学与科研的职能在实质上从属于留学生管理职能。

（四）机构·学科·事业——对外汉语教学的三重身份辨析

对外汉语教学机构[①]、学科和事业三者的发展既密切相关，又有显著的区别。

三者之间的联系体现在三者之间互为依托、相互促进。对外汉语教学机构是对外汉语教学学科和事业的物质载体，机构的发展状况是昭示学科和事业发展水平的晴雨表，学科和事业的发展重任往往需要通过具体的机构来承担。大学的各个院系组织基本上都是依托某个或某些学科或学科群组建的，学科建设是大学各院系的基本任务之一，作为大学众多院系之一的对外汉语教学相关院系相应也必须承担对外汉语教学学科发展的任务和使命。然而，衡量对外汉语教学学科的发展水平，除了要关注这一大学次生机构群体的发展情况以外，还要关注对外汉语教学专门知识的积累情况、专业学术交流网络的建构情况、是否有规范的学科人才培养计划、是否有学术成果的公开流通渠道以及稳定的基金资助来源等，这些学科发展的要素与机构的发展互为补充、相互影响。“学科知识的划分是院系等学科组织产生的基础，是学科的发展导致了院系等学科组织的发展，高深专门知识领域是院系学科组织发展的内在逻辑，人们正是从这些合法化的学科组织中认识学科，学者们也是在这些学科组织中进行学术活动的。”[②] 然而，在中国，对外汉语教学机构与对外汉语教学学科关系具有鲜明的特殊性，这一特殊性在于，早期对外汉语教学机构的诞生并不是以一个大学常规的二级院系的身份公之于世的，而是以一个带有几分临时性、应急性色彩的“教学班”的组织形式仓皇“空降”的大学，迅速获得了跻身大学讲堂的通行证。可以说，这使得我国大学的对外汉语教学机构在建立之初并不具有坚实的专门知识基础，学科的发展俨然滞后于学科组织的发展步伐，或者说，对外汉语教学机构的设立在某种程度上反倒是成了对外汉语教学学科生成和发展的催化剂。较机构和学科而言，对外汉语教学事业所涵盖的范畴更大，机构和学科的发展都可以看作是整个对外汉语教学事业发展的重要组成部分，机构和学科的蓬勃发展是对外汉语教学事业走向繁荣的重要基础，反之亦然。

三者之间的区别主要体现在三者的基本发展目标和其所遵循的基本逻辑不同。大学中的对外汉语教学机构的发展目标通常包括该机构在大学中的定位和职能要明确，能吸引更多、更好的符合机构自身发展要求的人才加盟，

---

① 本书探讨的对外汉语教学机构如无特别说明，均特指中国大学中的对外汉语教学机构，不包括大学之外的汉语培训机构等其他类型的对外汉语教学机构。

② 庞青山. 大学学科论［M］. 广州：广东教育出版社，2006：144.

实现机构的永续存在和持久发展，它所遵循的基本逻辑是组织生存与发展的逻辑，任何逻辑都不能与这一逻辑相抵触；对外汉语教学学科的核心发展目标在于增进对外汉语教学专门、高深知识的积累与进步，它所遵循的基本逻辑是专门知识的发展逻辑，任何影响学科发展的外在条件，最终都应服务于这一专业领域的知识的增长；对外汉语教学事业的发展目标是让更多的人学习汉语、掌握汉语，借此更好地了解和理解中国，感受中华文化，为国家和民族事业的兴旺发达创造和谐的外部环境，为中华文化走向世界搭建一个广阔的平台，因此，它应服从于国家和民族发展大业的整体需要，作为国家政治、外交和文化传播的重要组成部分，遵循国家总体发展战略的基本逻辑。

正是由于对外汉语教学机构、学科、事业三重身份既交织共融，又有所区别，使得专门研究其中的任何一重身份，都必须既要考虑将其与另外两重身份相对剥离开来进行研究，又要考虑将三重身份联系起来综合地看待问题，过度倚重或者忽略任何一重身份都可能影响对对外汉语教学机构、学科或者事业本身的理解。本研究将重心放在对外汉语教学机构层面，主要关注的是中国大学中对外汉语教学机构的组织变迁过程，对这一过程的理解和分析，既不能与对外汉语教学学科和事业混淆，也不能完全抛弃学科和事业发展的大背景，孤立地看待机构自身的变迁，这是本研究得以开展的前提条件。

三、研究问题

上文简要勾勒了中国大学中的对外汉语教学机构在与对外汉语教学学科和事业的嵌套式发展中所经历的整体变迁背景。在这一大的背景下，笔者将对外汉语教学机构的关注点进一步聚焦在那些具有独立的二级学院建制，且仅履行教学科研职能的对外汉语教学机构（即表1-4中区域A所代表的机构类型）上。这是因为，笔者发现，这一机构群体（以下称“汉院”[①]）表现出一些与中国大学中其他平行的二级学院以及国外大学中的同类机构所不同的组织特征，这似乎并不能简单地由中国大学中二级学术单位的常规生成机制以及中外大学在内部组织建制上的固有差别所解释。因此，汉院所独有的组织特征就构成了本研究问题形成的基本激发点。

---

① 在当前中国的研究型大学中，享有独立二级组织建制的对外汉语教学机构的名称众多，本书为了表述的简洁和方便，称为“汉院”，泛指中国研究型大学中的这一组织群体及其前身。

（一）问题形成的思路

1．汉院具有组织独特性

第一，一个依托尚不成熟的交叉边缘学科而建立起来的学术组织，却拥有独立的大学二级单位建制，这并不符合过去及当前中国众多研究型大学内部二级学术组织建立的常见法则。

一般而言，学科知识的划分是院系等学科组织产生的基础，是学科的发展导致了院系等学科组织的发展。因此，高深专门知识领域是院系学科组织发展的内在逻辑。① 循此普遍的逻辑，过去一段时间及当前，我国研究型大学内部学术组织的建制大致有三类，即校—院（系等）二级建制、校—院—系（所）三级建制或两者并存。无论是何种类型，学院通常都是学校层面以下的一个二级学术组织。在我国那些实行校—院—系（所）三级管理的众多研究型大学中，多数学校建立二级学术单位所遵循的基本规则是“按照一级学科或学科群设置学院，按照二级学科设置系或研究所”，② 譬如，文学院的建立是依托中国语言文学这个一级学科，新闻学院则依托新闻传播学这个一级学科，教育学院依托教育学这个一级学科，数学学院、物理学院、化学学院的建立依托的是数学、物理和化学这些一级学科，此外，我国很多大学的经济类学院是依托理论经济学、应用经济学以及管理学门类以下的一些一级与二级学科群而建立的。这些大学二级学术组织所依托的一级学科或学科群往往都是一些已经相对比较成熟，且业已获得广泛认可的独立学科。与这种常见的中国大学中二级学术组织建立的普遍规则不同，汉院所依托的对外汉语教学学科在我国的《授予博士、硕士学位和培养研究生的学科、专业目录》中既非一级学科，也非二级学科，若按照其博士生培养所依托的学科来看，它还是语言学与应用语言学这个二级学科下的一个研究方向或称分支学科，亦可叫作“三级学科”，③ 而且这一学科属新兴学科，发展时间较短，尚不十分成熟。在这种学科基础尚不稳固的前提下，汉院的建立就显得有些不合“常理”。

第二，本研究所关注的那些具有独立的二级学院建制且仅履行教学科研职能的汉院，并非当前中国研究型大学中对外汉语教学机构的一贯建制方式。

尽管如前文所述，这种组织建制方式是当前我国一些研究型大学中对外

---

① 庞青山．大学学科论［M］．广州：广东教育出版社，2006：144.

② 郑晓齐，王绽蕊．研究型大学基层学术组织改革与发展［M］．北京：清华大学出版社，2009：62.

③ 秦惠民．学位与研究生教育大辞典［Z］．北京：北京理工大学出版社，1994：26.

汉语教学机构的共同愿景，但迄今已实现这一愿景的机构并不占同类机构中的多数。相反，在我国研究型大学中，仍有相当一部分对外汉语教学机构要么在组织形式上附属于该校的某一母学科组织，通常是文学院、外国语学院或其他人文/社科类学院，要么在组织功能上还没有完全与全校的留学生管理职能相剥离，成为一种较为“单纯”的教学科研单位。因此，与相当一部分同类组织要么在形式上“寄人篱下”、要么在功能上“一肩双挑”的境况相比，获得一个相对独立的大学二级学术组织的席位并非一种常见的“组织待遇”。

第三，与国外研究型大学中的同类学术组织相比，本研究所关注的汉院的组织建制亦属于异类。

在国外，对外汉语教学学科属于第二语言教学这一大的学科范畴内的分支学科，与其并列的学科家族是若干其他语种的第二语言教学学科，如英语作为第二语言的教学、法语作为第二语言的教学、日语作为第二语言的教学等学科。其中，英语作为第二语言的教学开展得最早，学科发展也最成熟。然而，即使是参照这一发展最成熟的同类学科在国外研究型大学中的组织建制情况来看，本研究所关注的汉院在组织建制上也具有异乎寻常的意味。有学者对英语第二语言教学学科所对应的 TESOL① 在各大学中的组织分布情况进行过调查，其研究结果显示，在所调查的 111 所美国大学的 TESOL 类专业的归属组织中，大致有如下几种情形：（1）设立在教育学院（或教育系、教育分校等）下；（2）设立在语言教育或双语教育系内；（3）设立在应用语言学系内；（4）单独设立一个系或一个项目；（5）设在语言学系或英语系；（6）设在文学院等院系中。具体结果见表 1－5。

表 1－5　TESOL 类专业在美国大学的分布情况②

院系名称	数量/个	百分比/%	备注
教育学院（College of Education，School of Education）	79	71.17	包括教育研究生院、教育学系、教师学院、教师培训中心、教育卓越中心等

① TESOL 是“Teaching English to Speakers of other Languages”的缩写，中文可译为“对外英语教学”。

② 李晓琪，黄立，刘元满，等. 英语、日语、汉语第二语言教学学科研究［M］. 北京：中国大百科全书出版社，2002：11－12. 此表在引用时，对原表格中英文原文进行了翻译处理。

续上表

院系名称	数量/个	百分比/%	备注
课程与教学系（Department of Curriculum and Instruction）	4	3.6	包括课程与教学分部（Division of Curriculum and Instruction）等
TESOL 与应用语言学系（Department of TESOL and Applied Linguistics）	2	1.8	如佐治亚州立大学
TESOL 项目（或系）（TESOL Program）	3	2.7	包括夏威夷大学 ESL 系
语言与双语教育系（Department of Language & Bilingual Education）	4	3.6	双语教育办公室、双语—双文化研究中心
语言学系（Department of Linguistics）	6	5.4	
英语系（English Department）	5	2.7	
其他	10	9	如文理学院等
总数	111	100	

由表 1 –5 可见，在 TESOL 类专业所属的美国大学学术组织中，具有独立组织建制的英语第二语言教学机构微乎其微，绝大多数组织都寄生在邻近学科所在的组织下面，特别是教育学院下面，极少有自立门户的情况。

再以日语作为第二语言教学学科（在日本也叫作日本语教育学科）所属的大学学术组织的情况做参考，有研究者选取了 1999 年在研究生阶段开设日本语教育课程的 30 所院校为调查对象，对其所属学科及研究方向、学科名称等方面进行了综合考察，结果如表 1 –6 所示。①

① 李晓琪，黄立，刘元满，等. 英语、日语、汉语第二语言教学学科研究［M］. 北京：中国大百科全书出版社，2002：18 –20.

表 1－6　日本语教育课程所属研究科的分布情况

所属研究科名称	数量/个
文　学	10
教育学	6
语言教育	3
与文化相关的研究科（人类文化、比较文化、国际语言文化）	3
应用语言学、外国语学、语言科学、语言社会	各 1，计 4
其他（国际学、人文科学、国际协力、国际交流）	4
小　计	30

由表 1－6 可见，与 TESOL 类专业在美国大学中的学术组织建制类似，日语作为第二语言教学学科所属的学术组织也基本上依附在邻近学科所属的组织下面，如文学研究科、教育学研究科下面，自立门户的情况几乎不存在。

通过以上对美国和日本大学中同类学科所在组织的比较，我们可以进一步断定，本研究所关注的汉院的组织建制不仅在国内同类大学的同类组织中具有一定的特殊性，而且在国际范围内来看，其独特性更加显著。这再一次证明，揭示这一组织为何呈现出上述独特性是一个具有重要意义的研究课题。

2. 汉院的组织独特性面临解释困境

与以上笔者对汉院组织独特性的三点分析相对应，要解释这三重组织独特性必然面临以下三个解释上的困境：第一，为什么在一些中国研究型大学中，依托对外汉语教学这样一个尚不成熟的交叉边缘学科也可以建立起相对独立的大学二级学术组织？第二，为什么依托同类学科的大学二级学术组织在不同的中国研究型大学中也会有不同的组织建制？第三，为什么依托同类学科的大学内部学术组织在中外大学间产生了不同的组织建制？这三个解释困境是笔者在考察当今中国研究型大学中的对外汉语教学机构及部分国外大学中的同类机构的基础上自然萌生的，但这类机构以这样一些令人不解的组织样式存在，绝非一朝一夕产生的结果，它经历了一个逐步演变的历史过程。因此，要揭示这一组织当前所体现的独特性并对其进行解释，就必须追溯其演变和发展的过程。

结合我国研究型大学中对外汉语教学机构的历史变迁过程来考虑，在组织形态方面，它们中的绝大多数在诞生初期并不具有独立的二级学术组织建制，但在经历了多次组织形态的变迁后，却有相当多的机构都发展成为具有独立建制的大学二级学术组织；在组织功能方面，有一部分研究型大学中的对外汉语教学机构是在经历了教学科研和留学生管理职能“双肩挑”的组织历程后才逐步将留学生管理职能剥离出去，成为“单纯”的大学二级教学科研单位的。也就是说，上文提及的三个解释困境实际上是一个有关大学次生学术组织为什么会发生独特历史变革的解释困境。由此，本研究所关注的汉院在组织独特性方面所面临的解释困境，可以进一步概括为：为什么在一些中国的研究型大学中，对外汉语教学机构会发生在组织形式和功能上的上述转变？

（二）问题的确定及细化

综合上文，笔者对我国对外汉语教学事业、学科、机构发展背景的梳理，以及我国一些研究型大学中对外汉语教学机构所呈现出的若干独特性的分析，笔者的研究问题可以表述为：对外汉语教学机构这样一个以交叉边缘学科为基础的边缘学术组织，为什么在一些中国研究型大学中，可以获得一个相对独立的发展空间？也可以表述为：导致中国研究型大学中的对外汉语教学机构得以诞生并发生具有重要意义的组织变迁背后的机制是什么？或者说，在什么样的条件或环境下，中国研究型大学中的对外汉语教学机构才会发生这种具有重要意义的组织变迁？具体来讲，这一核心研究问题的意涵可做以下一些进一步的阐释。

首先，在研究问题的表述中，对外汉语教学机构获得了一定的“发展空间”是指：(1) 尽管，在特定的历史阶段，中国大学中的对外汉语教学组织也曾发生过组织的短暂收缩甚至消亡，但多数机构最终得以在大学中存续，并且其组织建制（包括教师数、学生数、办公场所、行政级别）总体上呈现出次第扩张的历史现象；(2) 一些中国研究型大学中的对外汉语教学组织的学生培养层次逐步涵盖了从预科、进修培养、本科教育到硕士、博士研究生教育这一相对完整的业务链条（见表1－7）。

其次，研究问题的表述中称研究型大学的对外汉语教学机构获得的发展空间是一个“相对独立”的发展空间是指：(1) 与大学中对外汉语教学组织关系最密切的母学科所在的组织，如中文或外语等相关院系，在组织的行政架构及主要业务关系上相对独立；(2) 与大学中曾长期与对外汉语教学组织在行政上合署办公的留学生管理机构相对独立。

表 1－7　我国对外汉语教学的常见类别①

对外汉语教学类别	教学内涵
汉语预备教学	为准备在中国高等院校学习某些专业的外国留学生进行的汉语教学，是新中国对外汉语教学开创时期最早的教学类型。其主要目的是提高学生的汉语语言能力和交际能力，尤其是用汉语学习专业知识的能力，以便他们在入系后能顺利完成攻读学位的任务。它跟汉语进修教学不同，它不但有一般的汉语教学，还包括一些专业的名词术语及相关表达方面的教学
汉语进修教学	它是不以获取文凭为目的的汉语教学，其主要目标是提高汉语语言能力和汉语交际能力。它有长期、短期之分，短期一般为 1 周至 3 个月，长期一般为半年至 3 年
汉语言本科教学	它是面向留学生的汉语言本科专业（1975 年北京语言学院最早试办）
对外汉语本科教学	它是以培养对外汉语教师为目标的本科教学，教学对象主要是中国人
对外汉语教学方向的硕士、博士生培养	它是指以培养对外汉语教师和研究人才为目标的研究生教学。目前设立对外汉语教学方向博士点的学校不多，只有十几所，课程各校不一
汉语国际教育	它目前是一种硕士层次的专业学位，2007 年最初设立时只招在职学生，学位论文或毕业设计通过后可获得学位证书。2009 年起，可直接从本科毕业生中招收全职学习的学生，完成学业者可获得学位证书和毕业证书

再次，需要说明的是，大学中的对外汉语教学机构是大学中众多以交叉边缘学科为基础的学术组织中的一种类型，笔者所关注的现象是中国研究型大学中对外汉语教学机构所发生的独特的历史演变过程，这并不意味着本研究是选取对外汉语教学机构作为大学中边缘学术组织的代表所进行的案例研究。本研究只是以当前中国众多研究型大学中既已存在的一种对外汉语教学机构（即历经变迁已获得相对独立的发展空间的那种对外汉语教学机构）的组织变迁过程为对象而进行的研究，只是这一研究的理论贡献可能会对包括对外汉语教学学科组织在内的其他边缘学术组织具有一定的启示意义。此

① 周小兵. 对外汉语教学入门［M］. 2 版. 广州：中山大学出版社，2009：18－19.

外，本研究所关注的对外汉语教学机构的组织演变既有相对确切的时间跨度，又有特定的空间范畴，即发生在20世纪50年代以来的中国研究型大学中的对外汉语教学组织的历史演变。

由于本研究拟采用单案例研究方法（案例组织为S大学的对外汉语教学机构，详见第二章研究设计部分），追踪一所中国研究型大学对外汉语教学机构的组织变迁过程，并对其为什么能够获得一个相对独立的发展空间进行解释，因此，在这一研究方法的规约下，本研究的问题实际上可具体化为以下两个问题。

（1）S大学的对外汉语教学机构在历史上经历了怎样的组织变迁？

（2）S大学的对外汉语教学机构为什么会发生相应的组织变迁？

第二节 研究的意义与价值

一、理论意义

本研究的理论意义有以下几点：

第一，有助于推进大学中的次生学术组织的发展过程研究。目前，学术界对于将大学作为一个整体组织来进行历史变迁考察的研究成果较多，但将关注重点聚焦在大学次生学术组织（如学院、学系、研究所）如何在特定的外部与内部环境中实现自身发展方面的历史研究相对较少。通过对次生于大学中的对外汉语教学机构变迁过程的研究，有利于加深我们对大学次生学术组织在发展过程中如何与大学中的其他次生组织、整个大学组织以及大学外部组织间展开互动的理解。

第二，有助于推进大学中以交叉边缘学科为学术依托的次生学术组织的发展过程研究。一般而言，大学中的次生学术组织往往是依托于某个或某些学科而成立和发展的。与一些比较成熟的自然和人文社会学科相比，以边缘学科为学术依托的次生学术组织在大学中的发展尤为艰难，因为它一方面面临着突破既有学科界限、建构新的知识体系的学术任务，另一方面也必须为维护其学科组织在大学组织中存在的合法性而进行命运的抗争。在这一历史发展的过程中，有些边缘学科及其学术组织能够在大学中快速实现其身份和地位的跃迁，但也有些边缘学术组织要么昙花一现，要么久久难以如愿。本研究所关注的大学次生学术组织——中国某研究型大学的对外汉语教学机构，作为一个具有语言学、教育学、心理学、社会学、文化学、政治学等多重学科属性的交叉边缘学科，总体上看，是一个在较短的时间内成功实现学科发展与组织升级的边缘学术组织，其成功经验和过程中的曲折值得仔细探究。

第三，有助于推进边缘学科与其学科组织间的互动与成长关系的研究。学科与其赖以生存的学术组织的发展息息相关。既有关于边缘学科发展史的研究，如关于女性学研究、黑人研究等边缘学科领域的研究，往往侧重关注学术组织如何影响学科（或称特殊研究领域）的发展，而较少探讨学科的发展如何反过来影响以其为依托的学术组织的发展，也较少探讨二者的互动过程。本研究所聚焦的案例恰好能够在一定程度上弥补这方面的不足。

第四，可以为以交叉边缘学科为基础的大学次生学术组织的发展提供源自中国特定背景下的历史经验。既有的关于边缘学科发展史、边缘学科学术组织发展史的研究以美国的女性学研究、黑人研究及其所依托的学术组织研究为典型代表，但是，由于不同国家历史及当前的政治、经济、文化、教育等诸多背景的差异，这类研究在变换了地域和时间之后，可能得出不尽相同的结论。与妇女研究、黑人研究主要兴盛于美国类似，对外汉语教学学科及其学术组织的发展变迁主要发生在中国，两者的共同之处在于两门学科及其学术组织都是以多学科知识为基础的交叉边缘学科（组织），但其生长和发展所处的地域和时间的不同，则可能使彼此在对该类研究具有共同的对话基础的同时，也可能会有不同的理论贡献。

二、实践意义

本研究的实践意义有以下几点：

第一，本研究对于大学次生学术组织，特别是中国研究型大学中次生学术组织如何实现自身的生存与发展具有一定的启示意义。

第二，本研究对于渴望实现学科及其组织突破式发展的边缘学科中的大学教学研究人员，具有一定的指导意义。特别是由于受我国当前的学科制度与政策的影响，很多边缘学科的发展并不顺利，甚至长期停滞不前，无法跻身国家的学科专业目录，无法获得相应的学科资源，在这种背景下反观对外汉语教学学科的发展，不仅在国家的学科专业目录中占有一席之地，而且在一些大学中已具有独立的组织建制，这对于那些仍在为边缘学科的身份和地位合法化而奋力拼搏的大学教学科研人员具有潜在的参考价值。

第三，本研究对于中国大学中的尚未实现学科及其组织稳步和健康发展的对外汉语教学机构的成长具有较为直接的指导意义，对于中国对外汉语教育事业的长远发展，以及大学在此过程中所应扮演的角色也具有一定的启示意义。

第四，对外汉语教育无论是在我国还是世界范围内来看都是一个新兴的教学和研究领域，过去和现在都面临着许多发展中的难题，本研究恰好能为在大学的对外汉语教育机构中从事教学、科研和管理的教师、学生以及教育行政人员更好地理解这一类型的组织特色提供帮助，使其从中获得更加有益的成长和发展。

第三节 相关文献述评

如上所述，简单来讲，本研究是关于中国研究型大学中对外汉语教学机构的组织变迁研究，研究所关注的核心问题是为什么这样一个独特的大学次生组织在一段并不长的时间内就可以获得耐人寻味的发展与变迁，研究的主要目的是对中国研究型大学中对外汉语教学机构所发生的独特的组织变迁现象进行分析和解释。因此，本研究所追踪的文献就锁定在关于组织变迁、（高等）教育组织变迁、（边缘）学科及其组织变迁、对外汉语教学学科及其组织变迁的原因和机理等方面的系列文献中。组织研究是一个跨学科的领域，涉及社会学、经济学、心理学、政治学、人类学等诸多学科的研究工作。[①] 在众多研究各个层次与类型的教育组织的文献中，以社会学的理论和方法为背景产出的研究成果尤其丰富，这些研究往往是将（教育）组织放在制度变迁的脉络中进行研究，暗示组织的变迁常常伴随着组织内部和外部制度的变迁。下文将试图对这一领域的相关研究进行简要的评述，为解释本研究所关注的教育组织的变迁现象奠定基础。

一、关于（教育）组织与制度变迁的社会学研究

社会科学家很早就对制度进行了界定与分析，但是作为一种独特的社会组织形式，直到晚近才成为社会科学研究的焦点。[②] 具体到社会学领域，组织研究直到20世纪40年代哥伦比亚社会学派兴起后才成为其重要的研究领域。一些社会学家开始从制度角度研究组织现象，逐渐形成了组织分析中的制度学派。按照理论出现的时间先后顺序，大致可分为组织分析的老制度主义和新制度主义两大学派。[③]

---

① 周雪光. 组织社会学十讲［M］. 北京：社会科学文献出版社，2003：5.

② 斯科特 W R. 制度与组织：思想观念与物质利益［M］. 3版. 姚伟，王黎芳，译. 北京：中国人民大学出版社，2010：25.

③ 郭建如. 社会学组织分析中的新老制度主义与教育研究［J］. 北京大学教育评论，2008（3）：136.

（一）老制度主义社会学派与（教育）组织和制度变迁有关的经典研究

默顿是哥伦比亚社会学派兴起的主要代表人物。他把对制度化的行为模式进行功能分析确定为社会学研究的基本任务，提出了功能分析的范式，认为功能分析方法首先要明确进行功能分析的项目，确定它的可观察后果，并要充分认识到这种客观后果的多重性，探讨客观性项目与可观察后果之间的因果关系，即机制问题。可观察后果包括显功能、潜功能、正功能、负功能和反功能等，他认为社会学应重点关注潜功能的研究。[①] 他对社会活动的潜功能的研究也体现在他的著作中，他在《17世纪英国的科学、技术与社会》中首次提出的一个社会学概念——社会行动的非预期结果，这种非预期结果可以看作是他对组织与制度变迁趋势与结果的一种全新理解。此外，他还曾指出，社会系统中反功能的积累常常预示着相关的社会变迁，这种变迁会使社会系统更加接近于社会成员所期望的价值。[②]

默顿的学生塞尔兹尼克（Selznick）继承了哥伦比亚学派的研究传统，开创了组织研究中的老制度主义传统。与默顿开创的研究理念类似，塞尔兹尼克的制度取向也强调历史的重要性，即一种生活方式进化的“自然史”（natural history），这种自然史随时间而逐步进行适应性的变化，此外，他还强调整体性和背景性的研究路径。[③] 塞尔兹尼克把他的制度理论应用到田纳西河流域管理当局组织变迁的案例研究当中，揭示了组织在自然发展过程中组织目标被替代的过程，他通过这个案例强调了默顿学派对有目的的非预期后果进行分析的重要性，强调了组织的制度化和组织在社区环境中的合法性对组织生存的意义，并分析了组织适应所在社区环境的机制，如吸纳等。[④]

伯顿·克拉克将塞尔兹尼克的这种组织研究方法应用到了对高等教育组织的研究当中，代表作品是其学术生涯早期的几部作品，如《成人教育的转型》（*Adult Education in Transition*）和《开放学院》（*The Open Door College*）。在对成人学校的研究中，克拉克认为，成人学校最终发生被大量并入社区学院的组织变迁的原因在于它在遇到相互竞争的组织时不能清晰地界定自己，不能建立道义上的有力防卫，合法性受到了质疑，也可以说是这类组织的服

---

① 贾春增．外国社会学史［M］．北京：中国人民大学出版社，2003：242－246.

② 默顿．社会研究与社会政策［M］．林聚任，译．北京：生活·读书·新知三联书店，2001：102.

③ SCOTT W R. The Adolescence of Institutional Theory［J］. Administrative Science Quarterly, 1987, 32 (4): 494.

④ 郭建如．社会学组织分析中的新老制度主义与教育研究［J］．北京大学教育评论，2008(3)：137.

务性特征所带来的反功能造成的结果。① 在对开放学院的研究中，克拉克认为其组织的特征在于：处在教育当局的直接控制下具有依赖性；实行开放入学政策，无法选择学生群体；不加选择的学生主体决定了学院工作特征和项目演变，② 并推断指出，社区学院在美国高等教育系统中实际上发挥了一种"安抚功能"（Cooling-Out Function），即在强调民主、平等的文化下，进入大学成为学生和大众所接受的一般性文化价值；当民主伦理设定了个人目标，高等教育标准控制了手段，不允许这些学生进入更高层次的学校时，目标和手段之间的脱节导致了大量学生的学业失败，开放学院发挥了安抚这些失败者的功能。③ 伯顿·克拉克学术生涯中后期的大量研究聚焦于高等教育系统的国际比较，其代表作品《高等教育系统：学术组织的跨国研究》（*The Higher Education System*：*Academic Organization in Cross - National Perspective*）以工作、信念、权威、整合、变革5个概念为线索，揭示了一个国家的高等教育系统的大致图景可以用由国家、市场与学术权力3种要素构成的三角形来描述，为理解各国高等教育组织与制度变迁奠定了一个可供参考的基本坐标。

在对高等教育组织变迁的理解上，伯顿·克拉克秉承了自默顿以来所强调的一种自然演化的社会进化观点，强调组织演变并非事前精心设计的结果，而是一种非预期的结果。例如，在对社区学院的研究中，他指出，社区学院最初的正式结构是相对简单的，只有技术与产业教育部和学术事务部，前者处于核心地位，但是受学生人数的增多、学生主体的变化和对转学教育偏好等影响，技术与产业部的重要性被后来增添的教学部取而代之，甚至作为一个系的重要性也被后来新设的系超过，学生事务部也由学校发展早期的重要位置滑落到了辅助位置，这些变化都是学区当局和学院没有预料到的。此外，伯顿·克拉克也注意到了行动者的利益和权力斗争在高等教育组织与制度变迁中的重要性。例如，在成人学校的研究中，他注意到了管理者与外部力量围绕着对学校的控制而进行的斗争，在开放学院的研究中，他注意到了学区内外公立学校这些"利益群体"对社区学院的控制和影响，④ 这也可

---

① 郭建如. 社会学组织分析中的新老制度主义与教育研究［J］. 北京大学教育评论，2008(3)：138.

② CLARK B R. The Open Door College［M］. New York：McGraw-Hill Book Company Inc，1960：144.

③ CLARK B R. The Open Door College［M］. New York：McGraw-Hill Book Company Inc，1960：158－163.

④ 郭建如. 社会学组织分析中的新老制度主义与教育研究［J］. 北京大学教育评论，2008(3)：139.

看作是其对塞尔兹尼克的研究风格的延续。

老制度主义学派把组织的制度化过程作为研究重点，强调组织的规范和价值对组织结构和领导管理的影响，同时也很重视组织的权力分析，重视组织与环境之间的张力、组织内部的冲突，以及组织策略的研究，克拉克还特别注意到了组织效率与合法性之间的矛盾。这些研究成为后来补充和发展组织分析的新制度主义的重要理论基础。①

（二）新制度主义社会学派与（教育）组织和制度变迁有关的经典研究

如果说老制度主义对组织与制度变迁的考察主要还聚焦在单个组织的层次上，注重将组织变迁放在一个局部的较完整的社会中进行考察，那么新制度主义则在某种程度上实现了对组织变迁研究层次的扩展，即逐步从组织个体层面向组织群体层次，乃至组织场域或部门层次的变迁研究过渡。

学术界普遍认为，早期的新制度主义理论对组织研究的贡献在于它打破了理性行动者模型的神话，提出了一组独特的关于组织结构以及组织行为相对于独立行动者个体利益的决定因素，建立了不受利益动员过程驱动的组织模型，明确了导致组织变迁与组织稳定的因果机制是建立在组织行动者共享的一种前意识理解的基础上。② 这一时期关于组织与制度变迁研究的经典研究是迪马吉奥（DiMaggio，P. J.）和鲍威尔（Powell，W. W.）关于组织场域中的制度性同形与集体理性的研究，③ 他们提出了组织变得日渐趋同的三种制度性机制，即强制性同形机制、模仿性同形机制和规范性同形机制。

此后，制度理论被不断地应用于各种类型的组织与制度变迁的研究中。例如，布林特和卡拉贝尔研究了美国两年制社区学院为什么会从一种主要进行人文教育的组织向主要进行职业教育的组织转型。他们认为，当时的新制度主义理论主要关注的是制度的形式与运行，不适合分析制度的起源与转型，对于组织为什么要选择某种特定的组织形式而不选择其他类型的组织形式，为何历史过程中的组织变迁会朝一种特定的方向推进等问题并没有做出多少创造性的解释。于是，他们以社会学中的“冲突”思想传统为基础，借鉴了塞尔兹尼克的老制度主义观点，强调组织与其环境在历史过程中进行互动的细节，指出在由社区学院、商业组织和政府组成的权力关系的竞争舞台

---

① 郭建如. 社会学组织分析中的新老制度主义与教育研究［J］. 北京大学教育评论，2008（3）：141.

② 郭建如. 社会学组织分析中的新老制度主义与教育研究［J］. 北京大学教育评论，2008（3）：144.

③ DIMAGGIO P J，POWELL W W. The Iron Cage Revisited：Institutional Isomorphism and Collective Rationality in Organizational Fields［J］. American Sociological Review，1983，48（2）：147－160.

中，社区学院是一个“处于操纵地位的组织”（command post），为了提高其形象，社区学院的管理者将自己的利益、信念和活动深入其中，推动了组织的转型。①

迪马吉奥以美国艺术博物馆为例，研究了1920—1940年间美国艺术博物馆的组织扩散与专业场域的构建过程。他强调组织场域的制度化和结构化对于研究组织变迁的制度理论来说至关重要。他认为艺术博物馆在美国的扩散，是与其场域范围内的组织的出现相伴随的，同时也是与关于博物馆形式和功能诸方面的共识的形成相伴随的，其中，作为一个中心能动者（agency）的卡耐基公司对这个场域的结构化提供了关键的支持。另外，博物馆案例最惊人的特征还在于，博物馆工作人员对于自身职业的界定及其职业权威的增强在很大程度上主导了全国性的艺术博物馆组织场域的构造过程。在探讨这一研究对制度理论的启示时，迪马吉奥指出，制度研究者应直接和系统地关注专业化在新组织形式的制度化中的作用，应关注这些新组织形式的场域层次上的环境制度化，它有助于对更多的由利益驱动的冲突进行揭示。②

拉奥（Rao，H.）等人以一种法国新式烹饪在1970—1997年间逐步获得社会认同的过程为例，研究了法国厨艺社区的制度变迁。他指出激进分子的社会政治合法性、新角色的理论化程度、同伴们从旧制度逻辑向新逻辑的背叛，以及先行背叛者的收益共同构成了认同差异的因素，促使行动者放弃传统的逻辑和角色认同，转向了新的逻辑和角色认同，即一流厨师放弃传统厨艺转向新厨艺。以此为基础，作者对制度变迁、社会运动和社会认同的关系进行了初步的探讨，认为制度变迁的动力在于以扩大个体自主性为努力目标的认同运动。③

为了能反映、重新界定和修改新制度主义的分析思路，最初与梅耶一起开创新制度主义的罗文（Rowan，B）与他人主编了《教育中的新制度主义》④ 一书，书中，罗文把组织作为更大的教育制度环境中的关键行动者，强调制度建构中的权力和冲突，提出应将利益和权力置于制度分析的议程

---

① 布林特，卡拉贝尔．制度的起源于转型：以美国社区学院为例［A］//鲍威尔，迪马吉奥．组织分析的新制度主义．姚伟，译．上海：上海人民出版社，2008：360－381.

② 迪马吉奥．作为专业工程的组织场域的建构：20世纪20—40年代的美国艺术博物馆［A］//鲍威尔，迪马吉奥．组织分析的新制度主义．姚伟，译．上海：上海人民出版社，2008：289－313.

③ RAO H，MONIN P，DURAND，R．Institutional Change in Toque Ville：Nouvelle Cuisine as an Identity Movement in French Gastronomy［J］．American Journal of Sociology，2003，108（4）：795－843.

④ MEYER H，ROWAN B．The New Institutionalism in Education［M］．Albany：State University of New York Press，2006.

中，认为制度变迁经常需要政治过程。[①]

新老制度主义关于组织与制度变迁研究的差异除了上述研究层次的差别、对组织中的行动者利益的重视程度不同以外，更为根本的差异还在于两者对制度内涵的理解存在差别。在老制度主义中，“制度”被定义为围绕某种社会功能的实现而产生的社会行为规范在某个领域内的集结和体系化，其基本的构成是规范，[②] 而新制度主义则认为制度包括规制性（regulative）、规范性（normative）和文化—认知性（cultural - cognitive）三大要素。[③] 基于此，新制度主义理论在分析组织和制度变迁时的一个重要理论源泉在于，“如果制度的法令、规范和认知三个层面（即三个要素）发生了不一致的状况，那么制度内部便会产生变更的张力，而外在环境的变化，如政治、经济和技术体系的变化，也会通过改变制度中的法令、规范或认知中任何一个或几个层面而引发制度内部的冲突”，[④] 并可能进一步导致制度变迁。新老制度主义在解释组织与制度变迁方面的相同点在于两者都认为制度变迁是影响组织结构变迁的重要力量，此外，新制度主义理论发展到后来，越来越注重将老制度主义中关于行动者的利益、权力纳入组织与制度变迁的分析中，因此两者的理论风格在后期也有某种趋同的色彩。

以上主要梳理和分析了国外的新老制度主义社会学派与（教育）组织和制度变迁有关的经典研究，国内的这类研究在开展的时间总体上滞后于国外的同类研究，尽管研究的组织与制度对象各异，但也积累了一部分相关研究成果。仅以高等教育组织与制度变迁方面的研究为例，姜华从组织社会学的视角，对中国民办高等教育组织的变迁及特性进行过研究；[⑤] 郭建如从社会学的视角出发，以北京大学校办企业为案例，探究了中国大学校企关系变迁的历史轨迹及其机制[⑥]；宫振蒙以同济大学的院系结构变迁为例，研究了该

---

① 郭建如. 社会学组织分析中的新老制度主义与教育研究 [J]. 北京大学教育评论，2008 (3)：147.

② 罗燕. 教育的新制度主义分析：一种教育社会学理论和实践 [J]. 清华大学教育研究，2003 (6)：32.

③ 斯科特 W R. 制度与组织：思想观念与物质利益 [M]. 姚伟，王黎芳，译. 3 版. 北京：中国人民大学出版社，2010：56.

④ 罗燕. 教育的新制度主义分析：一种教育社会学理论和实践 [J]. 清华大学教育研究，2003 (6)：33 - 34.

⑤ 姜华. 中国民办高等教育组织的变迁及其特性：组织社会学的视角 [D]. 北京：北京大学，2007.

⑥ 郭建如. 声望、产权与管理：中国大学的校企之谜 [M]. 北京：社会科学文献出版社，2010.

大学学术组织的动态演变；[1] 赵俊芳研究了中国大学的组织形态在中国社会的总体性结构变动的背景下发生了哪些急剧的变化；[2] 陈英的研究指出，我国的高等教育制度和组织在很大程度上内生于我国经济社会环境，高等教育制度、体制和组织变迁所呈现出的权力下放，实际上是政府自我削弱高等教育权力，以增强我国高校的自生能力和国际竞争力的体现；[3] 项聪从历史制度主义的视角研究了我国高校基层学术组织变迁的制度逻辑；[4] 唐国军从资源依赖的视角研究了一个大学学生社团如何从一个学生组织发展为一个相对独立的民间组织；[5] 屈潇潇从制度理论，特别是老制度理论的视角出发，研究了一所中国民办高校特色发展的行动逻辑；[6] 王富伟运用多重制度逻辑（政府的逻辑、市场的逻辑、教育的逻辑、社会的逻辑）的理论概念分析了中国独立学院的创立及其制度化困境。[7] 这些发生在中国社会情境中的研究，为丰富和检验制度理论对组织与制度变迁的解释力提供了现实的范例。

（三）制度主义学派的社会学理论来源及其对组织与制度变迁的研究

如果把上述制度主义学派关于组织和制度变迁的研究放在社会学理论发展的脉络中，可以发现，从默顿到伯顿·克拉克，再到后来一些社会学家的相关研究，似乎多少都能看到一些社会学中的结构功能学派的影子。这一社会学研究的理论取向反映在组织变迁的研究上，表现为他们大多强调对组织变迁的研究应聚焦于组织的结构与功能的变迁。

结构功能主义这一提法虽然最早是由帕森斯在1945年明确提出的，但是其理论渊源却可追溯到早期社会学创始人关于社会有机体的一些基本思想。其中，涂尔干被誉为是现代结构功能主义最重要的奠基人。[8] 在社会学研究方法上，涂尔干强调要将功能分析和因果分析结合起来，不能用功能分

---

① 宫振蒙．学术组织的动态演变：一所大学的院系结构变迁史［D］．上海：华东师范大学，2010．

② 赵俊芳．转型期我国大学的组织变迁及其局限［J］．福建论坛（人文社会科学版），2010（11）：178－182．

③ 陈英．我国高等教育制度与组织变迁的基本逻辑［J］．中国城市经济，2010（12）：232－233．

④ 项聪．我国高校基层学术组织变迁的制度逻辑：基于历史制度主义的分析［J］．中国高教研究，2011（6）：23－28．

⑤ 唐国军．资源依赖视角下民间组织行动策略研究：以北京新阳光慈善基金会的成长过程为例［D］．北京：北京大学，2011．

⑥ 屈潇潇．民办高校特色发展的行动逻辑：以某民办高职院校为例［D］．北京：北京大学，2012．

⑦ 王富伟．组织形式的创立及制度化困境［D］．北京：北京大学，2013．

⑧ 贾春增．外国社会学史［M］．北京：中国人民大学出版社，2003：216．

析代替因果分析，因为“说明一个事实有何效用，并不等于说明这个事实是怎样产生的和为何成为现在这个样子的”。① 功能分析主要在于说明组织发挥何种效用，因果分析主要在于说明社会现象出现的过程。这种分析思路在其对教育组织与制度的研究中体现在：他强调“必须着手去了解教育体系究竟是什么，是由什么构成的，它的基础概念是什么，它能够满足什么样的需要，它得以形成的原因是什么，等等。这样一种科学的和客观的整体研究是必不可少的”。② 此外，他还特别强调在对教育现象的因果机制进行探究时，应格外注重将其纳入历史的脉络中进行分析，例如，他指出：“只有历史才能够渗透到我们现今教育体系的表层之下；只有历史才能够分析它；只有历史才能够向我们说明它是由什么要素构成的，每一种要素究竟取决于什么样的条件，它们是怎样相互联系的；总之，只有历史才能够把我们带入它得以形成的因果长链之中。”③ “现在无非是过去的进一步推演，一旦与过去割裂开来，就将丧失大部分的意义，现在是由无数要素组成的，这些要素紧紧纠缠在一起”，“要想区别并分析这些要素，从而得以在一定程度上看清这含混的一团，唯一的办法就是进一步推进历史的研究，深入探究这些要素是通过什么样的方式一步步聚合在一起、组合并形成有机关联的”。④ 这种对功能分析和因果分析的历史维度的强调具体到教育组织变迁的研究中，表明“应在历史过程中考察教育组织的活力是如何调动起来，致力于达成什么样的目标，驱使教育组织发展演变的内在力量是如何运作的”。⑤

在涂尔干之后，作为结构功能主义的集大成者，帕森斯将结构功能分析的基本任务表述为“识别系统的基本功能要求以及分析各种基本结构是如何满足这些功能要求的”。⑥ 但这种结构功能分析常被诟病的地方在于，它“只强调均衡，看不到冲突，无法解释社会变革现象”。⑦ 为了应对这种来自学术界的挑战，帕森斯晚期的理论研究试图向人们表明，结构功能主义同样可以运用于分析社会变迁和冲突现象，强调社会的进化与变革是通过内部结构的不断分化实现的。这种努力体现在其对美国的大学组织的研究中，在

① 迪尔凯姆. 社会学方法的准则［M］. 狄玉明，译. 北京：商务印书馆，2011：105.

② 涂尔干. 道德教育［M］. 陈光金，沈杰，朱谐汉，译. 上海：上海人民出版社，2006：285.

③ 涂尔干. 道德教育［M］. 陈光金，沈杰，朱谐汉，译. 上海：上海人民出版社，2006：289－290.

④ 迪尔凯姆. 教育思想的演进［M］. 李康，译. 上海：上海人民出版社，2003：18－19，127.

⑤ 郭建如，马林霞. 社会学的制度与教育制度研究初探［J］. 比较教育研究，2005（4）：1.

⑥ 贾春增. 外国社会学史［M］. 北京：中国人民大学出版社，2003：230.

⑦ 贾春增. 外国社会学史［M］. 北京：中国人民大学出版社，2003：234.

《美国的大学》（*The American University*）[①] 一书中，他“利用AGIL模型对美国大学进行了细致研究，认为大学分化成本科生学院、研究生学院和专业学院是相应于社会的不同功能分化的结果。”[②] 这可以看作是他用结构功能分析的方法对高等教育组织的变迁进行解释的重要范例。如前所述，“帕森斯学派的功能主义在总体上将关注点放在教育系统与现代社会总体的关系上，经默顿改造后，才将研究重点集中在一些具体的教育组织和教育制度上”。[③]

在社会学研究中，与结构功能主义学派相对的是冲突论学派。与结构功能理论强调社会系统的稳定、均衡与协调不同，冲突学派将理论的关注点主要聚焦于社会的变迁，认为变迁是由利益团体的冲突导致的，而不是社会内部结构的自然分化。其中，科塞的“功能冲突论”认为冲突是一种社会过程，它对于社会结构的形成、统一和维持可以起到一种手段作用，同时，冲突可以激励社会革新，导致社会变迁。[④] 此外，科塞还提出决定冲突的功能是正向的还是反向的，要看冲突的问题和社会结构，当由于表面性的问题发生冲突时，这种冲突可以成为维护结构的工具；当冲突是围绕核心价值而发生时，它就有可能威胁社会群体。[⑤] 作为社会冲突理论的另一位代表，达伦多夫提出了与结构功能主义的社会化均衡模式相对的社会压制模式，从而强调了那些常被结构功能主义忽略的社会实体的变迁、冲突、反功能和压制的一面。他用社会结构来解释冲突现象，认为社会结构的变迁是由于利益团体之间的冲突导致的，而这种冲突又是通过改变统治地位的占有者而导致的；社会结构变迁的内容反映在两个层次上——观念层和制度层，社会结构变迁的形式可区分为三种——突发式或革命式、改良式、革新式。[⑥]

与结构功能主义和冲突论相互竞争的社会学理论还有解释主义的社会学理论，这一理论大体上比较关注对具体的行动和情境的符号意义进行剖析。此后，当代社会学理论逐渐显现出综合的取向，其中，新功能主义理论的诞生就是对两者的一种尝试、对既有理论进行综合的表现。在经验研究层次上，新功能主义者的关注点主要集中在社会变迁、文化社会学等领域。他们对其他理论针对正统功能主义提出的批判，做出了强烈的反应，引进了其他理论派别，特别是冲突论和互动论。例如，斯默尔塞在《联系19世纪教育

---

① PARSONS T，PLATT G. The American University ［M］. Cambridge：Harvard University Press，1973.

② 郭建如，马林霞. 社会学的制度与教育制度研究初探［J］. 比较教育研究，2005（4）：2.

③ 郭建如，马林霞. 社会学的制度与教育制度研究初探［J］. 比较教育研究，2005（4）：5.

④ 贾春增. 外国社会学史［M］. 北京：中国人民大学出版社，2003：267.

⑤ 贾春增. 外国社会学史［M］. 北京：中国人民大学出版社，2003：271.

⑥ 贾春增. 外国社会学史［M］. 北京：中国人民大学出版社，2003：282.

变迁评估结构分化模型》一文中，根据对19世纪前75年英美大众初等教育系统的产生进行的研究，批判了帕森斯等传统功能主义者建立与应用的结构分化模型，指出该模型假定一种占统治地位的价值体系在社会变迁中保持不变，各种制度的运行是否良好均是依据这一体系来判断的。他认为，应预想存在多种价值观，占统治地位的价值观与其他价值观发生冲突，且这些价值观随着时间发生变化。此外，他还将冲突论所强调的受利益影响的个体和群体行动引入到功能主义分化论之中。①

综上所述，结构功能理论、冲突论、解释论和新功能主义理论对于组织和制度变迁现象均有一定的解释力，它们相互竞争又相互借鉴，在不同的方面为社会学的新老制度主义理论提供了智力资源，进而也为从社会学的视角解释组织与制度变迁提供了重要的理论源泉。

二、关于（边缘）学科及其组织形成与发展的研究

（一）关于（边缘）学科及其组织生存的研究

关于学科发展史的研究在国外，特别是欧美，已经有比较丰硕的成果，其中很多成果均出自自然哲学和科学社会学领域，比彻（Becher，T.）和特罗勒尔（Trowler，P. R.）的《学术部落及其领地》② 就是其中的杰出代表著作，该书运用文化人类学的方法，通过对英美两国众多学术机构中的大量学者的深入访谈和大量经典文献的辨析，对学科知识与学术文化之间的关系做了细致而富有启示性的研究，被知识社会学、高等教育组织与管理等领域的学者广泛引用。近几十年来，在以人文社会学科为研究对象的学科发展研究方面，关注点似乎主要聚焦在跨学科或称交叉边缘学科的生存与发展方面，例如在美国关于女性学（或称妇女学或妇女研究）和黑人研究的学科生存与发展研究。康珀特（Gumport，P. J.）通过对35位女性大学教员进行的深度访谈或半结构式的访谈，研究了20世纪60到80年代的美国女性学学科知识的形成过程，指出女性学这一边缘学科的专门知识是在多个层面上被创造的，这些层面包括个人对于生活经历的反思、学科中的遗产、地方的组织背景以及历史脉络中的具体的社会条件，是具体的智识、组织和政治条件的混合作用塑造了女性大学教员在学科领域内的以及更广泛的学术团体中

① 贾春增．外国社会学史［M］．北京：中国人民大学出版社，2003：424.

② BECHER T，TROWLER P R．Academic tribes and territories：Intellectual inquiry and the cultures of disciplines［M］．Buckingham：SRHE and Open University Press，1989.

所开展的工作。[①] 与之类似，波克塞（Boxer，M. J.）以一个学科内部人的身份反思了美国妇女学的创建之路，她从历史学研究的视角出发，结合个人的学术经历，将对妇女学研究的起源和发展过程的探究放在了妇女智力、教育以及有关妇女研究机构发展的大背景中，描绘了妇女学学科发展进程中的诸多表现，包括妇女学的思想理念、知识的构成与功能、教学实践、政治实践以及机构建制，勾勒了妇女学学科发展的各种要素相互作用的多元图景。[②] 与以上关于女性学的学科研究不同，斯莫尔（Small M. L.）关于黑人研究学科的研究更多地聚焦在该边缘学科所依托的大学学术组织上，他以美国的两所大学——天普大学（Temple University）和哈佛大学为案例，分别从三重环境——地方的制度环境（local institutional arena）、广泛的学术环境（wider academic arena）以及更为广阔的公共环境（much wider public arena），分析了作为一个边缘学科的黑人研究（African - American Studies）为什么在两所大学研究团队的各自努力下，寻求了两种不同的学科建制和发展方式——天普大学将黑人研究当作一门独立的学科来培育和发展，而哈佛大学则将其看作一个跨学科的研究领域。[③]

国内关于人文社会科学领域的交叉边缘学科发展的研究，近年来也变得日渐丰富起来。这方面的较早研究似乎当属方文关于社会心理学的学科发展研究，他从学科制度的视角分析社会心理学的学科发展历程，指出学科发展史是学科理智史和学科制度史的双重动态史，学科制度视角在学科理智视角之外为学科进展提供了基本的分析框架、策略和工具。[④] 王泉根对中国的民间文学、儿童文学以及国学的学科地位与处境进行了一些批判性的研究，他指出，教育部门在《学科目录》中的撤销民间文学与儿童文学的二级学科建制，造成了高校文学教学、研究与学科建设的混乱和损失，阻碍了这一民间文学和儿童文学领域专业知识的发展和深化；[⑤] 在关于国学的学科地位的研究中，他指出，国学的学位问题与国学的学科地位问题密切相关，国学能否跻身国家的《学科专业目录》是解决其学位问题的关键所在，但是，由于当

① GUMPORT P J. Academic Pathfinders：Knowledge Creation and Feminist Scholarship［M］. Westport，CT：Greenwood Press，2002.

② 波克塞. 当妇女提问时：美国妇女学的创建之路［M］. 余宁平，占盛利，等译. 天津：天津人民出版社，2006.

③ SMALL M L. Departmental Conditions and the Emergence of New Disciplines：Two Cases in the Legitimation of African-American Studies［J］. Theory and Society，1999，28（5）：659 - 707.

④ 方文. 社会心理学的演化：一种学科制度视角［J］. 中国社会科学，2001（6）：126 - 136.

⑤ 王泉根. 评教育部《学科专业目录》中有关文学学科设置的不合理性［J］. 学术界，2004（2）：100 - 106.

前“国学”学科与其他学科的知识存在交叉、重复问题，因此其学科地位的论证及学位问题解决仍存在一定的困难。①

此外，拉格曼探究了教育学作为一门“捉摸不定”的科学，在历史上是如何生存并发展的②；陈洪捷从学术史的视角对北京大学高等教育学科的研究内容和范式进行了回顾和反思，分析了北京大学高等教育学科的发展是如何在高等教育研究室及其后续学术组织的基础上实现了学科的发展与范式的转变③；郭建如和阎凤桥则分析了北京大学教育管理学科化过程中的制度与文化支撑条件，并探讨了学科化过程中需要注意的相关问题；④ 蔺亚琼从学科划界者、划界活动的制度与组织场景以及划界活动的目标与利益三个方面分析了管理学科是如何在中国诞生的。⑤

与上述研究大多侧重学科知识和学科制度的生成与演化的研究视角不同，一些学者将研究的侧重点放在了学科所依托的大学学术组织的成长与发展上，例如，贾莉莉以学科为坐标，研究了学科是如何影响大学院系等学术组织的结构设计以及教学与科研活动的开展的，并据此探讨了大学学术组织的标准设置、学术组织结构的设计以及如何协调大学教学与科研活动的问题；⑥ 王寿朋从学科的视角反观了大学研究组织的变迁历程；⑦ 文少保、杨连生探究了美国大学跨学科研究组织的变迁路径；⑧ 胡仁东的研究虽然并没有聚焦到某个具体学科组织的发展，但却从宏观上探究了中国大学组织内部机构的生成机制。⑨

（二）关于（边缘）学科及其组织升级的研究

由于中外在学科管理制度方面存在明显的差别，例如学科目录对于大学学科及其组织发展所具有的含义迥然不同，因此，关于（边缘）学科及其组

---

① 王泉根．学科级别与“国学学位问题”：试评《学科专业目录》［J］．学术界，2007（6）：82-86.

② 拉格曼．一门捉摸不定的科学：困扰不断的教育研究的历史［M］．花海燕，梁小燕，许笛，等译．北京：教育科学出版社，2006.

③ 陈洪捷．北大高等教育研究：学科发展与范式变迁［J］．北京大学教育评论，2010（4）：2-11.

④ 郭建如，阎凤桥．北大教育管理研究：学科制度化的回顾与反思［J］．北京大学教育评论，2010（4）：23-39.

⑤ 蔺亚琼．管理学门类的诞生：知识划界与学科体系［J］．北京大学教育评论，2011（2）：66-79.

⑥ 贾莉莉．基于学科的大学学术组织研究［D］．上海：华东师范大学，2008.

⑦ 王寿朋．大学研究组织变迁研究：学科的视角［D］．上海：华东师范大学，2010.

⑧ 文少保，杨连生．美国大学跨学科研究组织变迁的路径依赖［J］．科学学研究，2010（4）：535-541.

⑨ 胡仁东．我国大学组织内部机构生成机制研究［M］．广州：广东教育出版社，2010.

织升级的相关研究似乎主要来自中国学者。

王泉根教授较早提到了中国的学科级别及其对学科资源的控制问题，他指出：在中国，学科级别的核心是二级学科，二级学科的有与无直接决定着学科的生死存亡，这具体体现在：二级学科是各地高校向教育部申报博士点、硕士点的唯一法定依据；是申报各类社科基金项目的依据；是各高校申报国家重点学科、重点研究基地等的唯一法定依据，一旦申报成功，该学科不但可以得到巨额科研经费，而且在教学科研人员编制、科研办公用房等方面都会得到诸多好处；是各高校开设本科生课程的依据；是设置教研室的依据；是各高校人事部门制定教师岗位（教授、副教授）、定编定岗的依据，以及设置院、系、所的依据。因此，二级学科的有与无，又直接关系到高校教师的职称评定、与岗位聘任，关系到每位教师的切身利益。①

由于学科级别在中国具有制约学科发展的关键意义，因此，众多已经跻身学科目录的学科和尚未跻身学科目录的新兴交叉边缘学科都在为实现学科升级而努力，一旦学科的级别和地位获得国家学科目录的认可，其所在的大学学术组织的发展也就获得了相应的保障。例如，高岱在研究了中国世界史学科的发展现状的基础上，提出了世界史学科应升级的政策性建议，他指出，作为一个二级学科的世界史内容极为庞杂，它包括了许多不适宜统合为一个二级学科的研究方向，如美国史、德国史、中世纪史、古罗马史等，这些学科本来各有独特的研究对象和方法，其中任何一门的一个侧面或一个断代就足以穷尽一个学者毕生的精力；另外，二级学科的地位也使世界史在大学的研究生招生和教师人员的编制方面都受到很大影响，而在国外大学的相关学术机构中，世界史的研究和教学都处在一个十分重要的位置。② 与世界史学科追求学科升级的情况类似，作为一个二级学科的高等教育学学科内部也有学者在为学科升级进行理论研究和政策呼吁，例如，方泽强认为，高等教育学与教育学存在分离、并列和借鉴关系，高等教育学不隶属于教育学，在以对象和规律为核心要素的新的学科标准视域下，高等教育学的独立学科地位确认无疑，高等教育学新定位为一级学科建制，既有机遇，又有挑战，是一种可能的学科发展道路。③

---

① 王泉根．学科级别对象中国学术的影响［J］．粤海风，2007（6）：17－18．

② 高岱，许平．世界史成为一级学科是社会发展和学术发展的需要［J］．学位与研究生教育，2008（6）：49－51．

③ 方泽强．论高等教育学的学科地位和新定位：高等教育学作为一级学科之商榷［A］．//北京大学教育学院．2012 年高等教育国际论坛博士生论坛论文集．北京：北京大学教育学院，2012：24－34．

三、关于对外汉语教学学科与组织发展的研究

对外汉语教学学科是一个诞生在中国并主要在中国得以发展壮大的教学和学术研究领域。严格来讲，国外并不存在任何原发的、内生的对外汉语教育形态（由中国人去国外开设的对外汉语教育机构除外）。或许正是由于这个原因，国外关于对外汉语教育的研究寥若晨星，而与中国大学内部对外汉语教育机构的组织形态变迁直接相关的学术研究则几乎为零。国内关于中国对外汉语教学事业发展、学科性质及其地位的反思等方面的研究众多。

关于对外汉语教学学科及其学术组织发展史的专业研究虽然并不多见，但是，在既有的关于中国对外汉语教学事业发展的研究中，往往涵盖了对学科发展及其学术组织发展的历史描述和分析。这方面研究的集大成者是程裕祯牵头编写的《新中国对外汉语教学发展史》，① 书中史料丰富、记载翔实，较为清晰地梳理了自20世纪50年代中国第一个对外汉语教学机构诞生以来至21世纪初，中国对外汉语教学机构与学科的发展历程。此外，吕必松在其著作《对外汉语教学发展概要》中部分地回顾了中国对外汉语教学学科和事业早期的发展状况；② 李培元描述了自20世纪50至80年代间中国对外汉语事业、学科和组织发展所取得的若干成就，并总结出了七条发展经验；③ 施光亨和杨俊萱编辑了新中国对外汉语教学的40年大事记；④ 赵金铭对中国在“九五”期间⑤和“十五”期间⑥对外汉语教学研究与学科建设的进展进行过回溯性的历史研究；崔永华对我国对外汉语教学学科建设30年成就进行过描述性研究，并对未来发展前景进行了展望；⑦ 张德鑫对1950—2000年间对外汉语教学学科建设的整体情况进行了回溯性研究。⑧

学术界关于对外汉语教学学科性质及其地位归属的研究也非常多，其核心争议点在于对外汉语教学学科的归属问题，就这一问题，目前学术界主要

---

① 程裕祯. 新中国对外汉语教学发展史［M］. 北京：北京大学出版社，2005.

② 吕必松. 对外汉语教学发展概要［M］. 北京：北京语言大学出版社，1990.

③ 李培元. 中国对外汉语教学的40年［J］. 世界汉语教学，1989（3）：129-136.

④ 施光亨，杨俊萱. 新中国对外汉语教学40年大事记［J］. 世界汉语教学，1990（2）：98-107.

⑤ 赵金铭. “九五”期间的对外汉语教学研究［J］. 世界汉语教学，2000（3）：3-6.

⑥ 赵金铭. “十五”期间对外汉语学科建设研究［A］//北京语言大学对外汉语研究中心. 对外汉语教学的全方位探索：对外汉语研究学术讨论会论文集. 北京：北京语言大学出版社，2004：15-35.

⑦ 崔永华. 对外汉语教学学科建设30年成就与展望［A］//世界汉语教学学会. 第九届国际汉语教学研讨会论文选. 北京：北京语言大学出版社，2008：134-139.

⑧ 张德鑫. 对外汉语教学五十年：世纪之交的回眸与思考［J］. 语言文字应用，2000（1）：49-50.

有两种意见，一种认为对外汉语教育学科的性质是汉语作为第二语言的教育，它应当定位于语言教育学科，[①] 或认为对外汉语教学研究应该紧紧扣住汉语作为第二语言学习的特点，致力于解决汉语学习中的问题，揭示汉语学习的规律。[②] 另一种观点则认为它应当归属语言学及应用语言学科。有学者指出，把对外汉语教学学科作为教育学的一个分支学科，对外汉语专业就失去了在中文学科下开展活动的合理性，这与绝大多数在“对外汉语”专业或“对外汉语教学”一线从事教学和科研的教师和学者的自我感觉相距颇远，恐怕难以为他们接受。[③] 目前，这两种意见并存于中国对外汉语教学界，尚难以达成共识。

以上关于（教育）组织与制度变迁的社会学研究、关于（边缘）学科及其组织形成与发展的研究以及关于对外汉语教学学科与组织发展的研究为本研究的展开，特别是为本研究的资料收集和理论分析提供了重要的指导和借鉴意义。

---

① 刘珣．对外汉语教育学引论［M］．北京：北京语言大学出版社，2000：34.

② 雷励．对外汉语教学研究是否应该包括汉语本体研究：对外汉语教学研究的定位问题［J］．黔西南民族师范高等专科学校学报，2010（1）：35－39.

③ 潘文国．论“对外汉语”的学科性［J］．世界汉语教学，2004（1）：11－19.

第二章　研究设计

在问题陈述和文献评析的基础上，本章将对研究涉及的基本概念、选取的研究方法以及整体的分析框架等问题进行集中说明。

第一节　基本概念界定

一、边缘学科与边缘学术组织

（一）边缘学科

本研究关于边缘学科概念的探讨是由对研究所涉及的对外汉语教学学科的性质探讨所引出的。

关于对外汉语教学学科是一门什么性质的学科，学术界的表意并不完全一致。常见的几种学科性质的表述有：（1）对外汉语教学是一门融语言学、心理学、教育学、社会学、文化学等多学科为一体的综合性、交叉性的新型学科，应在实践和发展中，逐步形成自己的学科理论；① （2）对外汉语教学作为一门新兴学科，是在20世纪80年代出现的，它并不是一门独立学科，而是一门交叉学科；②（3）对外汉语教育是一门综合交叉学科，它综合了多种学科的理论成果，研究本学科所面临的特殊课题，从而形成并逐步完善自身的学科理论，它综合地、有选择地汲取语言学、心理学、教育学、文化性、哲学、横断科学和社会学七个主要学科以及其他相关学科的理论；③（4）汉语作为第二语言/外语教学是一门具有特殊规律的科学，在学科方向、培养对象、培养目标、培养内容和方法等方面有着显著的特点，它同时也是一门高度交叉、高度综合的前沿学科，具有语言学、教育学、心理学、社会

---

① 张德鑫．对外汉语教学五十年：世纪之交的回眸与思考［J］．语言文字应用，2000（1）：54.

② 周小兵．对外汉语教学入门［M］．2版．广州：中山大学出版社，2009：3.

③ 刘珣．对外汉语教育学引论［M］．北京：北京语言大学出版社，2000：24－25.

学、文化学、政治学等多重学科的综合属性，而且要求有实践环节的训练。①以上关于对外汉语教学学科性质的表述虽不尽相同，但都强调了学科的交叉性和综合性。

在英语中，表达具有知识交叉性质的学科名称的英文单词是“Interdiscipline”或“Cross-discipline”，它们在使用中似乎常不做严格的区分。与之类似，在中文的语境中，交叉学科、交叉边缘学科、边缘学科、跨学科、综合学科等几个名词也常常被当作同义词混用。当然，这并不排除有学者对这几个表义相近的词汇做过不同的概念界定和辨析。例如，刘仲林认为，交叉学科是两门或两门以上的学科相互结合、彼此渗透交叉而形成的新学科；边缘学科主要指二门或三门学科相互交叉、渗透而在边缘地带形成的学科，如物理学与化学结合产生了物理化学；综合学科以特定问题或目标为研究对象，如环境科学、城市科学、行为科学等。② 由此不同的概念界定来看，对外汉语教学学科似乎既可以看作是在语言学、教育学、心理学等学科的边缘地带进行知识交叉后而形成的边缘学科，也可看作是为了解决将汉语交际技能及相关汉语知识传授给海外非母语者这一问题而形成的综合学科。

然而，在对边缘学科和综合学科概念进行辨析时，刘仲林指出，“任何一门边缘学科，无论它的形式和特质发生了多大的变化，我们都可以从传统学科中找到它的生长点和母体学科，在边缘学科发展中我们依旧可以看到传统学科的基本原理、基本理论对其所产生的指导作用，而综合学科是采用多学科的理论和方法研究某一特定跨学科综合性问题的领域，它不是以一二门传统学科为背景形成的，在它身上看不到参与学科的影子，其名称独特，如空间科学、能源科学等。”③ 根据这一概念辨析以及对外汉语教学学科与其母体学科之间的固有联系，似乎它更应该归为（交叉）边缘学科，而不太符合综合学科性质要求。

上述几种对外汉语教学学科性质的常见表述，以及中外语境中对边缘学科、交叉学科、跨学科等几个学科名称的混用，使得要把对外汉语教学学科严格地划归到一种名称之下并不具有确切的实际含义。在这种若干名称表义相近且可替换使用的情况下，本文暂时拟采用边缘学科或交叉边缘学科作为对外汉语教学学科性质归属的表述方式，这主要是为了强调大学中的对外汉语教学学科与其主要母学科——中国语言文学学科的相对地位，即后者在我

---

① 国务院学位委员会．关于下达《汉语国际教育硕士专业学位设置方案》的通知（学位〔2007〕10号）.

② 刘仲林．现代交叉科学［M］．杭州：浙江教育出版社，1998：77－84.

③ 刘仲林．现代交叉科学［M］．杭州：浙江教育出版社，1998：185.

国的学科目录中的学科级别要高于前者，而且，在中国很多的研究型大学中，无论是从知识积淀还是人才储备来看，后者通常都处于相对成熟和核心的位置，前者则往往处于相对边缘的位置。此外，根据对外汉语教学学科与几个邻近母学科的关系来看，对外汉语教学学科更像是以“剩余的方式”（residual manner）——即为其他研究领域所忽略不做的——来组建自身研究领地的，这会极大地受制于既有的学科边界，并因而容易受到其他群体的界定和意图支配，[①] 这也在一定程度上显示了对外汉语教学学科的边缘境遇。

（二）边缘学术组织

本研究所谓的“边缘学术组织”是指以某一边缘学科为依托的大学次生学术组织，它可以看作是一个由“边缘学科”和“学术组织”构成的偏正短语，其中“边缘学科”为修饰语，“学术组织”为中心语，为了表述的简洁，采用“边缘学术组织”的叫法，但英文对应的词为“Interdisciplinary Academic Organization”。例如，对外汉语教学学科是一个边缘学科，因此，大学中以对外汉语教学学科为依托的对外汉语教育学院就可看作是一个边缘学术组织。这里之所以要把学科性质作为大学次生学术组织的修饰语是因为“学科知识的划分是院系等学科组织产生的基础，高深专门知识领域是院系学科组织发展的内在逻辑”。[②]

二、大学次生学术组织与大学基层学术组织

大学次生学术组织在本文中是指那些在科层序列和管理级别上隶属于一所大学之下的学术组织，其名称通常体现为“××学院”“××学系”“××中心”“××研究所”“××教研室（组）”等，当然，这并不否认其组织名称、建制规模、组织功能等常因大学所处的时代及地域的不同而有所不同。例如，大学中的对外汉语教学机构（尽管其具体名称因时代和学校而异）就可以看作是一个大学次生学术组织，它区别于其他大学次生学术组织的主要特性在于其所依托的学科是对外汉语教学学科。

与本书采用的大学次生学术组织这一名称近似的一个名称是大学基层学术组织，两者的差别主要体现在“基层”二字上。一般来讲，“基层”顾名思义应指“最底层”。当前，我国的研究型大学通常采用“校—院—系”三级组织形式或“校—院—系—教研室”四级组织形式，因此，大学基层学术

① 惠特利．科学的智力组织和社会组织［M］．赵万里，陈玉林，薛晓斌，译．2版．北京：北京大学出版社，2011：191.

② 庞青山．大学学科论［M］．广州：广东教育出版社，2006：144.

组织对应的学术组织，应该是指最底层的“××学系”或“××教研室（组）”。显然，大学次生学术组织这一概念在范围上比大学基层学术组织要广，它不仅包括大学最底层的学术组织，也包括中层的学术组织。当然，在一些不十分强调“基层”本身所暗含的“最”底层的语境中，大学基层学术组织也可笼统地指包括中层和最底层的学术组织在内的大学学术组织。本书为了表意严格起见，当指包括中层和最底层的学术组织在内的大学学术组织时，只采用大学次生学术组织的表述方式。

三、对外汉语教学机构

本研究所关注的对外汉语教学机构是中国研究型大学中（不包括中国研究型大学之外①）从事对外汉语教学的大学次生学术组织。尽管这些组织的形式和功能几经变迁，但其主要业务从未离开过对外汉语教学工作。

此外，特别需要指出的是，本研究中所指的中国研究型大学中的对外汉语教学机构和当前遍布全球的孔子学院（Confucius Institute）、孔子课堂是两种不同类型的组织，两者虽有联系，但根本性质不同，不可混淆。目前，孔子学院（课堂）主要是以“中、外高校合作共建的方式”② 设立在中国境外的汉语教学机构，它是以教授汉语和传播中国文化为宗旨的非营利性公益机构，③ 主要提供下列服务：开展汉语教学；培训汉语教师，提供汉语教学资源；开展汉语考试和汉语教师资格认证；提供中国教育、文化等信息咨询；开展中外语言文化交流活动。④ 孔子学院总部目前就设立在国家汉办，它负责管理和指导全球的孔子学院，如制订孔子学院建设规划、审批孔子学院的设置等，国家汉办的主任同时也是孔子学院总部总干事。与孔子学院的性质和职能不同，中国研究型大学中的对外汉语教学机构首先是隶属于中国大学的一个次生学术组织，它除了与孔子学院一样进行对外汉语教学服务以外，还肩负着培养对外汉语教学师资、从事对外汉语教学研究等学术职能。此

---

① 世界上从事对外汉语教学工作的机构并不局限在中国研究型大学中。一方面，中国很多普通高校都设有对外汉语教学机构，另一方面，国外很多高校中都设有以中外高校合作共建的方式成立的、以汉语教学为主要业务的孔子学院和孔子课堂。与此同时，大学之外也存在一些正在开展或曾经从事过对外汉语教学的民间教育或语言培训机构。此外，我国也曾为外国驻华使馆的外交人员在外交人员服务处（局）中设立过汉语教研室，专门开展针对使馆人员的对外汉语教学工作。

② 徐守磊. 孔子学院系统的治理机制研究［D］. 北京：北京大学，2010：1.

③ 国务院办公厅转发教育部等部门关于加强汉语国际推广工作若干意见的通知（国办发〔2006〕17号）.

④ 孔子学院章程［EB/OL］.［2013-02-13］. http://www.hanban.edu.cn/confuciousinstitutes/node_7537.htm#nod.

外，在中、外高校合作共建孔子学院的过程中，中国研究型大学中的对外汉语教学机构通常是为在外方院校中设立的孔子学院提供汉语教学师资和管理人员的重要机构。因此，可以说两者联系紧密，但又有着本质的区别。

第二节 研究方法

一、嵌入式单案例研究

研究方法的选择主要取决于研究的问题。本研究关注的问题是对外汉语教学机构这样一个以交叉边缘学科知识为基础的边缘学术组织，为什么在一些研究型大学能够获得一个相对独立的发展空间？而案例研究是探索难以从所处情境中分离出来的现象时采用的研究方法，① 其最重要的用途是解释现实生活中各种因素之间假定存在的联系，这种联系是如此复杂，以至于用实验或调查都无法解释，② 具体来讲，它尤其适用于以下三种情形：①需要回答“怎么样”“为什么”的问题时；②研究者几乎无法控制研究对象时；③或者关注的重心是当前现实生活背景下的实际问题时。③

由此可见，本研究的问题样式与案例研究方法所擅长的问题样式具有一定的匹配性。首先，本研究既要阐明中国研究型大学中对外汉语教学机构是怎么变的，又要解释为什么会这样变？其次，对外汉语教学机构的变化过程是研究者无法控制的。再次，笔者所关注的问题是由历史延伸到现实的一个实际问题，组织变迁的复杂现象难以从历史情境中简单地分离出来，需要从多种行为体的相互作用视角来进行细致的分析。最后，选用案例研究是组织分析的制度主义所开展的经典研究的常用方法，而且，“在中国社会进行组织制度研究，原有的理论储备较少，容易发生套用西方框架进行演绎，而实际情况又与西方社会迥然不同，因此，重视实地调查，培养对现实的‘感觉’，通过案例使复杂的现实得以详尽地展现出来，对于避免单纯的定量分析可能导致的过分化约倾向是有必要的。”④

---

① 殷．案例研究方法的应用［M］．周海涛，译．重庆：重庆大学出版社，2004：13.

② 殷．案例研究：设计与方法［M］．周海涛，李永贤，李虔，译．重庆：重庆大学出版社，2010：23.

③ 殷．案例研究：设计与方法［M］．周海涛，李永贤，李虔，译．重庆：重庆大学出版社，2010：2.

④ 马林霞，郭建如．中国社会学社区学派与教育制度研究［J］．教育学报，2008（3）：78.

在案例研究方法内部，根据不同的分类标准，又可以将其细分为若干种具体的案例研究法。例如，罗伯特·K. 殷（Yin, R. K.）根据研究中涉及的案例的数量以及研究中需要涵盖的分析单位将案例研究分为四种类型，相应地也就有四种类型的案例研究设计：整体性单案例研究（single-case holistic design）、嵌入性单案例研究（single-case embedded design）、整体性多案例研究（multiple-case holistic design）、嵌入性多案例研究（multiple-case embedded design）。①

根据研究对象的特点以及研究条件的限制，本研究拟选用嵌入式的单案例研究。具体来讲，这是因为：第一，本研究的对象是中国研究型大学中的对外汉语教学机构，如前所述，这种类型的大学及其对外汉语教学机构在中国的分部具有一定的广泛性，在有限的时间内很难采用大规模的多案例研究来对其进行全面的群体性考察。第二，研究型大学中的对外汉语教学机构处于由多种类型、多个层次的组织所构成的一个复杂的组织场域之中，要考察对外汉语教学机构的变迁就必须考察它与组织场域中的其他组织的复杂互动，既要收集对外汉语教学机构变革的资料，又要收集其他互动组织的相关资料，加上本研究所要考察的组织变迁的时间较长，涉及大量的历史资料，因此，资料的收集会是一项浩大的工程，在缺少相关的支持性条件的前提下，对这一机构群体进行考察并不现实。但是，由于组织场域中不同类型组织间的嵌套性（下文将详细分析），使得本研究必须对多个层级的分析单位进行考察，所以，采用嵌入性的单案例研究是一种比较合适的选择。

二、案例的选取

（一）学校与相应机构的选取

本研究选取 S 大学对外汉语教学机构作为案例主要是基于以下一些考虑：

第一，案例大学的对外汉语教学机构是一个“小”的学科基础却获得成长的“大”舞台的典型个案。对外汉语教学学科的诞生和发展与它赖以生存的学术组织的诞生和发展相伴，在一段相对较短的时期内，较快地实现了学科地位的提升和学术组织的扩张。这种边缘学科及其组织依托从无到有、从小到大、从默默无闻到生机勃勃的并行发展过程，可以看作是一个学科和其所依托的学术组织诞生与成长的“压缩饼干”，在中国大学边缘学术组织群

---

① 殷. 案例研究：设计与方法［M］. 周海涛，李永贤，李虔，译. 重庆：重庆大学出版社，2010：26.

中几乎可以称得上是一种“奇迹”，它对于探究在中国特定历史背景下的大学内部边缘学术组织如何变迁，如何争取更快、更好地发展具有重要意义。

第二，案例大学对外汉语教学机构的演变过程具有一定的复杂性和曲折性。该对外汉语教学机构的发展历史几乎伴随中国对外汉语教育事业发展以及整个学科发展的始终，其组织的演变受到中外政府、大学、大学内平行的邻近学科组织、自身教师群体和特殊学生群体等多重行为体的交互影响，其中的关系错综复杂，发展过程中曾经历过多次停滞甚至倒退。对于那些想要了解和探究一个大学边缘学术组织成功发展秘诀人来说，该案例不仅可以分享“成功的喜悦”，也可以提供“挫败的忧伤”。无论是成功的经验，还是失败的教训，对于中国其他大学，特别是研究型大学中对外汉语教学学科组织的发展具有直接的警示和借鉴意义，对于其他的大学边缘学术组织的发展也可能具有间接的启示作用。

第三，案例大学对外汉语教学机构的有关资料具有一定的丰富性和可获得性。案例组织的诞生和发展发生在当代中国（20 世纪 50 年代至今）一个相对较短的且比较容易追溯的历史时期内，一些组织变革的亲历者或见证人尚健在，这意味着研究者可通过访谈当事人的方法收集资料。另外，与其他同类机构相比，案例组织发展的历史较长，且其所在大学保留了该组织比较完善和丰富的相关档案文件，将访谈资料和档案资料结合起来进行分析，对于追溯和考察组织演变的历史过程具有重要的互补性的参考价值。

（二）受访人员的选取

本研究目标受访者的基本选取标准是：对案例大学中的对外汉语教学机构的组织变迁过程要有一定的熟知度。因此，结合对外汉语教学机构的业务特点，受访者主要包括：案例大学对外汉语教学机构的退休与现任教师和管理人员、校级领导（特别是主管文科或外事的副校长）、与对外汉语教学机构组织变革密切相关的学校各职能部门的管理人员（如留学生办公室、外事部门、教务部、研究生院等部门的管理者）、与对外汉语教学机构关系密切的校内其他平行院系的管理者或教师、对外汉语教学学科领域内的专家学者（不限于案例学校内）。

受访者选取的方式主要采用滚雪球抽样（snowball sampling）的方式。首先，通过查阅案例组织的历史档案和有关文献，可以确定一部分重点锁定的目标人群，这些目标受访者基本上是曾经直接参与案例组织变革且现仍健在的受访者。其次，通过对上述受访者的访谈，可以间接获得研究者之前未曾知晓或遗漏掉的、对案例组织变迁过程亦很熟知的其他目标人选，这些受访者可能也亲身经历了案例组织的变革过程，或者间接参与或见证了案例组织的变革过程。通过第一部分受访者的私人介绍或通过其他公共渠道，也可获得其他受访者的联络方式，以此类推，可以不断扩展受访者人群，直到访谈信息饱和为止。

三、资料的收集

就组织变迁研究而言，研究者获取经验资料的方法有很多。例如，查阅关于组织的文书档案和流转公文，收集各种公开的历史文献材料，访谈历经组织变迁过程的当事人和其他利益相关者，以及观察组织变迁的过程等。根据研究的需要以及资料可获取途径等现实条件的制约，本研究主要进行了两种经验性资料的收集——访谈资料的收集和实物资料的收集。

（一）实物资料的搜集

本研究所收集的实物资料有：存放在案例大学档案馆中关于对外汉语教学机构的历史档案（包括各种有关该大学对外汉语教学机构设立与变更的学校政策文件、重大会议记录、对外汉语教学机构自身的年度工作计划、工作总结、年鉴、规章制度汇编、提交上级的工作申请报告、教研室会议记录、学术讨论会议的日程安排与总结、教师名录、教师奖惩记录、开设的课程名录及课程大纲、各类学生的数量统计、与对外汉语教学机构有密切业务往来的其他有关机构的历史文档等）、有关案例组织的新闻报道与图片、参与或见证过案例大学对外汉语教学机构变迁的人物回忆录、人物纪念文集、人物传记等。

在收集实物资料时，研究者遵循的总原则是："收集实物必须获得当事人的同意。"① 上述研究所收集的实物资料除存放在大学档案馆的历史档案以外，其余资料均为国内公开出版、发行的资料（文中引用时进行了匿名处理）。在查阅组织的历史档案之前，依照《中华人民共和国档案法》以及案例大学档案馆的有关法律规定和工作规程，研究者先请所在单位向案例大学对外汉语教学机构开具一份有关研究者申请档案查询的介绍信，以确保研究者的档案查阅完全是出于学术研究目的的正当性和纯洁性，经案例大学对外汉语教学机构认可并同意以后，该机构再向学校的档案馆出具一份类似功能的介绍信，然后，方可在档案馆工作人员的协助下，有选择地查阅有关组织的档案。查阅其他有关机构的档案也需遵循上述过程。历史档案中蕴含着校方有关部门、人员以及案例机构自身在组织变迁过程中对相关问题的认知架

① 陈向明. 质的研究方法与社会科学研究［M］. 北京：教育科学出版社，2000：264.

构和政策意图，是一种机构变革的官方阐释，这种来自官方的实物资料与来自个人的回忆录、纪念文集等实物资料具有一定的互补性，可以为研究者提供有关组织变革过程的情境背景知识，在某些情况下，比访谈中受访者使用的语言更加准确、更具有说服力。

（二）访谈资料的收集

访谈资料的收集是实物资料的重要补充。在研究过程中，研究者主要采用面对面访谈、邮件访谈以及电话访谈三种访谈形式。其中面对面访谈可以负载最大量的访谈信息，因此是访谈的首选形式。当受访者不愿接受面对面访谈或由于其所处地域及访谈时间的限制，无法进行面对面访谈时，研究者则退而选择后两种访谈形式。

本研究中进行的访谈一般都会提前预约，并提前草拟好访谈提纲。访谈时间一般不超过1.5小时，当然，在受访者无公务且愿意和笔者聊这个话题的情况下，访谈的时间会自然延长。由于了解本案例组织变迁历史的受访者大多为大学退休人员，他们通常无要紧公务缠身，一旦他们愿意接受访谈，往往能够敞开心扉、娓娓道来，因此访谈时间也常常超过2个小时，甚至将近3小时，而研究者在问完基本问题时，也往往能够在“超出的闲聊时间中”捕捉到一些“意外收获”。访谈的地点一般选在相对安静的场所，但主要由对方来确定，通常在受访者的办公室或家中，这样可以在一个受访者觉得舒适的环境下开始访谈。

访谈开始前，研究者通常会询问受访者是否同意录音，并承诺对访谈内容保密且强调其专用于学术研究。若受访者执意不愿接受录音，研究者不勉强对方答应。无论受访者是否同意录音的请求，研究者均保持了较为完备的纸笔访谈记录。对于已录音的访谈，在访谈结束后尽快进行了访谈录音的转录工作；对于未录音的访谈，研究者则在访谈结束后依靠访谈笔记及自己的回忆，尽快丰富和完善书面的访谈内容记录。在访谈过程中，笔者十分注意营造一种自然、融洽的氛围，首先向对方说明本次访谈资料仅用于学术研究，别无他图，期间，时刻注意以一种坦诚、谦恭、求教的态度和对方交流，注意倾听并给予对方必要的反馈，不随意打断对方但也不任由受访者谈一些与本研究无关的话题，注意随时引导话题的走向，提高访谈的效率，争取在较短的时间内获得最充分的有效信息。访谈结束后，在向对方表示感谢的同时，一般还会根据研究者与受访者之间的关系决定交换必要且妥当的联系方式，为补问遗漏的问题以及其他可能的回访奠定基础，因此，有些受访者接受了研究者的多次访谈。

本研究的访谈提纲（见附录一）大致依据受访者的身份类型进行分类起

草，包括三个组成部分：对外汉语教学机构的教师访谈提纲（其中的问题主要涉及组织机构的建立与发展、学科的建立与发展以及教师自身的发展等几类问题）、学校留学生事务管理者访谈提纲、学校高层管理者访谈提纲。考虑到每一位受访者的不同身份以及他们与案例组织的不同关系，在实际的访谈中，对于每一位受访者，笔者都有一份独特的、专属的访谈提纲，而且随着研究的逐步推进，研究的具体问题也经历了一个不断聚焦和细化的过程，因此，访谈提纲中的问题也会有所变动。附录一中所列的访谈提纲基本上涵盖了提纲变化过程中的一些一以贯之的主干问题。访谈的性质根据受访者的具体情况和访谈的需要，基本上以半结构式的访谈为主，即笔者预先根据自己的研究核心问题准备一个访谈提纲，围绕访谈提纲设问但不拘泥于这些问题开展访谈。

四、资料的分析

（一）实物资料的分析

笔者对部分年代久远的历史档案资料进行了文本复制，此外，本研究所收集的大部分实物资料，如多数历史档案、新闻报道稿、人物回忆录或传记中关涉案例组织的描写和评论，基本上均可以实现文字化、图像化和电子化。笔者在电脑中建立了相应的文件夹，以便对电子化后各类实物资料进行分类保存。

本研究收集的实物资料大多是以文字形式存在的，因此，在对其进行分析时，基本上可以参照下面对访谈资料的分析步骤和手段。但是，与分析访谈资料不同的地方在于，分析实物资料时更加注重将其放回到其被生产、被使用、被重复使用或者被抛弃的历史文化背景中加以考虑，注重分析实物制作者的动机和意图，探究实物的象征意义。

（二）访谈资料的分析

如前所述，对于访谈资料，无论是否有录音，研究者都在访谈结束后的第一时间将其转录为文本资料，并对其进行必要的编码和归档。对于受访者的编号，笔者遵循的总规则是："受访者类别（管理者/教师）—日期—受访次数"。其中，学校职能部门或院系的管理者用"O"（Officer）表示，对外汉语教学机构或中文院系的教师用"T"（Teacher）表示，具有管理者和教师双重身份者用"T/O"表示；在受访者类别后面打星号"*"者表示是案例学校以外的相应类别人员；受访次数大于或等于两次的，在日期后面用阿拉伯数字"（1）（2）（3）……"表示相应的受访次数。例如，一位在

2012年12月18日接受访谈的外校、具有对外汉语教师和对外汉语教学机构管理者双重身份的受访者第二次接受访问，可标示为："T/O＊ -20121218(2)"，以此类推。本研究的受访人员具体信息参见附录二。

对文本资料进行分析的大致步骤为：(1) 阅读原始资料→(2) 登录→(3) 寻找"本土概念"→(4) 建立编码和归档系统。在实际操作时，步骤(2) 和 (3) 可以同时进行。① 对资料进行编码是分析过程的重要环节，因材料的复杂程度可以进行多次，即逐级编码，一般为两到三次。笔者在编码的过程中提炼出一些关键概念和类别，然后在不同类别的概念之间寻找联系，即对分类资料进行再次编码，通过比较再分类，并重新建立关联之后，将较低层次的编码提炼出的一系列概念统合进较高抽象层级的范畴之内，进行理论加工。

（三）多种资料间的三角检验

三角检验，也叫三角剖分、三角互证，是将"三个矢量交叉在一起就可以确定几何空间中的一个点的位置"这一三角形的数学概念运用于社会科学研究领域的一种分析方法，是指"用多种资料收集方法、资料来源、分析者或理论去检查个案成果效度的过程，它有助于消除由于大量仅仅依赖一种资料收集方法、来源、分析者或理论而产生的偏见"。② 通俗地讲，"确定某一事件是否发生并不容易，但如果你的研究显示，来自访谈、文件、档案的证据都指向相同的结论，那么你就可以自信地说，某一事件确实发生过"。③

本研究的资料来源多样，收集方法也不止一种，即便是访谈资料也来源于不同的受访者。因此，在这种情况下，对研究资料进行三角检验有助于增强资料的可信度和说服力。具体来讲，在资料分析的过程中，研究者将各种类型及来源的资料进行比较，若它们彼此吻合，则基本可得出比较确切的结论，若彼此矛盾，可通过资料内部的重新检验，或根据资料来源的可靠性等具体情况，要么判定其中更可信的一方或多方，同时舍弃其他资料中的信息，要么就从多种资料中的矛盾点去寻找其他更可靠的新材料进行验证。

总之，多种类型、多种来源渠道的研究资料扩大了研究者的认知范畴，增加了研究手段和分析视角，提供了多种层次和类型的概念、隐喻和联想，使研究者的视野更加开阔。而三角检验则可实现多种资料之间的互补、互证，增强了研究结论的可信度和说服力。在本研究进行的过程中，资料的收

① 陈向明. 质的研究方法与社会科学研究［M］. 北京：教育科学出版社，2000：277.

② 高尔M S，博格，高尔J P. 教育研究方法导论［M］. 许庆豫，译. 6版. 南京：江苏教育出版社，2002：472.

③ 殷. 案例研究方法的应用［M］. 周海涛，译. 重庆：重庆大学出版社，2004：90.

集与分析几乎是同时开展和并行不悖的。资料在收集的过程中就蕴含着研究者的某种分析性思考，同时，在分析资料的过程中，研究者也不断反思还缺少哪些方面的资料，或哪些方面的资料尚不足以支撑哪些研究结论。研究的过程也是循环往复，不断深入的收集和分析资料的过程。

五、研究的伦理与限制

（一）伦理考量

1．关于自愿与保密原则的遵守

笔者作为研究者在邀请受访者接受访谈前，都会通过电子邮件或口头的方式向对方说明本研究的基本内容和目的，让受访者自行决定是否接受访谈，有协商但没有强迫，一切以受访者自愿为原则。如果受访者提出事先阅读访谈提纲的要求，研究者予以满足，若受访者并未提出类似要求，则以简要说明研究的基本内容和目的为限。在访谈开始前，研究者就是否同意对访谈内容进行录音征求受访者的意见，当受访者严词拒绝时，不强迫对方接受，改用纸笔记录等受访者愿意接受的方式。

在访谈开始前和结束后，研究者会向受访者说明尊重受访者的个人隐私，并遵守保密原则。由于本研究是关于一个大学内部学术组织变迁的研究，其内容涉及大学内部与外部不同层级的管理者之间、管理者与教师之间在人事、财务等各方面的权利和利益的博弈，存在一定程度的敏感性，因此，说明并重申尊重受访者的个人隐私和对受访者个人信息的保密原则对于获得信息的真实性和可靠性尤为重要。本研究对受访者个人信息的保密措施除了上述对受访者的承诺以外，还包括对一切与他们有关的人名、地名和机构名都将使用匿名或编号来代替，必要时还包括删除了一些敏感性的材料。

2．关于如何处理研究者与受访者的关系问题

在处理研究者与受访者的关系方面，笔者遵循合理和公正的基本原则。笔者即研究者从事该项研究的身份是博士研究生，而受访者大多为大学教师或管理者，年龄、资历均长于研究者，虽然他们并非研究者本人在学术上或生活中的直接业师或管理与服务人员，但在中国的本土情境中，研究者无论是在学业上还是在身份上均属于“晚辈”，因此，在研究过程中基本上抱着向受访者请教、学习的谦卑态度，即注重保持研究者应有的专业、客观、公允的职业精神，又注重遵守研究者与受访者在现实生活中的基本关系伦理。

在处理受访者之间的关系方面，由于本研究涉及组织变迁的一段较长的历史时期，各种相关组织成员历经变化，故受访者数量众多，且很多受访者之间

曾经或现今仍存在业务或日常生活上的往来，彼此认识，因此，研究者在访谈时格外注意非必要情况时不在他们中间传播彼此的访谈内容及其他个人情况。此外，本研究受访者的类型多样，他们不仅来自案例大学对外汉语教学机构内部，也有来自其上级部门、平行部门甚至外界的学者同行，因此不同类型受访者所提供的信息可以相互印证，提高资料收集的真实性和可靠性。同时，由于研究者本人并不归属案例组织及其相关组织中的任何一方，因此在一定程度上，容易跳脱出既有的、复杂的学科和组织间的利益纠葛，利用第三方的身份，对案例组织的变迁过程进行客观、中立地描述、分析和解释。

3. 关于对研究者如何回报的问题

目前，关于“研究者应该用何种方式向被研究者表示感谢、什么感谢方式可以真正表达研究者的感激之情、研究者的感激是否可能用一些有形的方式表达出来等一系列关于对研究者如何回报的问题在质的研究中一直是十分令人棘手的问题。”① 关于这一问题，在学术界有不同的认识，相应也有不同的做法。本研究在中国的本土情境中展开，如上所述，研究者与受访者之间大多存在的某种教育场域中的“师长与后学者”的特殊关系，故在回报问题上基本上按照本土的伦理灵活掌握。研究者基本上不采用金钱支付的方式给予受访者回报，而是采用购买礼品或者身体力行地帮受访者做一些力所能及的小事的方式给予受访者回报，同时，也有受访者坚持认为研究者一篇优秀的博士论文即是给予他们最好的回报。

此外，从研究者对受访者的观察以及与他们的交流来看，参与本研究的大多数受访者并不十分在意对研究者如何回报的问题，甚至有些受访者在访谈结束后也真诚感谢研究者给予他们一个回顾和反思过往工作的机会。还需要说明的是，关于受访者提出的期望借由本研究实现向有关组织“反映”某些问题，或者“改革”某些组织的管理等本研究可能无法兑现的研究回报问题，研究者对受访者均予以坦诚告知，并获得了受访者的理解。

（二）研究限制

第一，关于研究方法的限制。本研究是一个关于中国研究型大学中的对外汉语教学机构组织变迁的研究，在研究方法上采用单案例研究。虽然，这种研究方法在一定程度上节省了研究者的精力和资源的投入，有助于研究者在资源有限、缺少资助的情况下，集中精力去深入剖析一个组织变迁的方方面面，从而加快研究进度，提高研究效率。但是，它与多案例研究相比具有的一些方法论意义上的缺陷也是研究者必须正视的问题。这是因为“单案例研究设计好比

---

① 陈向明. 质的研究方法与社会科学研究［M］. 北京：教育科学出版社，2000：440.

‘把所有鸡蛋都放在一个篮子’，很容易出现‘一步走错，全盘皆输’的问题，更重要的是，从两个或更多案例中总结出来的结论会比从一个案例中总结出来的结论更扎实、更具说服力”。[①] 因此，如果在研究时间和各种支持性资源允许的前提下，采用多案例研究方法可能是一种更好的选择。

第二，关于研究的历史跨度所带来的限制。本研究所关注的案例组织变迁发生在一个相对较长的历史时段当中，虽然是在当代中国，但由于这一时期中国社会所发生的各种特殊的历史变革，导致前三十年组织变革的历史档案保存得相对不完整，甚至有大段的空白，同时，了解这一时段组织变革历史的受访者要么已经作古、要么均已年过古稀甚至年近耄耋，通过访谈来收集组织变革早期的史料，既受其身体健康状况的影响，也受其记忆力状况的制约。就在研究者集中开展访谈的几个月中，就有两位原计划访谈的重要受访者溘然长逝。虽然，研究者采用了以下一些补救的方式，比如，加快受访者的联络速度，加快访谈的时间进程，在访谈前做足组织变革史料的案头功课，以备在访谈中帮助记忆力不佳的受访者回顾组织历史、理清组织变革脉络。但是，这仍然可能在一定程度上影响了研究者所掌握的组织变迁的历史资料的丰富度和完备性。

第三，关于研究内容敏感性的限制。关于组织变革的研究在很大程度上涉及一些具体的人事问题、领导者的管理问题，在中国的本土语境当中，这些问题通常是一些比较敏感的问题。或许正是由于研究内容所具有的这种敏感性，使得一部分目标受访者不愿接受访谈，或者在访谈过程中对一些研究者非常关注的敏感问题刻意回避、不愿多谈。另外，在不违背基本的研究伦理的前提下，如何巧妙、得体地设问对研究者的访谈技能也是一种极大的考验。

第三节　分析框架与篇章结构

一、分析框架

（一）组织分析的历史视角的确立

正如涂尔干对历史研究所强调的那样，“现在无非是过去的进一步推演，

---

① 殷. 案例研究：设计与方法［M］. 周海涛，李永贤，李虔，译. 重庆：重庆大学出版社，2010：69.

一旦与过去割裂开，就将丧失大部分的意义。现在是由无数要素组成的，这些要素紧紧纠缠在一起，所以我们很难看清楚……要想区分并辨析这些要素，唯一的办法就是进一步推进历史研究，深入探究这些要素是通过什么样的方式一步步聚合在一起，组合并形成有机关联的”。① 在本研究中，由于S大学中的对外汉语教学机构获得今天这样一个相对独立的发展空间，是在历经了若干次组织变革之后才逐步实现的，因此要揭示其获得当前这种组织现状的原因，就需要追溯其历史的演变轨迹，在历史的过程中探求组织变革背后的机制。

当然，深入组织演变的历史脉络中去探求各种影响组织变革的要素及其相互关联，最终目的还是解释组织当前所表现出的令人费解的独特性，换句话说，“即便我们离现在而去，最终的目标还是要重新回来的；即便我们远离了现在，也只是为了更好地看清它，更好地理解它”。②

（二）组织场域的形成与演变

1. 组织场域的意涵及其在本研究中的应用

组织场域是制度理论中的新制度主义学派提出的一个重要的分析概念，它最早是由迪马吉奥和鲍威尔引入，用来解释现代社会中为什么组织的形式和实践会出现同质性和科层化这一理论问题的，他们把组织场域定义为那些由组织建构的、在总体上获得认可的一种制度生活领域，这些组织包括关键的供应者、资源和产品消费者、规制机构以及提供类似服务或产品的其他组织。③ 然而，这种强调组织间的交易关系以及组织在这一关系整体中的结构地位的场域界定，后来受到了批评。批评者认为组织场域的形成并不必然意味着组织同形，相反，组织的变异或多样性仍可能存在。

于是，为了解释组织的变异或多样性的存在，组织场域的概念得到了重新界定。近来，具有代表性的观点如伍滕和霍夫曼（Wooten & Hoffman）提出，“场域是一个组织彼此关联或相互牵涉的场所，场域是高度情境化的空间，在其中，不同组织关联在一起，去努力形成对于它们的或场域水平的活

---

① 迪尔凯姆．教育思想的演进［M］．李康，译．上海：上海人民出版社，2006：20.

② 迪尔凯姆．教育思想的演进［M］．李康，译．上海：上海人民出版社，2006：19.

③ DIMAGGIO P J，POWELL W W. The Iron Cage Revisited：Institutional Isomorphism and Collective Rationality in Organizational Fields［J］. American Sociological Review，1983，48（2）：147－160.

动具有重要意义的事情的集体理解"①。这一对组织场域的重新界定及其相关的理论阐释，使得组织场域被看成是一种动态的、可变的、建构集体理性的场所或实现途径，为解释组织的变迁和多样性奠定了基础。

与本研究所关注的案例组织的变迁过程相适应，上述经过重新界定的组织场域概念，对于解释案例组织在不同的历史时期所表现出的不同组织形态具有一定的解释力。S 大学的对外汉语教学机构并不是凭空产生和孤立存在的，在其组织变迁的历史岁月中，有很多种（个）行动主体曾关联在一起，共同参与了其变革的过程，并发挥了不同的作用。它们围绕着与案例组织的生存和发展有关的议题，结成了一个不断变化着的独特的组织场域，共同建构着某种集体意义与理解，进而形塑了组织的变迁过程。

遵循涂尔干所强调的历史研究的思路，结合对 S 大学对外汉语教学机构变迁史的考察，笔者发现，案例组织的诞生和发展演变涉及以下若干个行动主体：外国政府、中国政府及其对外汉语教学工作的主要领导机构——国家汉办、中国的研究型大学及其高层管理者、研究型大学中的对外汉语教学机构群体及其教师与管理者群体、各大学中与对外汉语教学机构并列的其他院系（特别对外汉语教学学科所依托的关键母学科——中国语言文学学科所在院系）、与大学的对外汉语教学机构具有密切工作关联的大学行政职能部门——留学生管理机构及其行政人员、对外汉语教学的专业学术团体——中国对外汉语教学研究会和世界汉语教学学会、关注或参与对外汉语教学的教育工作者群体、外国留学生群体。这些行动主体构成了影响案例组织变迁的组织场域，这个场域是若干行动主体彼此关联或相互牵涉的场所与关系空间，它可能会因行动主体的进入和退出发生变迁，正是场域本身的构造和变迁形塑了案例组织的发展与变革。

在上述组织场域中所说的外国政府是指向中国政府提出单向派遣或互派留学生的外方政府，在历史上它们主要是一些与中国具有紧密外交关系的政府，但随着中国外交政策的变化，它们现已日趋多元化；代表中国政府对这一场域中的制度产生影响的主要机构是国务院、教育部及由国务院下多部委联合组成的"国家汉办"（其诞生之初被称作"国家汉语国际推广领导小组办公室"），这些政府机构在中国对外汉语教学事业的发展进程中所出台和颁布的各种官方政策文本，以及具有政策导向作用的领导批示、发言稿等，为

① WOOTEN M，HOFFMAN A J. Organizational Fields：Past，Present and Future［A］//GREENWOOD R，OLIVER C，SUDDABY R，et al. The SAGE Handbook of Organizational Institutionalism. London：SAGE Publications Ltd，2008：138.

中国大学中对外汉语教学机构的发展演变产生了重要的规制作用；中国的各研究型大学是开办或者接纳对外汉语教学机构的直接“母体”，“母体”自身的变革对于其内部学术组织的演化同样具有重要的影响；中国研究型大学中的众多对外汉语教学机构构成了一个具有完全相同或近似职能的组织共同体，身处这一共同体中的任何一所大学的对外汉语教学机构都或多或少地受到这一具有同质性的组织群落的影响，它们之间的关系以及它们与场域中其他行动主体间的联系构成了其中任何一个组织个体发生变革的基本环境；S大学内部与汉院并列的若干二级院系与汉院一道共同构成了一所大学内部并立的院系群体，其中，与汉院在学科知识上具有亲缘关系的中文系①与它的联系更加紧密，这些院系群体发生的组织变革以及由其变革所带动的整个大学的变革在某种程度上也影响着汉院的组织建制；S大学的留学生管理机构、外事部门与对外汉语教学机构在历史上曾有着密切的合作，对外汉语教学机构曾一度是留学生管理机构或外事部门的下属机构，它们之间的关系经历过多次分分合合，具有不稳定性，因此，S大学的留学生管理机构、外事部门也是直接影响对外汉语教学机构变迁的重要行为体；对外汉语教学的专业学术团体是由从事对外汉语教育事业的教育工作者和研究者共同组成的学术团体，它所开展的一系列学术研讨活动的成果，在一定程度上确立了作为一个学科或专门研究领域的对外汉语教学所应遵循的基本规范和学术共识；对外汉语教育工作者群体和外国留学生群体是大学中的对外汉语教学机构两类“主人”，他们既创造也生长在这一机构中，他们的利益诉求和行为表达更为直接和真切地影响着组织的变迁。本研究所指的组织场域及其演化，正是由上述行动主体及它们之间的互动建构起来的。

为了将上述组织场域中的主要行动主体间的关系更为直观和简明地表现出来，笔者绘制了下面的场域关系图。

如图2－1所示，汉院是本研究所关注的核心组织，它是一个处在S大学内的次生学术组织，与S大学内（即图中大椭圆内）的有关组织，以及S大学外（即图中大椭圆外）的若干组织结成了某种直接或间接的关联。为了研究汉院的组织变迁机制，就需要把那些在历史上与它有某种关联的若干行动主体放在一个大的组织场域中进行分析，考察它与其他行动主体之间的互动关系，从组织场域的动态建构的视角来解释其变迁机制。

---

① 以中国语言文学学科为依托的大学二级学术组织在不同的研究型大学中有不同的叫法，有的叫中文系，有的叫文学院，还有其他更复杂的名称，本书为简便起见，简称中文系。

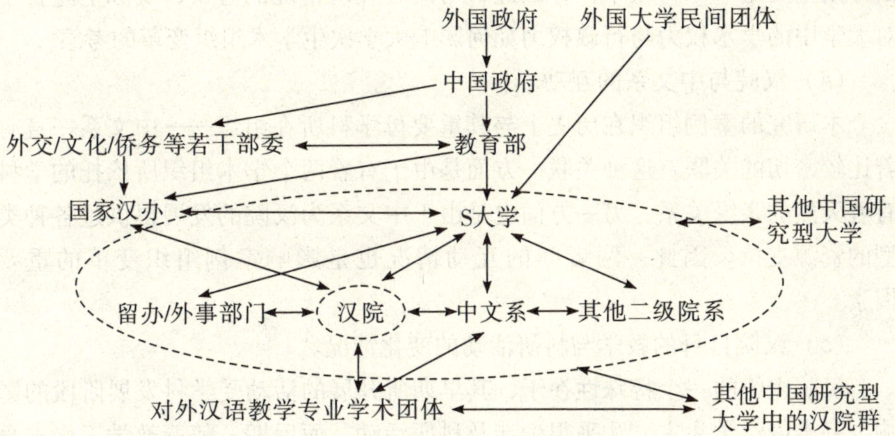

图2－1 S大学对外汉语教学机构组织场域关系图

2. 组织场域中几条关键的分析线索

具体来讲，在S大学对外汉语教学机构变革的过程中，若干行动主体间构成了几条比较明显的互动关系线索，案例组织在某种程度上就是在这几条线索的牵制下，发生了被动或主动的变革。因此，这几条线索也就成为笔者在分析案例组织变迁的因果机制时所渗透的基本着力点。这几条线索如下。

（1）对外汉语教学学科化的演变过程。

如前所述，大学中的次生学术组织都是依托某个或某些学科发展起来的，通常都带有浓厚的学科印记。学术组织与学科之间有着异常紧密的相互依赖关系，学术组织的变革通常也会受到学科发展的影响。在本研究中，汉院所依托对外汉语教学学科，在汉院发生组织变革的同时，也经历了一个从无到有的学科化的发展过程。这一过程通过影响汉院的学术基础，进而也影响了汉院的组织存在。

（2）国家（政府）—大学—汉院间的互动。

在中国的教育管理体制之下，纵向看，案例组织实际上是嵌套在国家（政府）和其所在的S大学之下的一个次生学术组织。案例组织无论是主动还是被动地发生变革，都会受到其科层序列中的这两个上级组织（行动者）的影响。因此，对政府和大学这两个行动主体间及其与汉院间的互动进行考察，有利于勾勒出汉院这一微观组织变革的宏观背景。

（3）汉院与留办的互动。

本研究的案例组织在历史上与其所在的S大学的留学生管理机构（名称通常叫作留学生办公室，简称“留办”）经历过多次分分合合，这对案例组织的演变有着直接的影响。汉院在历史上主要是一个教学（科研）单位，而留办则主要是一个行政单位，因此，对两者互动情况的考察，实际上蕴含了对大学中的学术权力与行政权力如何影响大学次生学术组织变革的考察。

（4）汉院与中文系的互动。

本研究的案例组织在历史上与其重要母学科所在组织——中文系一直有着比较密切的关联。这种关联一方面是由于有着两个学术组织所依托的学科有着天然的亲缘关系，另一方面也是由于中文系为汉院的发展提供过各种类型的资源支持。因此，两者间的互动情况也是影响案例组织变革的重要因素。

（5）汉院自身的教学与科研活动的变化情况。

汉院组织的一个特殊性在于，其早期所开展的活动受学科发展阶段的影响，基本以教学为主，几乎很少涉及科研活动。而后期，随着教学工作本身的需求以及专业知识的积累，科研活动才逐渐被组织纳入正轨。对组织的教学和科研活动的考察，有助于分析组织功能的变革，因此也是本研究关注的线索之一。

需要说明的是，以上这五条线索在S大学对外汉语教学机构的变迁过程中，并非孤立地发挥作用，而是在上述那个不断变化的组织场域中，通过若干行动主体间的互动，共同影响着案例组织的变革；同时，这五条线索也不是在组织变革的各个历史时期都发挥同样明显的作用，其对组织变革影响程度的大小可能因不同时期场域中的行动主体构成及其相互关系而有所不同。

（三）组织场域中的制度逻辑

1.“制度逻辑”概念的由来及其主要意涵

“制度逻辑”是组织分析的新制度主义理论中产生的一个概念，它对解释制度变迁、制度冲突或制度矛盾，以及由此所导致的个人与组织面临的发展困境较为适用。弗利南德和阿尔弗德（Friedland & Alford）较早对此进行了论述。他们认为制度是一种人类活动的超组织模式，通过这种模式，个人和组织可生产和再生产他们的物质生存与组织时空，制度也是一种符号系统，是对实在进行秩序化的各种方式，并导致具体时空中的经验变得有意义。[①] 在此基础上，他们将制度逻辑界定为一系列构成特定制度秩序的组织原则的物质实践和符号结构，并可供人们“说明”和“操纵”。[②] 在此之后，哈夫曼和拉奥（Haveman & Rao）、桑顿和奥卡索（Thornton & Ocasio）以及

① 弗利南德，阿尔弗德．把社会因素重新纳入研究之中：符号、实践与制度矛盾［A］//鲍威尔，迪马吉奥．组织分析的新制度主义．姚伟，译．上海：上海人民出版社，2008：264.

② 王富伟．独立学院的制度化困境：多重制度逻辑下的政策变迁［J］．北京大学教育评论，2012（2）：80.

斯科特（Scott）等人的理论和经验研究沿着这一新路径继续推进，他们认为制度逻辑是对制度的内容和意义的界定。这一制度逻辑的分析方法与梅耶和罗恩（Meyer & Rowan）、朱克（Zucker）、迪马吉奥与鲍威尔（DiMaggio & Powell）等人的制度分析方法的共同点在于，他们都关注文化规则与认知结构是如何形塑组织结构的，但他们的不同点在于，制度逻辑的分析方法不再将关注点放在制度同形上面，而是开始关注不同的制度逻辑在更为广阔的背景中是如何对个人和组织发挥作用的，① 认为正是多重制度逻辑之间的矛盾构成了政治冲突和社会变迁的基础。② 总体来看，尽管不同的研究者对制度逻辑的定义不尽相同，但都假设了一个核心的元理论（meta－theory），即要理解个人和组织行为必须把它放在社会的和制度的背景中，这种制度背景既能够规范个人和组织的行为，也能够为其主动变革提供机会。③

本文采取王富伟在前人基础上对制度逻辑给出的一个较为简洁的定义，即制度逻辑是指特定社会系统内得到共识并不断生产出来的基本规则。④ 结合笔者所关注的案例组织的演变历程，笔者认为，在不断变化的组织场域中，制度逻辑这一分析概念对于洞悉组织变革的原因和机理具有相当的解释力。

2. “制度逻辑”概念在本研究中的适用性

制度逻辑的概念是由西方学者提出来的，他们认为每个社会部门代表一种由不同的社会关系、个人与组织行为结合而成的期望集（set of expectation）。在西方社会的背景下，弗里德兰和阿尔弗德认为资本主义市场、科层制国家、民主制、核心家庭以及基督教是关键的制度部门，每一个都有自己与众不同的逻辑；桑顿则认为包括市场、公司企业、专业、国家、家庭和宗教六个不同的制度部门，任何情境都会受到不同社会部门的竞争性逻辑的潜在影响。⑤

在中国的情境当中，上述基于西方社会提出的六大制度部门不见得完全

---

① THORNTON P H，OCASIO W．Institutional Logics［A］//GREENWOOD R，OLIVER C，SUDDABY R，et al．The SAGE Handbook of Organizational Institutionalism．London：SAGE Publications Ltd，2008：100．

② 王富伟．组织形式的创立及制度化困境［D］．北京：北京大学，2013：25．

③ THORNTON P H，OCASIO W．Institutional Logics［A］//GREENWOOD R，OLIVER C，SUDDABY R，et al．The SAGE Handbook of Organizational Institutionalism．London：SAGE Publications Ltd，2008：102．

④ 王富伟．组织形式的创立及制度化困境［D］．北京：北京大学，2013：26．

⑤ THORNTON P H，OCASIO W．Institutional Logics［A］//GREENWOOD R，OLIVER C，SUDDABY R，et al．The SAGE Handbook of Organizational Institutionalism．London：SAGE Publications Ltd，2008：104．

适用。具体到本研究所关注的组织场域中，尽管S大学对外汉语教学机构的诞生与发展涉及众多的行动主体，但笔者认为，并不是每一个行动者都可独立地辨识为一个制度领域，拥有独有的制度逻辑，相反，在某种程度上，正是已存在的制度环境决定了哪些行动者成为影响案例组织变迁的相关者。大致来讲，影响S大学对外汉语教学机构诞生与变革的力量主要来自四个方面：第一，来自国家的影响；第二，来自汉院身处的行政管理体系的影响，这个管理体系从政府有关部门到高校并一直延伸到院系；第三，来自汉院所直接依托的学术共同体（由从事对外汉语教学与科研的学术工作者构成）内部形成的以及共同体所在的更大的学术共同体（由S大学内从事各个学科知识的教学与科研的学术工作者构成）内的学科文化、学科精神、学科伦理和学科规范与制度的影响；第四，来自市场的影响。而这四个体系的制度逻辑有很大的差异，具体来讲有以下几个方面。

（1）国家的逻辑。

在我国对外汉语教育事业的开启与发展过程中，外国与我国中央政府是重要的驱动力量，正是它们的推动，才直接促成了对外汉语教学机构与专业人才的出现与不断成长。在本研究中，笔者把国家定义为包括外国和我国中央政府的教育行政机构（如教育部）和我国专门负责对外汉语教育事业的行政机构（如国家汉办）在内的国家中央决策部门。国家的制度逻辑是指国家及其有关教育行政机构在推进我国的高等教育事业（包括对外汉语教育事业）发展的过程中所体现的治理理念与价值诉求。

从20世纪50年代到70年代，受我国所处的特定的国际和国内政治与外交环境的影响，“教育要为无产阶级政治服务”一直是国家各项教育事业中渗透的基本价值理念，那时我国几所大学针对通过官方渠道派来的留学生所开展的对外汉语教育，在很大程度上被看作是我国为全世界无产阶级斗争所做的贡献，语言教育中往往渗透着一定的政治色彩；80年代以来，随着我国从“以阶级斗争为纲”的政治路线转向了“解放思想、实事求是”的政治路线，经济建设开始逐步占据了国家各项工作的重心，在教育事业的发展中更多地开始强调“教育要为经济建设服务”的治理理念；90年代至今，随着“冷战”的结束和世界朝向多极化的方向发展，国际竞争的局势日趋激烈。为了在国际的人才竞争中占据主动地位，我国开始越来越重视教育质量的改善和提高，并逐步认识到教育在增强我国的综合国力与国际竞争力的过程中所扮演的重要角色，于是提出了“科教兴国战略”，并把教育放在了优先发展的战略地位上。

（2）科层制的逻辑。

从政府的相关部门到高校的职能部门再到院系的行政机构，遵循的是科层制的逻辑，强调的是从上到下的权威和国家有关政策制度的贯彻执行。具体到本研究中，科层制的逻辑指的就是国家有关高等教育（包括对外汉语教育）的治理理念在通过各级各类教育行政机构与高等院校内部的科层组织体系加以贯彻落实的过程中所体现出的基本规范与价值倾向。

从20世纪50年代到70年代，我国的教育权力基本上集中在中央政府有关部门，高等学校更像是政府有关教育行政机构的延伸，办学自主权非常有限，国家对高校的管理基本上采取的是直接管理的方式，高校对于上级教育主管部门的指令基本上也只有服从或者全力配合；80年代中期以来，随着《中共中央关于教育体制改革的决定》的颁布，国家有关教育部门开始在教育科层体系中推行“简政放权”，国家对高校的管理逐步由直接管理向宏观管理的方式过渡；90年代以来，简政放权和宏观管理的高等教育治理思想得到了进一步的扩大和推广，高校的办学自主权和积极性都得到了进一步的扩展。与此同时，由于我国各大学间历史上存在的固有差别及高等教育领域的若干重点工程建设，使得不同的高校实际上存在科层地位上的等级差别，由教育部等部委直属的研究型大学处在相对高层，地方院校通常处在相对较低的位置。此外，在大学内部也有科层体制的延续，除了有大学行政组织序列中的上下级关系以外，大学还始终面临着协调教学管理和行政管理的问题。

（3）专业/学科的逻辑与准专业/学科的逻辑。

大学内的学术共同体遵循的是专业/学科的逻辑，即专业/学科知识的性质判定、专业/学科人才的选拔与培养、专业/学科组织的建构与撤销应依据专业/学科的规则与精神进行，而不应屈从于外在的标准。在本研究中，专业/学科的逻辑是指S大学内的各个二级学术组织以及这些组织所依托的专业学术团体，在对其成员的知识产出成果进行判定时，在选拔与培养本专业/学科的人才时，在决定组织的存亡与发展变革路径时，应依据本专业/学科的规则与精神进行，应以是否有利于专业/学科知识的发展为依据，而不是屈从于外在的标准。其中，由于S大学的中文系所依托的专业/学科是已经相对成熟的中国语言文学学科，而对外汉语教学机构（较中文系而言）所依托的是一个不太成熟且处于多学科交叉地带的边缘学科——对外汉语教学学科，故这两个大学二级组织在运行的过程中应分别遵循中国语言文学学科的逻辑和对外汉语教学学科的逻辑。在中国，对外汉语教学专业/学科对于中国语言文学专业/学科具有比较明显的依附性和从属性，至今还有些人不认为它是一个专业/学科，或者认为它是一个准专业/学科。

从理论上来讲，作为一个（准）专业/学科领域，其权威应该来源于由专家组成的专业协会，其价值导向应该是基于专业标准追求质量卓越进而获得专业地位和声望。[①]

（4）市场的逻辑。

本研究中的市场并不是新古典经济学中能够实现供求均衡的市场模型，而是指中国在由计划经济或再分配经济向市场经济转型实践中发生的市场机制，它意味着基于自利的个人或实体之间的自愿交易得以可能，在这一转型中，基于市场交易的权力和收益导向都会得到加强。[②] 具体来说，市场的逻辑是指在计划经济体制下，中国大学中留学生生源的配置主要是由国家（政府）来决定并规划实施，大学作为留学生的直接培养单位，无权自主决定外国学生的选留；在中国由计划经济体制向市场经济体制转轨的过程中，中国大学中的留学生选拔与录取不再只通过政府这一条途径，大学作为留学生的直接培养单位，在一定程度上逐步获得了自主招收各种来自官方与非官方渠道的留学生的权力，即留学生的生源配置情况开始更多地依赖校方在广阔的生源市场上的自主表现。

在某种程度上，正是上述多重制度逻辑共同形塑了案例组织的发展与变革。在案例组织诞生和发展的每一个历史阶段，并非每种制度逻辑都发挥了明显的作用，但从纵向来看，正是上述多重制度逻辑间的某种冲突与协调，推动了案例组织的变革与演化。此外，由于当代中国处在深刻的社会转型之中，经济体制、政治体制以及社会结构等基础性的制度领域都处在变革之中，[③] 以致“在这样一个改革成为社会惯性或习惯、改革本身作为正当性和合理性的时代里，‘变’成了一种社会意义上的常态”。[④] 在这样的社会中，“制度实践活动的时空积淀往往有限，这致使一方面具体的制度逻辑的形塑和影响处在不断演变之中，另一方面制度逻辑之间的影响边界不易确定，乃至相互渗透、混溶和‘越界’，在经验现象上往往体现为一些‘杂合（hybird）’组织形式的产生和演化，因此，当我们借用源于西方社会经验的制

---

① THORNTON P H. Markets from Culture：Institutional Logics and Organizational Decisions in Higher Education Publishing［M］. Stanford，Calif：Stanford Business Books，2004：44.

② 倪志伟. 市场转型理论：国家社会主义由再分配到市场［C］//边燕杰. 市场转型与社会分层. 北京：生活·读书·新知三联书店，2002：183－216.

③ 孙立平，王汉生，王思斌，等. 改革开放以来中国社会结构的变迁［J］. 中国社会科学，1994（2）：47－62.

④ 李汉林，渠敬东，夏传玲，等. 组织和制度变迁的社会过程：一种拟议的综合分析［J］. 中国社会科学，2005（1）：94－108.

度逻辑概念来对中国经验进行分析时，更应关注制度逻辑自身的变迁以及它们之间的相互作用，或者说，当西方社会的制度变迁主要体现为不同制度逻辑在不同场所的消长和转换时，中国则更多体现为制度逻辑本身的变迁和它们在不同场所的渗透和纠合”。①

二、篇章结构

本研究总体上来看是一个历史性的个案研究，重在揭示案例组织为何会经历种种变迁，最终从一个教学班发展成为一个相对独立的二级学院。因此，在写作上，笔者以时间为序，按照案例组织诞生和发展的历史顺序，逐一分析每种形式的组织变革背后所蕴含的因果机制，然后再将组织变迁的历史线索打通，纵向地分析贯穿其中的变迁机制。

本书的主体部分（第三章至第七章）共由 5 章构成，其中第三章是后面 4 章的背景铺垫，在第三章中，笔者简要地勾勒了案例组织的成长环境与发展轨迹，随后的 4 章分别对应组织诞生和发展的四个不同的历史时期，每一章的写作都采取先描述和分析这一历史时期 S 大学对外汉语教学机构与其所依托的学术基础的变化，再利用上文确立的分析框架分析它为什么会发生这种变化的思路。第八章为本书的结论与讨论部分，主要是在主体部分详细剖析组织的每次变革的基础上，纵向地分析案例组织为什么能够从最初的组织形态一步步地演变为当前的组织形态，并试图通过对历史的把握，总结案例组织发展中的秘诀，分析组织在当前及未来发展中可能面临的困境及其反思。如果说第四、五、六、七章是用历史的“慢镜头”来审视案例组织所发生的每一次变革的话，那么，第八章则是用历史的“长镜头”，“一镜到底”地揭示出组织变革所贯穿的因果机制。第八章的最后一节是对本研究的回顾与反思，主要探讨了本研究的贡献与局限，并对可能的后续研究进行了讨论。

---

① 王富伟. 组织形式的创立及制度化困境［D］. 北京：北京大学，2013：30.

第三章 案例组织的成长环境与发展轨迹

第一节 案例组织所在的S大学的基本情况

一、S大学的办学简史

S大学是中国近代以来较早创建的一所著名的高等学府，迄今已有百余年的历史，曾培养出许多优秀的人才，在中国近现代历史上，为民族的振兴和解放、国家的建设和发展、社会的文明和进步做出卓越的贡献，是中国走向现代化的进程中的先锋力量。学校具有光荣的革命传统和优良的学术传统，是近代以来在中国较早传播马克思主义、科学和民主思想的基地之一。

中华人民共和国成立以后，经1952年的全国院系调整，S大学成为一所文理兼容、教学和研究并重的综合性大学。在“文化大革命”的十年动乱期间，S大学曾遭受了深重的灾难，是受林彪、“四人帮”直接插手、控制的一个单位，[①] 教学科研等各项事业曾一度陷于停滞状态。1978年12月，党的十一届三中全会的召开，纠正了指导思想上的“左”倾错误，使全党的工作中心逐渐转移到了社会主义现代化建设上来，中国逐渐进入了社会主义建设的新时期。在这一背景下，S大学也进入了一个前所未有的大发展、大建设的新时期。近年来，在“211”工程和“985”工程的支持下，S大学在学科建设、人才培养、师资队伍建设、教学科研等各方面都取得了显著成绩，为建设成为世界一流大学奠定了坚实的基础。目前，S大学已发展为一所包括自然科学、医学、人文科学、社会科学、管理科学和新型工程科学等多种学科的综合性、研究型大学，[②] 其所涵盖的重点学科数以及在各种国内外的大学排行榜上均居全国高校前列。今天的S大学是中国培养高素质、创造性

① 《今日S大》编写组. 今日S大［M］. S大学出版社，1988：18.

② 《S大学年鉴》编委会. S大学年鉴（2002）［Z］. S大学出版社，2003：69.

人才的摇篮，科学研究的前沿和知识创新的重要基地，以及国际交流的重要桥梁和窗口。

S大学作为一所中国教育部（原国家教委）直属的重点大学，不仅是中国高层次人才培养的摇篮，也是中国较早开始招收外国留学生的大学之一，多年来，它培养的很多外国留学生都在各自国家乃至世界舞台上发挥着重要的作用，起到了沟通中国与世界的桥梁作用。新中国成立之初，S大学较早接收过朝鲜和东欧国家的留学生学习汉语，留学生培养经“文化大革命”期间的短暂停滞后，S大学又成为20世纪70年代中国首批恢复招收留学生的高校之一。改革开放以来，S大学的留学生培养机制逐步健全和深化，所招收的留学生数、留学生来源国数量以及留学生的培养层次都较之前有了明显的提升，整个大学的国际化水平也随着留学生教育的发展而日渐提高。

二、S大学的学术组织设置与人才培养

S大学在新中国成立之初有文、理、法、工、农、医6个学院，共33个系。经1952年的院系调整后，全校共有12个系，33个专业。[①] 至此，由于全面学习苏联，包括S大学在内的我国大学的管理体制基本上取消了校—院—系的三级建制，而采用了校—系两级的管理体制。1952年，党中央提出了过渡时期的总路线，即要在一个相当长的时期内，逐步实现国家的社会主义工业化，并逐步实现国家对农业、手工业和资本主义工商业的社会主义改造。按照这个总路线，国家于1953年开始实行第一个“五年计划”。S大学在“一五”期间为适应国家建设的需要，增设了一些新的系科专业，在教师管理使用方面，开始在系以下设置教研室一级教学科研组织，到1955年共设置教研室79个，1957年增加到91个，其中文科46个，理科41个，直属学校的独立教研室4个。广大教师在教研室的组织领导下，互相听课和示范，共同研究教学问题，开展学术上的讨论和争鸣，进行批判与自我批评，集体编写教材，以提高教学质量和师资水平。[②] 由此，S大学实行“校—系两级，系下面再设置教研室”的内部学术组织建制情况基本上稳定下来，并持续了很长一段时间。随着办学自主权的增加，S大学把人、财、物等各方面的管理权逐步下放到了系里，实行分层管理，教研室主任一级干部的任免、学校分拨经费和自行创收留成款项的使用、对师生员工的某些奖励等，都由各系决

① 《今日S大》编写组. 今日S大［M］. S大学出版社，1988：11－12.

② 《今日S大》编写组. 今日S大［M］. S大学出版社，1988：12－13.

定，意在充分发挥系一级的作用，使其成为具有活力的教学科研实体。①

20世纪八九十年代以来，随着《中共中央关于教育体制改革的决定》的颁布，中国高校逐步获得了一定程度的办学自主权，其中就包括自主设置大学内部机构的权力。由此，在全国高校中渐渐掀起了一股学院化改革的浪潮，S大学才和中国其他高校一样，逐步由原来的校—系两级管理转变为“校—院—系”三级管理，即增加了学院一级的管理层次。S大学具体的学院设置的变化情况参见表3-1。②

表3-1 S大学学院演变一览表

年份/年	学院或系/个	增加的学院或系
1952	12（系）	
1966※	18（系）	6（系）
1977	2	经济学院、马克思主义学院
1992	3	马克思主义学院
1993	5	生命科学学院、光华管理学院
1995	7	数学科学学院、化学与分子工程学院
1996	8	国际关系学院
1998	9	法学院
1999	10	外国语学院
2000	15	新闻与传播学院、教育学院、基础医学院、药学院、公共卫生学院、护理学院
2001	19	地球与空间科学学院、环境学院、元培计划、物理学院
2002	22	软件与微电子学院、对外汉语教育学院、考古文博学院
2003	23	景观设计学研究院
2005	25	工学院、前沿交叉学科研究院
2006	27	信息科学技术学院、先进技术研究院

资料来源：①徐中煜．对S大学重建学院制的初步总结与思考［J］．高等教育论坛，2001（3）；②S大学校园网站；③《今日S大》编写组．今日S大［M］．S大学出版社，1993.

注※：1966年的数字是指“文化大革命”前的数字。

① 《今日S大》编写组．今日S大［M］．S大学出版社，1988：30.

② 胡仁东．我国大学组织内部机构生成机制研究［M］．广州：广东教育出版社，2010：107.

为了规范包括学术机构在内的校属实体机构的设立程序，经过一段时间的酝酿，S大学于21世纪初出台了关于校属实体机构设置或调整的规定，该规定明确了校属实体学术机构设置或调整应遵循的申请与审批程序为：S大学各单位要求设置或调整校属实体机构，应首先向发展规划部提交《机构设置或调整申请报告》→发展规划部针对某机构的具体情况，组织召开由校内相关专家及其他人士参加的若干专题研讨会，广泛征求意见→发展规划部组织召开S大学发展规划专家组会议，结合征求的意见，对该申请报告进行充分论证，并提出初审意见→发展规划部将专家组对学术机构的初审意见提交S大学学科规划委员会审议→提交S大学规划委员会审议，对学术机构的审议意见还要提交S大学学术委员会审议→提交S大学党委常委会审核批准→不论批准某机构的设置或调整与否，均下发《S大学校属实体机构设置或调整审批意见书》，其中《机构设置或调整申请报告》的内容应包括新设机构或调整后机构的名称、新设机构或进行机构调整的目的、意义、必要性、现有基础和条件以及新设机构或调整后机构的组织结构、人员编制、资源需求等具体情况。[①] 在此前一段时间及此后，S大学新的次生学术组织建立时，基本都遵循了如上申报及审批程序。

在人才培养方面，新中国成立初期，S大学培养的基本上是全日制的本科生，研究生和其他层次、类型的学生很少。这在某种程度上，不但同中国社会主义现代化建设的需要和世界新技术革命的发展日益不相适应，也束缚了S大学的发展，影响了其作用的发挥和水平的提高。因此，从1979年开始，S大学逐步对学校结构进行了两个方面的改革：一是大力加强技术科学和应用性学科专业，注意发展新兴边缘学科专业的方向，改革学校的系科专业结构；二是按照以培养本科生和研究生为主，逐步增加研究生的比重，挖掘潜力培养专科生以及开展各种形式的成人教育学生的构想，改革学校的人才培养层次结构。[②] 在发展新兴边缘学科和交叉学科方面，主要是通过建立跨学科的教学科研机构——科学中心来实现的。[③]

由于受苏联高等教育体制的影响，和其他中国大学一样，S大学的本科生培养曾一度过分强调了培养“专门人才”，以致学生学得过死，毕业后不易适应社会日新月异的变化需求和科学技术迅速发展、学科相互渗透融合的新形势。针对这种情况，S大学提出了“加强基础，适当扩展知识面，注重

① 关于发布《S大学校属实体机构设置和调整申请与审批程序的规定》的通知（校发〔2001〕17号）.

② 《今日S大》编写组. 今日S大［M］. S大学出版社，1988：20.

③ 《今日S大》编写组. 今日S大［M］. S大学出版社，1988：22.

培养实际能力和创造精神，增强适应性”的教学改革指导原则，并且按照这一原则全面修订了本科生各专业的教学计划，提出要培养具有教学、科研和实际工作能力的毕业生，指出本科阶段的任务主要是对学生进行基础训练，亦即使学生掌握比较扎实、宽厚的基础理论知识，具有综合运用基础理论知识进行科学观察、分析、思维的能力、表达能力、自学能力和进取精神，使他们具有成为专家的基础和素质，以便通过毕业后的工作实践和继续学习逐步成为专家和各种优秀人才。① 20 世纪 90 年代末，S 大学曾提出 21 世纪的 S 大学“应努力成为国际公认的培养高素质人才的摇篮，其培养的人才，不但要知识面广，基础扎实，能力强，学风好，而且要有较强的适应性和创造力。在坚持德智体全面发展的基础上，发展个性，鼓励冒尖”。② 进入 21 世纪后，S 大学逐步开始强调对本科生的通识教育，研究生的招生规模也在 20 世纪 90 年代的基础上迅速增加，并超过了本科生的招生规模，研究生的培养类型不仅包括学术型的，也包括了各种专业型的学位。概而言之，“在专业教育和教学方面，S 大学通常以注重基础理论知识的传授和科学研究能力的培养而著称，其培养出的学生一般反映为基础比较扎实，视野比较开阔，思想比较活跃，分析和解决问题的能力比较强，S 大学的教师一般也兼顾教学和科研，在培养人才的同时不断研究出了很多新的科学成果。”③

三、S 大学的发展目标与办学理念

S 大学是国务院早在 20 世纪 80 年代中期就确定的国家重点建设的大学之一。S 大学根据国家经济、社会和高等教育发展的总体要求以及学校所处的地位和所具备的条件，曾提出了要把其建成具有世界先进水平的、具有中国特色和 S 大学自身特点的社会主义现代化大学的奋斗目标。④

进入 20 世纪 90 年代，为了迎接世界新技术革命的挑战，我国曾提出，“集中中央和地方等各方面的力量办好 100 所左右重点大学和一批重点学科、专业，力争在 21 世纪初，有一批高等学校和学科、专业，在教育质量、科学研究和管理方面，达到世界较高水平。”⑤ 随后不久，国家便启动了“211” 工程重点建设项目，该项目的目标是：“经过十年或者更长一点时间的努力，使相当一批高等学校和重点学科点能够成为培养高层次专门人才和

① 《今日 S 大》编写组．今日 S 大［M］．S 大学出版社，1988：23－24．

② 《S 大学年鉴》编委会．S 大学年鉴（1999）［Z］．S 大学出版社，2000：55－56．

③ 《今日 S 大》编写组．今日 S 大［M］．S 大学出版社，1988：43－45．

④ 《今日 S 大》编写组．今日 S 大［M］．S 大学出版社，1988：53．

⑤ 中国教育改革和发展纲要（中发〔1993〕3 号）．

解决国家经济建设、科技和社会发展重大科技问题的基地，在教育质量、科学研究和管理等方面处于国内先进水平，并有一定的国际影响。其中若干所高等学校和部分重点学科点达到或接近世界先进水平。”①在这一大的背景下，S大学于1994年召开的第九次党代会上，确定了到21世纪初叶把其建设成为世界一流社会主义大学的奋斗目标。② 此后，由于S大学在教学科研等各方面的突出表现，顺理成章地成为“211工程”重点建设的大学。“九五”期间，S大学“211”工程的建设目标是：力争到20世纪末使其在教育质量、学科建设、科学研究、管理水平和办学效益等方面有较大提高，成为国内高等教育领域培养高层次人才，发展文化科学技术，解决经济建设和社会发展中重大问题的重要基地之一，为到21世纪初叶把其建设成为具有国际先进水平的一流大学，奠定坚实基础。③ 在S大学召开的第十次党代会上，学校通过了“创建世界一流大学计划”，并确认了其作为21世纪的奋斗目标的地位。大约在同一时期，S大学再一次成为国家“985”工程重点建设的高校，并由此获得了国家大量的经费支持。

进入21世纪，受国家各种重点建设项目的影响，S大学也更加注重校内各学科、各院系支持中的“择优扶重”，力图克服低水平重复、力量分散和小而全的现象，开始注重集约型发展，强调“在控制规模的基础上，优化学生结构和教师队伍结构，确定重点，合理配置资源，保证资源发挥最大效益”，④但是其继续为建设高水平的世界一流大学而奋斗的目标并没有丝毫的动摇。在这一背景下，有关校领导用“追求真理，追求卓越，培养人才，繁荣学术，服务人民，造福社会”这24个字概括了S大学的办学理念，认为它不仅涵盖了S大学的光荣传统、创建世界一流大学的伟大理想，也涵盖了其对国家和民族所肩负的神圣使命，认为它是S大学建设世界一流大学、搞好学校各方面工作必须长期坚持的重要方针。⑤

---

① 国家教委关于印发《关于重点建设一批高等学校和重点学科点的若干意见》的通知（教重〔1993〕3号）.

② 《今日S大》编写组. 今日S大（1993—1997年卷）[M]. S大学出版社，1998：4.

③ 任彦申. 世纪之交的S大学 [A] //《S大学年鉴》编委会. S大学年鉴（1999）. S大学出版社，2000：24.

④ 佚名. 校长××在春季全校干部大会上的讲话（2002年3月7日）[A] //《S大学年鉴》编委会. S大学年鉴（2003）. S大学出版社，2004：16.

⑤ 佚名. 党委书记××在2004年秋季全校干部大会上的讲话（2004年9月6日）[A] //《S大学年鉴》编委会. S大学年鉴（2005）. S大学出版社，2008：9.

第二节　案例组织变迁的基本轨迹

S 大学是中国研究型大学中较早设立对外汉语教学机构的大学。从 1952 年至今约 60 年的发展历程中，S 大学的对外汉语教学机构曾发生过多种形式的组织变迁，甚至曾一度被撤销。然而，在各种内外部因素的综合作用下，它还是顽强地存续了下来，虽历经磨难，但似乎愈挫愈勇，直到今天，它已在 S 大学中渐渐站稳了脚跟，获得了一个相对独立的发展空间，而这一相对独立的发展空间与其刚刚诞生时的"卑微"相比，完全不可同日而语。

需要指出的是，案例组织从最初的"语文班"发展到当前这样一个独立的大学二级学术单位并非是一个突然的"华丽转身"，而是经历了一个渐变的过程。按照笔者在导论中对案例组织当前身份特征（即具有相对独立的发展空间）的详细分解，现将其机构变迁的大致脉络做如下的简要呈现（见表 3－2）。

表 3－2　S 大学对外汉语教学机构变迁简况

组织形式	行政级别	培养层次	与留办的隶属关系	与中文系的关系
语文班与教研组（1952—1984 年）	级别模糊，位于处级以下，大致相当于科级	预科生＋进修生（非学历教育）	合	较为亲密
对外汉语教学中心（1984—1995 年）	长期级别模糊，直到 1993 年正式定为处级	预科生＋进修生＋硕士生	分	较为亲密渐渐疏远
海外教育学院（1995—1999 年）	大学二级单位，处级	预科生＋进修生＋硕士生	合	矛盾凸显
对外汉语教育学院（2002 年至今）	大学二级单位，处级	预科生＋进修生＋硕士生＋博士生	分	矛盾依旧渐趋缓和

如表 3－2 所示，S 大学的对外汉语教学机构在历史上主要经历过四个不同的组织发展时期。其间，组织的行政级别由相对模糊到逐渐清晰，从科级升格到了处级；学生培养层次从预科生、进修生培养发展到了包括硕士、博士生培养在内的学历与非学历教育并存的状况；它与留办在行政建制上的关系经历了"合→分→合→分"的往复过程；它与其母学科组织（中文系）虽然在行政建制上始终是独立的，但是两者在具体的教学和科研业务中所结

成的关系却经历了从较为亲密、渐渐疏远到矛盾凸显与渐趋缓和的演变过程。

S 大学的对外汉语教学机构与中文系在早期关系较为亲密，除了学科上的亲缘关系以外，主要是因为其早期的教员大多来自中文系，要么是中文系的教师，要么就是中文系的毕业生。后来，两者渐渐疏远，一方面是由于对外汉语教学学科地位逐渐得以确立，汉院教师的来源日渐广泛，不再局限于 S 大学的中文系；另一方面也是由于汉院的学生类别和规模逐渐扩大，行政建制获得了独立，有了自身比较明确的组织利益。在海外教育学院时期，两者的矛盾凸显主要是由于中文系反对汉院提出的要办一种针对留学生的汉语言本科专业而引发的；在对外汉语教育学院时期，两者的矛盾主要体现在汉院教师在申请对外汉语教学方向的博士生导师资格时，屡次被主要由中文系教师组成的 S 大学中国语言文学学位分会驳回这一事件上。后来两者的矛盾渐趋缓和，也主要是因为汉院教师的博导资格申请在经历了若干次受挫之后，终于获得了中国语言文学学位分会的认可，并最终获得了博士生的培养资格。

需要补充说明的是，与案例组织变迁伴随始终的是其所依托的学术基础的变化。在组织变迁的同时，对外汉语教学的学科地位也经历了一个逐步确立和规范化的过程。要解释案例组织的变迁就离不开其所依托的学科的发展情况。因此，下文在对案例组织变迁的因果机制进行分析时，也会适时地引入学科变迁轨迹的这条线索。

第四章 语文班与教研组时期：政治使命感召下的教育实践

第一节 组织的诞生：从语文专修班到公共汉语教研组

“为了充分理解某种活生生的现象的发展，为了说明这种现象在其历史上的各个前后环节上所呈现的不同形式，我们首先需要做的，便是揭示在整个演进过程的源头中，那个初生的萌芽是如何组成的。”①因此，要理解笔者所关注的S大学的对外汉语教学机构是怎样发展而来的，要理解它现在的组织样式为何表现出某种独特性，我们就必须毫不迟疑地追溯它久远的起源。

一、中国语文专修班“空降”S大学

S大学对外汉语教学机构的肇始源自20世纪50年代初中国高等教育的一次大变革——高等学校的院系调整。1952年，原在另一所大学中的“东欧交换生中国语文专修班”调整到了S大学，随班迁入的还有原语文专修班的教师13人，外国留学生77人。由于该班的学生不再像之前那样局限于东欧国家的留学生，因此，其更名为“S大学外国留学生中国语文专修班”（以下简称“语文班”）。语文班的主任由S大学的教务长兼任，次年，改由该校的副校长直接领导。

虽然从笔者目前所掌握的历史材料来看，由外校直接移入的对外汉语教学机构在S大学内似乎并没有被赋予明确的组织级别，但从其领导班子的构成来看，显然与当时S大学内常见的次生学术组织（各个学系）的情况不一致。各系一般是由各系的某个专家或教员来担任主要领导，但语文班却是由整个学校层面的高层领导兼任，这似乎凸显了语文班“非同一般”的组织地位。

1953年9月，S大学外国留学生中国语文专修班制订了来华留学生汉语

① 迪尔凯姆. 教育思想的演进［M］. 李康，译. 上海：上海人民出版社，2006：23.

教学的第一个教学计划，计划指出：外国留学生汉语教学的要求是掌握汉语的基本知识，举办运用汉语听、说、读、写四方面的基本能力，为升入我国高等学校学习专业打下语言基础。计划规定，拟学习文史专业的学生学习汉语两年，拟学习其他专业的学生学习汉语一年。① 从1954年起，S大学开始接受部分中国语文专修班结业的留学生进入各系学习。② 由此可见，实际上语文班进行的仅是一种预备性质的基础语言教学，目的是为来华留学生在中国大学中用汉语学习相关专业提供语言教学支持的。

关于这一时期的语文班的教学情况，当时的中国高教部学生司曾于1954年9月专门对其进行过检查，尔后的检查报告对专修班的教学工作给予了充分肯定："外国留学生中国语文专修班的工作，已经走上了轨道，在语文教学方面，积累了一些教学经验，建立了一定的教学制度、教学组织与教学方法，经集体研究，针对各国留学生的特点，拟定了教学计划、教学大纲，并编出了一套语法教材，能够在一年左右的时间，帮助留学生初步掌握中国语文，为入系学习打下听、说、阅读中文的基础，这不能不说是一项较大的成绩。"③一所大学内的一个教学单位的工作，要由当时中国高等教育的最高行政机构来检查并给予书面的检查报告，这不能不说是一种特别的"待遇"，而这种待遇的获得虽然部分是当时中国高度集权的管理体制所致，但在很大程度上也是因语文班教学对象的特殊性导致的，这可从语文班与S大学的留学生管理机构间的渊源窥知一二。

严格来讲，新中国成立以后，在语文班移入S大学之前，S大学并没有所谓的留学生工作，因为那时基本上很少有留学生。自从留学生随着语文班的迁入逐渐在S大学中数量多起来以后，S大学才开始考虑建立专门的留学生管理机构，其表现就是语文班建立在先，而留学生管理机构成立在后。档案资料显示，1956年12月，S大学校务委员会开会，决定成立留学生工作办公室。④ 1958年10月，××被正式任命为外国留学生中国语文专修班及外国留学生办公室主任。⑤ 这一兼职式的任命侧面说明了，S大学关于留学生的教学机构（语文班）和管理机构（留办）在各自组织发展的初期实际上整合在一起的一个单位。

---

① 见《S大学外国留学生工作纪事》（内部刊印）第3页。

② 《今日S大》编写组．今日S大［M］．S大学出版社，1988：558.

③⑤ 以上内容源自S大学对外汉语教学机构2002年的档案资料中"S大学对外汉语教学发展概要"的一部分。

④ 见《S大学外国留学生工作纪事》（内部刊印），第13页。

二、公共汉语教研组的建立：语文班的“劫后余生”

来自各种渠道的资料一致显示，“S大学外国留学生中国语文专修班”在历史上只存在了大约9年的时间。关于这一组织被撤销的直接原因是，高教部为了对来华留学生实行集中的汉语培训和管理，于1961年决定将S大学的语文班与另一所高校的非洲留学生办公室合并，并在此基础上成立隶属于该学校的“外国留学生办公室”（以下简称“留办”）。根据高教部的这一决定，S大学语文班一年级教研室的教师与部分干部，于该年暑假调进了这所高校，负责二年级汉语教学的教师因待学生毕业暂留S大学，又过了一年后，其他教师基本也都调到了这所高校。①

然而，在这一直接原因的背后，可能存在的疑问是，高教部为了实现其管理意图，为什么不选择把其他高校的留学生教育机构并到S大学里来呢？在这方面，一位受访者讲述了源于S大学内部的两个原因。

语文班搬到了××大学，为什么搬呢？两个因素。第一，非洲留学生，还有其他一些留学生出了一些问题，② 所以××（S大学的校长名字）就很不高兴，说是“一块臭肉满锅熏”；第二是当时S大学有一些保密、绝密专业，外国学生来得多，可能不方便。讨论过几次，开始语文班（的教员）反对，但最后还是决定搬了过去。③

此外，笔者在有关档案材料中也发现了一些与上述访谈内容相契合的信息，例如，1959年5月，S大学留办向教育部留学生司汇报1958—1959年工作，汇报中提到，“今后S大学以提高为主要任务，而语文班是留学生进专业学习的预备班性质，资本主义国家留学生逐年增多，这不仅牵扯了校领导力量，而且还对尖端科学的保密工作增加了很大负担……所以应考虑语文班是否还保留在S大学”。④ 同年6月，S大学留办在其写出的《关于加强和改进留学生工作的初步意见》中，建议将中国语文专修班调到××高校，⑤这所高校就是后来语文班被真正调去的高校。

S大学的公共汉语教研组是在语文班被调走的背景下，由剩下的几位屈

---

① 以上内容源自S大学对外汉语教学机构2002年的档案资料中“S大学对外汉语教学发展概要”的一部分。

② 这里留学生所出的问题，笔者根据访谈前后内容的推测，应该是指一些违反校纪校规的问题。

③ 出自对受访者O－20121106（1）的访谈。

④ 见《S大学外国留学生工作纪事》（内部刊印），第20页。

⑤ 见《S大学外国留学生工作纪事》（内部刊印），第21页。

指可数的教员组建的。但其组织的主要职能从语文班时期的留学生汉语预备教育，变成了为已入系学习专业的留学生补习汉语。[①] 与此同时，公共汉语教研组与留办的关系与之前语文班与留办的关系相比，有了一个明显的变化：之前，语文班与留办的负责人为同一人，两者之间并不存在明确的行政隶属关系，但公共汉语教研组成立之时，则明确地在行政关系上隶属于留办。从此，S大学的对外汉语教学机构在行政架构上就一直与留办捆绑在了一起，在相当长的时间里，都被看作是地位低于留办的一个下属机构。

关于语文班调出后，S大学的对外汉语教学机构为什么能以“公共汉语教研组”的方式存在下来，这恐怕主要应归因于这一机构的新的职能定位。早在1958年，留办在一份《关于留学生教学问题与意见》的报告中就指出：“根据各系及留学生反映，留学生仅在语文班学习一两年，跟中国同学一起听专业课比较吃力，尤其是一年级的时候，因此他们必须继续选学‘现代汉语’，我们建议根据各系特点为各系留学生单独开设公共汉语课，为适应这一工作的需要建立一个外国留学生公共汉语教研室。”[②] 而S大学也不可能把已经进入各个系学习专业的外国留学生都调离，因此，S大学的对外汉语教学机构算是通过改头换面，获得了一次“劫后余生”。

另外，语文班之后的S大学对外汉语教学机构以“××教研组”的形式命名，是与当时我国高校中的基层组织的常见建制相吻合的。新中国成立后，我国的高等教育体制效法苏联。当时，大学中的教研室（组）是直接承担、计划及组织教学、科研、师资培养工作的基层组织。[③] “在学科组织上，中国高校普遍在系科之下设置了教研室（教研组），把课程性质相近的教师组成一个教研室（教研组）。”[④] 之所以将公共汉语教研组附设在留办之下，一方面可能是因为其教学对象具有一定的特殊性，对其管理需要留办这一专门机构的协助，另一方面可能是因为教研组的建制在当时基本上是附设在大学某一中层机构之下的基层组织，不太可能完全独立出来，而且公共汉语教研组的职能是为各系留学生补习汉语，因此，附设在哪个系恐怕都不大合适。

公共汉语教研组的规模不大，直到1964年以前，其教师仅七八个人，

---

① 以上内容源自S大学对外汉语教学机构2002年的档案资料中“S大学对外汉语教学发展概要”的一部分。

② 见《S大学外国留学生工作纪事》（内部刊印），第18页。

③ 母国光，翁史烈. 高等教育管理［M］. 北京：北京师范大学出版社，1995：211.

④ 王英杰，刘慧珍. 2005中国教育发展报告：高等教育的发展、问题与对策［M］. 北京：北京师范大学出版社，2005：88.

学生不过数十人。1965 年，中国接收 3 000 名越南学生来华学习，S 大学接受了 250 名学生的汉语培训任务，为了满足突然增加的教学任务，学校从中文系、俄语系及其他兄弟院校借调了部分教师，选留了部分毕业生加入到了留学生汉语教学的队伍当中，汉语教研组教师骤增到 40 人。①

第二节　公共汉语教研组的解体与修复

一、公共汉语教研组的突然解体

“文化大革命”开始后，根据高教部的通知，外国留学生全部休学回国。汉语教研组被撤销，教员分散到了校内其他单位，② S 大学的对外汉语教学也随之中断。一位公共汉语组时期的教员回忆道：“‘文化大革命’开始，不少热心献身对外汉语教学的人才因此流失，我个人也无缘无故被戴上了‘特嫌’的帽子，离开我所热爱的对外汉语教学工作，去图书馆系教英语去了，不少教师也和我一样，改行担任其他工作。”③ 在 1969—1971 年间，包括公共汉语教研组在内的留办的多数教职工到江西鲤鱼洲“五七”干校劳动锻炼，少部分留京，参加其他工作。④

二、汉语教研组建制的恢复与扩张

（一）“文化大革命”中后期的汉语教研组

1. 汉语教研组的初步恢复

1972 年年初，国务院指定 S 大学率先恢复招收外国留学生。为此，S 大学成立了留学生工作筹备组，陆续招回了十几名教员，组成了汉语教学筹备组，⑤开始筹划教学工作和编写基础汉语教材。同年 8 月，S 大学接受了少量

---

① 佚名. 岁月如梭，忆絮如画：写在学院成立 10 周年之际［A］//佚名. S 大学对外汉语六十年. S 大学出版社，2012：25.

②⑤ 以上内容源自 S 大学对外汉语教学机构 2002 年的档案资料中“S 大学对外汉语教学发展概要”的一部分。

③ 佚名. 对外汉语话沧桑［J］. S 大学学报对外汉语教学中心成立十周年纪念专刊，1994（10）：6 - 7.

④ 见《S 大学外国留学生工作纪事》（内部刊印），第 47 页。

外国留学生，汉语教学开始恢复,[①] 仍主要继续从事对各入系留学生的公共汉语教学。从此直到 20 世纪 70 年代末，S 大学的留学生人数不多，办学规模较小，机构、人员不够稳定。[②]

这一时期汉语教研组的办学规模不稳定，一方面，是由于留学生生源完全由高教部分派，而这种分派本身就受中国与外国政治关系的影响，存在不稳定因素；另一方面，则是由于汉语教员的构成不稳定。一位受访者提到，"'文化大革命'后期，原来分散在各处的老师就陆续回来了一部分，其中，也有部分老师觉得这里没前途，就又走了，比如又回到中文系，或者由于其他原因调动到其他地方了。"[③]

然而，在课程设置、教材编写等方面，正处在恢复中的汉语教研室还是取得了一些明显的成绩，例如，汉语教学的课型较之前更为丰富，从 1973 年开始，由过去单一的精读课，改为分设精读和口语两种课型。[④]

此外，这一时期留办和汉语教研组之间的关系受到"文化大革命"这一混乱的政治环境的影响，显得比较"模糊"，谈不上谁领导谁，反倒是还存在"打派仗"的政治斗争。[⑤]

2. 汉语教研组"下系教学"：一种教学改革的新形式

汉语教研组恢复建制的初期，因"文化大革命"打散而又重新聚首的汉语教员主要从事的工作还是为入系的留学生进行汉语补习，教研组和留办的关系虽然具有一定的模糊性，但两者总体上还是一个单位，基本上延续着"文化大革命"之前教研组隶属于留办的行政痕迹。但是这种组织隶属关系在 1975—1978 年前后发生了一个小的变化，即留学生汉语教员要"下系教学"。当时，部分汉语教师被分到文、史、哲各系，与系里给留学生上专业课的教师组成教学单位，汉语教师的任务是为留学生打汉语基础，汉语教师们根据各系留学生的需要，也自行编写了一些汉语教材。[⑥]这种下系教学的组织方式，使得汉语教研组的教员与留办这一名义上的行政托管机构之间的联系较之前显得更为分散。

---

① 程裕祯. 新中国对外汉语教学发展史［M］. 北京：北京大学出版社，2005.

② 佚名. 岁月如梭，忆絮如画：写在学院成立 10 周年之际［A］//佚名. S 大学对外汉语六十年. S 大学出版社，2012：25.

③⑤ 出自对受访者 T/O－20121226 的访谈。

④⑥ 以上内容源自 S 大学对外汉语教学机构 2002 年的档案资料中"S 大学对外汉语教学发展概要"的一部分。

为什么此时S大学的对外汉语教学组织形式会发生这种新的变化？对此，主要有两种具有一定互补性的解释，一种解释可看作是这种组织形式变化的直接原因，因为当时“留学生又很少，大概不到200人，而学校又在推行一种‘小班经验’式的教学改革，这跟很多其他大学不一样，它们往往有组织留学生教学的专门机构，如历史教学组之类的，但我们原则上就是把汉语教学融入各系去”；[①] 另一种解释可看作是更为深层的原因，认为“下系教学可能是受了‘文化大革命’中‘小分队’的影响。”[②]

对这一教学组织形式的评价褒贬不一，辩证地来看，下系教学的“好处是分散式小班教学，有针对性，但不利于集中教师，不利于学科发展”。[③]这种组织形式在S大学对外汉语教学机构的历史上虽然只存在了很短的时间，但是它对组织后来的变革却有着更为深远的影响。一方面，它使教员们更加真切地意识到留学生汉语教学的基础性和针对性，另一方面，也使其意识到有一个统一组织的归属感的重要性。当对外汉语教学机构可通过改变教学组织形式来为大学内其他学术组织服务时，一方面昭示了它在大学中的组织灵活性和变通性，另一方面也反映出它的附属性和无根感，这种组织之根，就是对外汉语教学的学科化发展。

（二）“文化大革命”结束后的汉语教研组

1. 汉语教研组行政隶属关系的调整

1977年，S大学进行外事机构调整，成立了直属校长和党委领导的外事处，[④] 下设外事办公室、留学生办公室、汉语教研组三个部门，原来分散到各系的汉语教师再次回到了汉语教研组。[⑤] S大学的这次机构改革对于汉语教研组的组织地位来讲，有两个重要意义：第一，它彰显了汉语教研组作为S大学外事工作组成部分的重要性和特殊性，否则，把学校高层的一个行政管理机构与一个教学机构合并的做法，既不符合学校内部行政机构的组建原则，也不符合教学单位组建的通行做法；第二，它在名义上使汉语教研组获得了与留办平起平坐的行政地位，某种程度上扭转了两者长期的上下级隶属关系。虽然两者仍同属外事处的下属机构，但汉语教研组的上级变成了外事

---

① 出自对受访者O-20121106（1）的访谈。

②③ 出自对受访者T/O-20130207的访谈。

④ 据一位受访者叙述，新中国成立初期，留学生办公室的地位比外事处高。S大学正式的外事处在1978年成立以前是校办下的对外联络科、校办的外事组。1978年成立以后把留办合并了，合并以后搞整顿，整留办，搞得乱七八糟，严重破坏了团结。——出自对受访者O-20121106（1）的访谈。

⑤ 以上内容源自S大学对外汉语教学机构2002年的档案资料中“S大学对外汉语教学发展概要”的一部分。

处，而不再是留办了。只是，这种行政架构并没有持续很长时间就宣告结束。1981 年 3 月，校党委常委开会讨论外事工作，决定外事处与留办分开，干部适当充实，① 然而这一过程似乎并不顺利，1983 年 7 月，校党委常委开会，决定由当时的留学生办公室主任 × × 兼任外事处代处长，② 这样留办与外事处似乎又在一定程度上被整合在了一起。经过了一年多的时间，1984 年 11 月，校党委常委又开会决定外事处与留学生办公室分开，仍由 × × 任留办主任，但免去其外事处代处长的职务，③ 可见，留办与外事处整合在一起的行政做法，可能在具体工作中显得并不合适，至少不被当时的校领导认可。外事处与留办分开不久，留办就于 1987 年正式更名为“外国学者留学生处”，④ 这样，留办作为一个独立的处级单位的身份得到了确立，而大致与留办从外事处分离开始，汉语教研室也开始酝酿着自身的组织变革，其方向与留办一样，也是寻求独立。

2. 汉语教研组的规模扩张

“文化大革命”结束以后，以党的十一届三中全会为起点，我国很快进入了改革开放、经济快速发展以及社会全面进步的新时期，来中国及 S 大学学习汉语的外国人迅速增加。在这种情况下，S 大学对外汉语教学机构的规模出现了一定程度的扩张态势。生源方面，S 大学先后与美国国际教育交流协会、日中协会等外国团体签订了短期留学生的汉语培训协议。汉语教研组从 1980 年暑期开始，陆续招收了暑期短训班学生，而且，到 S 大学学习一年以上汉语的留学生数量也在与日俱增。⑤ 这样，汉语教研组的教学任务就从之前仅给 S 大学各入系的留学生补习汉语，扩展到了为短期进修生培训汉语，甚至教师们暑假也难得休息。在生源扩张的刺激之下，汉语教研组的课型在原有汉语、口语两种课型的基础上，又增设了听力课和报刊课，并开始利用初步的电化设备进行汉语教学。除课堂教学外，汉语教研组还多次组织留学生到工厂、农村去，让学生在社会的大课堂里，了解中国，学习汉语。⑥ 同时，汉语教研组还加紧了教材的编写，开始尝试把留学生分成高、中、低不同层次的班级并采用相应不同层次的教材；教师不足的情况则通过外聘教师的办法来解决，外派教师主要是来自 S 大学内的各系，如中文系、俄文系

① 见《S 大学外国留学生工作纪事》（内部刊印），第 74 页。
② 见《S 大学外国留学生工作纪事》（内部刊印），第 82 页。
③ 见《S 大学外国留学生工作纪事》（内部刊印），第 87 页。
④ 见《S 大学外国留学生工作纪事》（内部刊印），第 99 页。
⑤⑥ 以上内容源自 S 大学对外汉语教学机构 2002 年的档案资料中“S 大学对外汉语教学发展概要”的一部分。

等，也有校外的。据一位受访者回忆，这些外聘的教师一度占到了全体教师的2/3，而当时汉语教研组自己的十几个教师只占到1/3。①

这一时期，汉语教研组在行政级别上虽然与留办获得了同等的地位，但这并不代表两者之间不再有业务上的往来。相反，由于留学生工作的外事属性明显，使得汉语教研组在留学生招生、管理等很多环节中仍必须依赖留办的支持与配合。例如，随着外国留学生的增多，汉语教研组发现，入校留学生的汉语基础参差不齐，会影响各系的教学质量，于是，由留办出面，于1977年向校党委呈送了《关于接受外国留学生入校前进行基础汉语考核的请示报告》，同时，留办还拟向市委提出：（1）从1977年暑假后，凡准备分配转入S大学学习的留学生，如汉语程度达不到专业的要求，应留在××学院（S大学以外的另一所大学）继续学习汉语。（2）对入专业学习的留学生，在入学前应进行基础汉语考核，如达不到专业学习的基本要求，我们拟不接受入学。② 这表明，两者在工作中仍然存在比较密切的协作关系。

第三节　对外汉语教学知识的孕育：学科化的准备

如前文所述，我国大学中的对外汉语教学机构在建立之初并不具有坚实的专门知识基础，整体而言，对外汉语教学学科知识的积累和增长滞后于我国大学中该学科组织的发展步伐。S大学的对外汉语教学机构也面临着同样的问题。在中国语文专修班和汉语教研组的机构发展历程中，有关对外汉语教学方面的专业知识的积累非常有限，对外汉语教学可以说还处在一种前学科发展时期。有限的专业知识积累主要来源于早期教员大量的教学实践，因此，更像是一种经验总结。1953年，周祖谟先生在《中国语文》第7期上发表的《教非汉族学生学习汉语的一些问题》，是对外汉语教学界公认的本领域第一篇学术论文。除此以外，有关对外汉语教学领域早期的知识积累和研究成果大概主要体现在汉语教材的编写上。

① 出自对受访者T/O－20121226的访谈。

② 见《S大学外国留学生工作纪事》（内部刊印），第62页。

一、汉语教材的编写

教科书作为学科发展成熟程度的重要指标，是学科知识传承和学科认同形塑的主要媒介。[①] 在对外汉语教学事业发展的早期，学科知识积累非常有限，学科尚未形成，故而也并未出现以对外汉语教学本身为探究对象的专著或教科书。然而，由于留学生汉语教学实践的迫切需求，早期的对外汉语教学工作者必须编写出用于教学的基础汉语教材。相应地，在编写教材的过程中也就必然会反映早期的对外汉语教学工作者关于如何选取、设计和编排汉语的基本知识，如何开发适合于特定教学对象的基础汉语课程，如何更好地教留学生学习汉语等一些有关对外汉语教学的专门知识。

对外汉语基础教材的编写历史远比专门的对外汉语教学机构的诞生历史久远。早在明清时期，随着我国与周边国家的民间交流日益普遍、深入，加上西方传教的需要，出现了一批很有影响的汉语学习教材，但这些教材都是出自外国人之手，中国人编写的汉语作为外语的教材极少，这跟我国从古代到近代都没有把对外汉语教学当作一门专门的学科有关；即使到了民国时期，对外汉语教学还常常跟对中国人的语文教学混淆；20 世纪 40 年代，燕京大学中文系开设了“外国人汉语”这门课，但用的教材却是法国人编的汉语课本。[②] 中华人民共和国成立以后，我国的对外汉语教学事业逐渐进入专业化和成规模的发展阶段。1958 年，由邓懿主编《汉语教科书》俄语注释本，被认为是新中国第一部正式出版的供外国人使用的汉语教材，它以语法为纲，根据外国人学习汉语的需要，对汉语语法做了独具特色的切分和编排，为新中国对外汉语教学语法体系的建立打下了基础，也为对外汉语教学后来逐渐发育成专门的学科，在教材建设方面奠定了基础，其内容明显吸收了 50 年代语法研究的主要成果。[③] 60 年代酝酿、70 年代初改编并正式出版的《基础汉语》和《汉语读本》是 60 年代对外汉语教学的理论与实践的反映。70 年代影响较大的教材是《汉语课本》，与之前的教材相比，加强了教学的整体性和连贯性，把句型、课文和语法结合了起来。[④] 80 年代以来，对外汉语教材的数量和品种都有了明显增加。有学者分析，从 50 年代以语法条目为中心的第一代基础教材到 80 年代中期分技能训练型的第五代教材，

---

① 方文．社会心理学的演化：一种学科制度视角［J］．中国社会科学，2001（6）：129.

② 周小兵．对外汉语教学入门［M］．2 版．广州：中山大学出版社，2009：205.

③ 程裕祯．新中国对外汉语教学发展史［M］．北京：北京大学出版社，2005：59－62.

④ 程裕祯．新中国对外汉语教学发展史［M］．北京：北京大学出版社，2005：63－66.

每一历史时期的教材都带有不同的教学法理论倾向。① 总体而言，对外汉语教材的编写是推动对外汉语教学专门知识的积累和研究的重要途径。

二、专任教师的选拔与人才培养

一个专业领域或称一门学科的发展必须依赖专业的师资团队和后备人才的培养。由于我国的对外汉语教学事业在开启阶段的紧急性和迫切性，使得早期从事对外汉语教学的教师和后备人才培养是在专业知识尚未形成的前提条件下进入这一队伍当中的，他们往往缺乏比较专业的训练，可谓在“做中学”的一代。下面这位早期教员的访谈更加真切地说明了这一点。

问：您那时候是怎么选教员的？对教员有什么要求？怎样把新教员培养成为合格的教员？

答：什么才是合格的教员，是值得讨论的，因为有人就觉得会说中国话就是教员。20 世纪 50 年代这种看法比现在还厉害。1950 年刚一给我办留学生班的任务时，首先考虑的就是挑教员。我搞了一个招聘教员的考试，考中文、英文、普通话，就考过那么一次，录取了几个。后来就是上面直接分配大学毕业生来了，甚至有口音的也给派来了，从领导那儿他就不重视，他就不明白这里面有什么甘苦。另外一方面的问题，就是有的教员本身有“活思想”，他就觉得干这个没意思，没前途，不愿意干，这种情况也有。②

当对外汉语教学还未被认为是一门专业的学问的历史条件下，早期教员的选拔有相当一部分是高教部从当时大学中的中文系或外文系的毕业生中选派的，这也从侧面反映出后来的对外汉语教学专业知识的形成对中国语言文学等母学科及其所在组织的依附性。此外，早期教员的选派中有一些有地方口音的不甚合格的教师，一方面说明对外汉语教学的专业性和独特性并未获得广泛认同，另一方面也是因为留学生教学在当时还被看作是一项外事工作，因此，教员的选派除了业务水平，还“侧重出身和政治条件”，③ 正是多种条件的制约，形成了早期对外汉语教学的基础力量。

在早期的后备人才培养方面，有学者曾谈到，“起初我们只是简单地把这个专业看成是中文系和外语系之间的‘边缘地带’，认为如果由外语院系开办，只要加强中文课程；由中文系开办，只要加强外语训练就可以了。对于培养出来的学生的形象，我们也只有一个模糊的感觉，觉得应该是一个既

① 程裕祯. 新中国对外汉语教学发展史［M］. 北京：北京大学出版社，2005：123－129.

② 戴桂芙，刘德联. 对外汉语教学法研究［M］. 北京：北京大学出版社，1996：152.

③ 佚名. 难忘的岁月［J］. S 大学学报对外汉语教学中心成立十周年纪念专刊，1994（10）：3.

懂汉语又懂外语的人才。”① 这种朦胧的人才培养意识，既影响了对外汉语教学学科知识的构成，也影响了学科组织的组建。

三、学科意识的产生：从“小儿科”到一个“专门学科”

如前所述，由于对外汉语教学专业知识的积累滞后于对外汉语教学事业的发展，所以，在事业发展的早期，并不存在所谓的对外汉语教学学科。具体来讲，一方面，早期来中国学习汉语的留学生主要是通过官方的政治途径派来我国的，因此随着政治局势的变动，对外汉语教学的生源并不稳定，规模也不大，投入这项事业中的教员数量也相对不稳定，因此，自然较少有人钻研这方面的专门知识；另一方面，由于开始来华留学的外国学生的汉语水平几乎是零起点，对外汉语教学主要是作为预备教育而不是专业教育而存在的，因此，人们普遍认为从事这项工作并不需要什么高深的知识，甚至一度把对外汉语看作“小儿科”，② 认为会说普通话的中国人都能教。在这两方面因素的综合作用下，早期的对外汉语教学工作者还很难说已经具备了特别强烈的“学科意识”，更多的主要是凭经验，还没有人谈第二语言教学理论，学术讨论主要体现在教学原则和课堂教学的具体方法上。③

然而，20 世纪 70 年代中后期以来，随着来华留学生规模的逐渐增大和趋于稳定，教师队伍也逐步壮大起来，加之早期对外汉语教学经验的积累，一些对外汉语教学工作者开始提出把针对留学生的汉语教学作为一个专门的学科来看待。1978 年，在中国社会科学院召开的北京地区语言学科规划座谈会上，吕必松提出应当把对外国人的汉语教学作为一个专门的学科，应当在高校中设立培养这类教师的专业，并成立专门的研究机构。这一意见得到了与会语言学家的支持。会后发表的《北京地区语言学科规划座谈会简况》中提到：“要把对外国人的汉语教学作为一个专门的学科来研究，成立专门的机构，培养专门的人才。”④此外，专业的学术交流网络和出版渠道也逐步开始建立。例如，在 1980 年 8 月召开的中美汉语作为外语教学的学术讨论会上，就有代表提议成立全国性的学术团体，同年 11 月，在南京师范大学举行的外国人短期汉语学习班工作研讨会上，又有代表提出进行有组织的学术

---

① 潘文国．对外汉语教师的知识结构与对外汉语专业的建设［A］//中国对外汉语教学学会华东地区协作组．面向世界的汉语教学．上海：复旦大学出版社，1992：309 - 310.

② 佚名．难忘的岁月［J］．S 大学学报对外汉语教学中心成立十周年纪念专刊，1994（10）：4.

③ 佚名．口述历史·对外汉语教学名家谈（程棠）1［EB/OL］．［2006 - 01 - 05］．http://blog.sina.com.cn/s/blog_4835e300010001bv.html.

④ 吕必松．对外汉语教学发展概要［M］．北京：北京语言大学出版社，1990：20.

业务交流、成立全国性的学术团体的建议，当时的教育部外事局负责人非常重视这一建议，责成北京语言学院牵头做筹备工作。[①] 1977 年，北京语言学院创办了不定期的内部刊物《语言教学与研究》，并于 1979 年改为正式出版的季刊，在国内外公开发行。[②] 从此，对外汉语教学开始从前学科阶段向学科化的方向迈进。

第四节　案例组织的诞生与组织场域的形成

上文笔者描述和分析了 S 大学对外汉语教学机构及其所依托的专业知识在 20 世纪 50 年代初到 80 年代初的最初建立与发展演变的情况，本节将在这一基础上，运用组织场域和制度逻辑这两个新制度主义理论中的分析概念，试图揭示案例组织诞生和初步演变的背后所蕴含的因果机制。

一、组织场域的形成

根据迪马吉奥与鲍威尔的观点，场域的形成或结构化包括四个部分：（1）场域中组织互动程度的增加；（2）组织之间明确的支配结构和联盟模式的出现；（3）场域中组织必须得到满足的信息量的增加；（4）在共同参与某一任务的系列组织内部的参与者之间相互知悉的形成。[③]下面，笔者将围绕这四个维度，考察与 S 大学对外汉语教学机构的早期建立相关的若干行动主体是如何构成了最初的组织场域的。考察的时间段为 20 世纪 50 年代初至 80 年代初，这一时段，案例组织的形式表现为中国语文专修班和公共汉语教研组。

（一）有关组织间的互动

如前所述，S 大学对外汉语教学机构的诞生源自 1952 年的全国院系调整。当时，另一所大学的中国语文专修班连教员带学生几乎原封不动地迁移到了 S 大学。S 大学的语文班不仅是 S 大学对外汉语教学机构的最初形态，而且它与其迁入大学的语文班共同被认为是整个中国对外汉语教育事业在大学中的最初承办机构。因此，要勾勒 S 大学语文班的得以成立的相关组织场

① 程裕祯．新中国对外汉语教学发展史［M］．北京：北京大学出版社，2005：83．

② 吕必松．对外汉语教学发展概要［M］．北京：北京语言大学出版社，1990：21．

③ DIMAGGIO P J，POWELL W W．The Iron Cage Revisited：Institutional Isomorphism and Collective Rationality in Organizational Fields［J］．American Sociological Review，1983，48（2）：148．

域，就必须追溯当时中国对外汉语教育事业诞生和高等教育体制改革的背景。

如图4－1所示，中国大学中对外汉语教学机构的建立首先源自外国政府向我国政府提出派遣留学生的官方需求。据有关文献记载，1950年1月中旬，捷克斯洛伐克和波兰政府首先向中国政府提出了交换留学生的建议，同年6月，政务院总理周恩来亲自主持会议研究此事，并责成当时的政务院文化教育委员会、外交部、教育部组成专门小组，拟定计划，与有关国家商谈交换留学生事宜。9月，教育部根据政务院文教委员会的指示，正式通知××大学承担新中国首批外国留学生的汉语培训任务。××大学经过积极筹备，迅速为这些外国留学生设立了汉语培训班。①

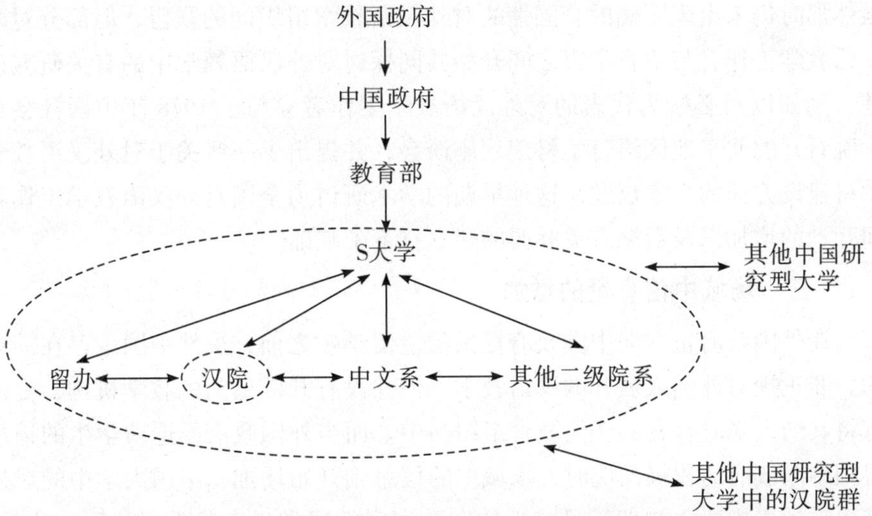

图4－1 语文班与教研组时期的组织场域关系图

以上就是S大学语文班移入前的背景，参与的机构包括外国政府、中国政府及其有关教育行政部门、大学。在由中国政府教育部门推行的院系调整改革的背景下，××大学的语文班移入S大学，这样对外汉语教学机构的最初组织建制就与S大学中的其他教学单位构成了一种平行关系。此后，随着留学生生源的扩张，语文班的教师出现缺口，于是开始从S大学中文系选派教师和留用毕业生，这样语文班就与中文系之间建立了联系。为了管理留学生，S大学还成立了专门的留学生办公室，这样语文班又与留办建立起了联系。同时，中国的对外汉语教学机构还分布在S大学以外的其他一些高校，

① 程裕祯. 新中国对外汉语教学发展史［M］. 北京：北京大学出版社，2005：7－8.

于是，其他高校及其中的对外汉语教学机构就构成了中国对外汉语教学机构的同质性组织群体，它们最初都是在中国政府的指令下开设的，并在日后的发展中逐渐结成了某种组织关联。

（二）组织间的支配结构与组织联盟

从上述组织间的互动情况来看，显然，中国政府及其教育主管部门是导致S大学对外汉语教学机构诞生与变革的支配性力量。由于20世纪五六十年代，留学生来源国及数量都受到我国的政治和外交环境不确定性因素的影响，故早期建有对外汉语教学机构的中国大学数量可谓凤毛麟角，留学生生源完全由教育部门来分配，彼此之间在教学业务方面似乎并没有结成任何外显的组织联盟。当然这种情况到20世纪70年代中后期以后逐渐有所改变，虽然那时仍未出现明确的全国性的对外汉语教学组织间的联盟，但部分对外汉语教学工作者与语言学家之间开始共同探讨对外汉语教学中的有关研究议题，例如以吕必松为代表的对外汉语教学工作者参与了1978年中国社会科学院召开的北京地区语言学科规划座谈会，并提出了一些关于对外汉语教学学科建设方面的学术议题，这种早期的学术研讨为全国对外汉语教学工作者间互动的增加以及后来有关联盟的建立打下了基础。

（三）场域中信息量的增加

在外国政府正式向中国政府提出派遣留学生之前，虽然中国也存在零星的、非正规对外国人展开的汉语教学，但并没有开辟专门的教学机构，更没有将其纳入当时存在的任何教育组织当中。而当外国政府派遣留学生的请求得到中国政府的积极回应时，场域中的信息则开始增加。中国大学中的对外汉语教学机构建立初期，只有少数东欧国家的留学生来华学习汉语，此后，来华留学生数量逐步增加，到20世纪50年代末和60年代，随着亚非拉民族独立国家纷纷与中国建交，来华留学生的来源国及数量随即得到了增加，同时，对外汉语教学机构也从零星的几所大学扩大到几十所。

在这种情况下，一方面，关于如何管理留学生的信息得到增长，表现在当时中国的高教部①曾不断给各校下发关于来华留学生的管理意见；另一方面，关于如何更好地进行对外汉语教学的信息得到完善，表现在关于对外汉语教学的学术论文、报刊文章以及留学生专用教材的出现，在1965年，北京语言学院还开始创办《外国留学生基础汉语教学通讯》这一对外汉语教学

① 1952年，中国中央人民政府设立高等教育部，简称高教部，1966年，高等教育部和教育部合并。

的专业学术刊物（后停办）。[①] 这到20世纪70年代后期至80年代初，随着对外汉语教学队伍的壮大和逐步成长，开始有同行就对外汉语教学方面的问题展开专业性的、有组织的学术探讨，例如，1978年，中国社会科学院召开了北京地区语言学科规划座谈会；1980年，召开了中美汉语作为外语教学的学术讨论会；同年，还召开了外国人短期汉语学习班工作研讨会。此外，场域中信息量的增加还体现在对外汉语教学的正规专业性的学术刊物的出现，如1977年，《语言教学与研究》创刊，并于两年后在国内外公开发行。这些都是场域逐步形成的标志。

（四）场域中参与者的相互知悉

这一时期，场域中参与者之间的相互知悉主要是通过两种方式建立起来的。第一，就是通过中国政府教育部门下达的关于在某所大学建立对外汉语教学机构的行政命令而相互知悉；第二，是通过从事对外汉语教学的师资人员和管理人员的相互沟通和交流实现的，包括在专业知识上和留学生管理上的交流，不过，这一时期该方面的交流还非常有限。

二、组织场域中的制度逻辑及其对案例组织的作用机制

（一）国家的逻辑：教育要为无产阶级政治服务

在案例组织作为语文班和教研组存在的这一历史时期，如上所述，由于中国政府及其教育主管部门是导致S大学对外汉语教学机构诞生与变革的支配性力量，因此国家的逻辑也就自然成为组织场域中的支配性的制度逻辑。

具体来讲，首先，S大学语文班的建立就是国家关于高校体制改革的政策意图在S大学中的反映。其次，S大学语文班组织建制的发展、撤销与公共汉语教研组的建立与发展也基本上体现了中国国家的政治意图，这种意图是要把我国的对外汉语教育事业纳入全世界无产阶级的教育事业当中，为无产阶级政治服务。例如，S大学的语文班在对1953年度留学生新生的讲话中提到："本班的教学原则是与全校、全中国、苏联以及兄弟国家的教育原则完全相同的：进行社会主义、共产主义的教育，培养学生成为德才兼备、体魄健全、全面发展而能为祖国人民服务，能为社会主义建设服务的人才。"[②] 在1954年，中央人民政府高教部给S大学的函中，更加鲜明地体现了国家对对外汉语教学机构干预的政治意图。该函中提到："我们对兄弟国家的留

---

① 吕必松．对外汉语教学发展概要［M］．北京：北京语言大学出版社，1990：10.

② 见《S大学外国留学生工作纪事》（内部刊印），第4页。

学生是在高度的国际主义精神下本着学习上严肃要求，生活上适当照顾的方针进行热情的、负责的教育，抓紧进行整治思想教育工作，是最重要的一环。我们应该适当通过各种课程，特别是政治课与时事政策学习，不断提高他们的政治水平。”①

当然，这种为全世界无产阶级政治服务的基本价值导向在更高层次上则是我国作为一个社会主义国家的意识形态在教育领域中的表现。正是因为如此，S 大学对外汉语教学机构的组织调整往往是为了满足与我国意识形态相同的国家的留学生教学需求而调整的。当东欧国家派遣留学生来时，成立东欧国家留学生中国语文专修班；当越南派遣学生来时，S 大学的语文班则专门成立一个越南学生教学组；当大量非洲国家派遣留学生来时，则将 S 大学的对外汉语教学机构撤并到了另一所大学集中为非洲留学生服务；当无产阶级“文化大革命”开始时，则将留学生全部送回国，然后停止所有大学中对外汉语教学机构的运行；在“文化大革命”后期，为了维护无产阶级的领导地位，我国开始继续加强和改善与世界有关国家的政治外交关系，随着中美、中日之间的建交，大量留学生再次涌入国门，于是，S 大学和其他大学的对外汉语教学机构一样，就可以实现组织建制的恢复；恢复建制后，贯彻无产阶级的革命外交路线依然强烈地渗透在 S 大学的对外汉语教学机构的工作中。

（二）科层制的逻辑：高度集权与直接管理

如果说国家的逻辑为 S 大学对外汉语教学机构的诞生与发展确立了基本的组织目标与政治航向的话，那么科层制的逻辑则为国家逻辑的生效奠定了实践基础。在新中国成立后长达几十年的时间内，在过度强调计划管理的“左”的思想指导下，我国大学基层学术组织虽然处在大学的最底部，却在很大程度上受国家高度集权的教育主管部门的直接管理。一所大学要设立一个系或研究所，甚至需要国家教育主管部门的批准。② 国家的逻辑之所以能渗透到中国的大学中并发挥效用，就是因为国家有一套严格的科层管理体系，可以有效地使国家的意志付诸实现。

在 S 大学对外汉语教学机构的变革过程中，国家通过科层管理的逻辑在很大程度上塑造着组织功能与目标的走向。例如，1953 年，在 S 大学语文班成立不久后，高教部召开座谈会讨论其草拟的《对来华留学生管理工作的几

---

① 见《S 大学外国留学生工作纪事》（内部刊印），第 7 页。

② 郑晓齐，王绽蕊. 研究型大学基层学术组织改革与发展［M］. 北京：清华大学出版社，2009：58－59.

项措施意见》，其中一条就要求："留学生所在学校须设立留学生管理机构，或指定专职干部，负责留学生政治思想教育与生活管理工作（教学方面的领导由该校教务部门负责），每学期期中向本部做关于留学生思想、学习、生活的综合汇报一次。"① 1955 年 8 月，高教部通过下发《对各国来华留学生管理工作的注意事项》，强调："留学生入学后的学习、生活及思想教育，学校须全面负责；涉及对外关系或重大问题时须报部请示；学校应根据留学生管理办法的规定，在校长领导下成立留学生专管机构或指定专人负责，把留学生工作当作一项光荣的任务。"② 这种行政指令明确规定了 S 大学对外汉语教学机构的职能与工作目标，并直接导致了 S 大学留学生管理机构（留办）的设立以及后来其对外汉语教学机构与留办之间复杂的组织依赖关系。又如，S 大学拟定的《S 大学外国留学生中国语文专修班暂行规程》（其中规定了语文班的教学目的）需要上报高教部批准才能生效。这样，国家就通过其教育行政部门实现了对语文班基本组织目标的监管。此外，关于留学生学习和生活中的一些琐事也需要请示高教部门，例如，在档案中，笔者发现的两则信息就体现了当时国家科层管理制度之深入和细致："1956 年 5 月，S 大学就南斯拉夫留学生 × × 要求到印度学生班上课的问题向高教部留学生司呈请示;③ 1956 年 8 月，S 大学呈文高教部留学生管理司，就语文专修班 1956—1957 学年留学生国家人数变化而需解决的干部、厨工、食堂设备等问题向上级请示。"④

除了这种"上报批准式"的监管以外，高教部还直接派出有关行政人员深入各高校，指导对外汉语教学机构的工作。例如，1954 年 1 月，S 大学副校长召集各有关方面开会讨论语文班写出的《关于 S 大学外国留学生入系后的情况》时，高教部留学生管理司的司长就亲自参加，并做了指示。⑤ 又如，1954 年 9 月，高教部学生司曾专门组织力量，对 S 大学语文班的教学情况进行检查，并给出了检查报告。

除了国家级教育行政机构的监管以外，对外汉语教学机构的发展还明确受到学校层面的专门管理。例如，上述《关于 S 大学外国留学生入系后的情况》就是 S 大学语文班报请学校讨论的议案，另外，在遵照国家指示建立专门的留学生管理机构方面，语文班也需要向学校请示："1956 年 11 月，S 大

① 见《S 大学外国留学生工作纪事》（内部刊印），第 2 页。
② 见《S 大学外国留学生工作纪事》（内部刊印），第 9 ~ 10 页。
③ 见《S 大学外国留学生工作纪事》（内部刊印），第 11 页。
④ 见《S 大学外国留学生工作纪事》（内部刊印），第 12 页。
⑤ 见《S 大学外国留学生工作纪事》（内部刊印），第 5 页。

学外国留学生中国语文专修班曾向学校呈送《关于成立S大学外国留学生工作办公室的建议》，提出留学生工作办公室在党委及校长直接领导下负责留学生政治思想工作及生活管理，不具体管理教学上的问题（留学生的专业及语文学习仍由各系及语文班管理）。"[①] 此外，科层体制从国家深入到大学层面的典型事例还表现在大批量的越南留学生来华学习的分配问题上。有关档案资料显示：1965年7月，高教部留学生司××同志电话："越方要求增派200～250名进修生、研究生，先学一年汉语再转入专业，此任务你分配给S大学……希望学校克服困难，设法安排。"留办主任××在呈报的工作纪要上写道："人员调配和房舍、物资筹备均需相应增加，请陆、黄校长批示"，黄一然副校长7月3日批示："克服困难，积极准备接受"。1965年9月，全国接受的3 000多名越南留学生，有249名进入S大学学习基础汉语，为此除原有的留办公共汉语教学组之外，又组建了越南学生汉语组，专门负责这批越南学生的基础汉语工作。[②] 这样，S大学对外汉语教学机构的组织变革可谓完全置身于从国家层面的教育行政部门到学校层面的职能部门间所形成的一个等级鲜明的科层体系当中，任何形式的组织变革都处在这一科层体系的监管之下，一方面是要服从、贯彻、落实科层体系所传达的变革意图，另一方面即便组织有任何主动寻求变革的意图，也需要层层体系的把关。

S大学对外汉语教学机构不仅在组织形式与功能方面受到等级森严的科层体制的监管，在具体的组织名称变化方面亦然如此。从语文班到教研组的名称变化一定程度上也是服从国家高等学校内部机构设置规范的表现。其中，教研室名称的使用就是符合1961年《中华人民共和国教育部直属高等学校暂行工作条例（草案）》（简称《高校十六条》）中对教研室职能界定的表现。

综上所述，在关涉S大学对外汉语教学机构的早期建立与初步变革的组织场域中，国家的逻辑和科层制的逻辑是两个主要的支配性制度逻辑，正是这两种相互配合与兼容的制度逻辑形塑了案例组织的早期变迁轨迹。由于这一时期"国家对经济以及各种社会资源实行全面的垄断，政治、经济和意识形态三个中心高度重叠"，[③] "国家既是具有权威和强制性命令权力的统治者，同时又是财产所有者，国家统治的最大特征是市场交换权力和行政命令

---

① 见《S大学外国留学生工作纪事》（内部刊印），第13页。

② 见《S大学外国留学生工作纪事》（内部刊印），第42～43页。

③ 孙立平．转型与断裂：改革以来中国社会结构的变迁［M］．北京：清华大学出版社，2004：31.

权力的合一”。[1] 因此，中国的大学完全从属于国家的教育行政部门，几乎没有多少自主办学的权力。在社会主义的计划分配体制之下，留学生的生源市场完全由国家控制和分配，对外汉语教学的需求和供给均无法通过留学生市场来配置有关的教育资源，因此，市场的逻辑并未出现，更没有影响到 S 大学对外汉语教学机构的设置。此外，由于这一时期对外汉语教学主要是作为一种预备教育而存在于大学之中的，有关的教育工作者往往只从事基础汉语教学而基本不从事科学研究，对外汉语教学的专业知识尚在孕育当中，对外汉语教学学科尚未形成，因此，专业/学科的逻辑在 S 大学内部并未成为一种足以和国家的逻辑以及科层制的逻辑相对抗的制度逻辑。正因为如此，S 大学对外汉语教学机构的生存，几乎完全处在国家意志及其科层体制的支配之下，成为承担国家赋予的政治任务的一种教育实践活动。对外汉语教学既是一项教育事业，又是一项外事工作，它的兴衰与国内外形势的变化紧密联系在一起。[2] 对外汉语教学机构的变革在很大程度上是由国家的政治和外交的变动而导致的，具有相当程度的被动性。

---

① 李路路，李汉林．中国的单位组织：资源、权力与交换［M］．杭州：浙江人民出版社，2000：17.

② 程裕祯．新中国对外汉语教学发展史［M］．北京：北京大学出版社，2005：51.

第五章 对外汉语教学中心时期：组织独立的初步战果

第一节 组织的独立化发展：从教研组到汉语中心

一、对外汉语教学中心的成立

1984年8月，S大学党委常委开会，讨论对外汉语教学及研究中心筹备小组《关于成立S大学对外汉语教学及研究中心的请示报告》，决定名称叫“对外汉语教学中心”，体制相当于教研室，直属校部领导，由教务长代管。[①] 同年10月，以外事处的公共汉语教研组为基础，加上从中文系和外语系抽调的教师，成立了“S大学对外汉语教学中心”（以下简称“汉语中心”），有教职工28人，[②] 既担负为入系学习专业的外国留学生开设公共汉语课的任务，又担负来S大学短期学习汉语的外国学生的汉语教学任务。[③]

汉语中心在组织建制上与S大学之前的对外汉语教学机构相比具有以下几点新的变化：第一，汉语中心作为独立的教学单位，在组织隶属关系上，首次明确脱离了留学生管理机构和外事机构的管辖，在一定程度上，“摆脱了留办、外事处的行政干预”，[④] 当然，由于留学生涉外工作的特殊性，三者之间的工作还有着比较密切的关联。第二，除了在管理体制上仍然直属校级领导以外，汉语中心的负责人首次由一位学科专家担任，只是这位专家是从中文系调来的，而且由于对外汉语教学学科还未获得学界的广泛承认，因

① 见《S大学外国留学生工作纪事》（内部刊印），第86页。

② 见S大学对外汉语教学机构2004年年鉴中“历史沿革”部分。

③ 《今日S大》编写组．今日S大［M］．S大学出版社，1988：558.

④ 佚名．S大学对外汉语教学回顾——兼谈对外汉语教学学科的发展［A］//佚名．S大学对外汉语六十年．S大学出版社，2012：5.

此这位专家并非专门从事对外汉语教学研究的专家，而是其邻近学科——语言学方面的专家。第三，汉语中心成立了学术委员会，从此具备了独立评定高级职称的资格，学术地位明显提高。① 第四，在学生培养类别上得到了拓展，首次包含了研究生层次的专业人才培养，于 1986 年开始在现代汉语专业下的对外汉语教学方向招生。这标志着 S 大学的对外汉语教学机构开始从大学内部的一个非学历的服务性教学机构向正规的学历教育机构转变。第五，汉语中心较之前更加重视科研活动，开始努力从一个单纯的语言教学机构向语言教学研究机构转变。例如，汉语中心先后成立了对外汉语教学理论研究、汉语本体研究、汉外对比研究、教材教法研究、汉语测试研究、汉字研究、本科教育研究、多媒体教学研究等课题组，多数教师都承担了课题组中的研究任务，而且，从 1988 年开始，每年都举行一次中心的科学讨论会，也鼓励和支持教员参加国内外的各种学术会议。为了调动教师们的科研积极性，汉语中心每年在评选“教学优秀奖”的同时，也对科研优秀者进行奖励。②该中心的一位副主任在 1987 年曾提出：“S 大学要在对外汉语教学界起到模范带头作用，大力推动学科研究，中心要由纯粹的教学单位向科研和教学相结合的院系转变。”③ 第六，汉语中心的课程设置做了较大调整，除原来的必修课“汉语读本”“口语”“听力”和选修课“报刊选读”外，新开设了“汉语语法”“汉语虚词”“视听”“古代汉语”“实用汉语修辞”“当代文学作品选”“老舍文选”“英汉翻译”等多门选修课。④第七，汉语中心的教学条件较之前有了明显的改善。汉语中心成立不久，学校就为其建立了专门的听力教室和图书资料室，其后，又把学校的一栋楼拨给汉语中心作为其专用教学楼使用，并对其进行了内部装修，添置了电化教学设备。

进入 20 世纪 90 年代以后，汉语中心的行政地位得到进一步提升。1993 年，S 大学校党委常委和校长办公会举行联席会议，决定汉语中心定为处级建制。⑤

关于汉语中心的行政地位为什么被提升，一位当时汉语中心的负责人道出了其中的真谛：自从汉语中心从学校外事处独立出来以后，虽然明确了它作为一个独立的教学单位的地位，但是其行政级别一直处在一种模糊状态，表现之一就是当时汉语中心一位副主任的任命批文迟迟下不来，这不符合学校一旦任命处级领导就会很快下红头文件的惯例，也体现了汉语中心在当时

---

①②④　以上内容源自 S 大学对外汉语教学机构 2002 年的档案资料中“S 大学对外汉语教学发展概要”的一部分。

③　佚名. S 大学对外汉语六十年［M］. S 大学出版社，2012：94.

⑤　见《S 大学外国留学生工作纪事》（内部刊印），第 151 页。

还不具有与S大学内其他院系（通常是处级建制）平起平坐的地位。与此同时，汉语中心虽然在名义上获得了独立，但在其留学生招生、考试、学籍管理等事务上，留办仍然延续着一贯的行政介入。在这种情况下，汉语中心的教员普遍希望能进一步提高单位的地位，获得更大的自主权以及与其他各系平等的地位，这同时也是汉语中心所依托的对外汉语教学学科发展的必然要求。恰巧，汉语中心的这种夙愿和呼声受到了当时S大学分管外事的副校长和一位分管人事的副书记的关切和支持，据这位负责人回忆，当时两位校领导曾就汉语中心的发展问题多次找他们了解过情况，或进行过商讨。① 因此，汉语中心行政级别的提高可以说是汉语中心多年来在有关校领导的关心和推动下最终促成的。

二、汉语中心缘何成立

S大学的对外汉语教学机构能够从学校的外事部门中独立出来，应该说是多方面原因促成的结果。

第一，由中国的改革开放所导致的来华留学生数量激增是迫使S大学对外汉语教学机构扩张的主要原因。“文化大革命”结束以后，我国结束了相对封闭的发展模式，开始注重对外的交流与合作，而外界要想了解中国就需要学习中国的语言。于是，通过各种官方和非官方的渠道，想要向中国大学派遣留学生的各类外方团体日渐增多。S大学作为中国一所历史悠久的、著名的研究型大学，自然成了外方竞相争抢的“香饽饽”。然而，当时的汉语教研组不仅师资力量有限，而且组织地位低、行政级别不明确，这在一定程度上限制了S大学的留学生教育规模，无法满足留学生激增的教育需求。

第二，中国教育培训市场主体的匮乏和高等教育管理体制的改革是促进S大学对外汉语教学机构改革的必要条件。当大量的留学生汉语教学需求不断涌现时，中国却处在计划经济时代，并不存在类似西方国家的一些市场化的应对机制，如营利性的教育培训机构，这使得对外汉语教学需求只能通过高校来满足。但是，当时中国的高校基本都是国家拨款的公立高校，有限的教育经费和招生规模实际上是无法满足留学生猛涨的教育需求的。

恰巧的是，我国当时已经逐步启动了高等教育管理体制的改革。在留学生教育方面，20世纪70年代之前，所有的来华留学生均是官方途径派来的，其教育费用可谓全免，此外，我国政府还要为其拨付生活费。例如，1963年，我国教育部、财政部发送的《外国留学生经费开支标准的规定》中说

① 出自对受访者T/O－20130207的访谈。

明：为照顾外国留学生的特殊情况，留学生的各项费用开支标准，均按我国学生的各项开支标准计算，统一列入学校预算内开支，特为留学生增列下列各项费用，一并列入学校预算，报请学校上级主管单位审核报销，学习生活费大学生 100 元/月，研究生、进修生 120 元/月。[①] 20 世纪 70 年代中期左右，我国开始允许各高校招收自费留学生，例如，在 1974 年国务院教科组、财政部、外交部下发的《关于我国来华留学生经费问题的请示》中规定：自费生每人每月交房费人民币 10 元（免收学费）。[②] 这时的所谓留学生自费生实际上是免收学费的自费生。实际上直到 1980 年，我国才开始在真正意义上招收自费生。与此同时，我国逐步扩大了留学生的来源渠道，允许高校接收除官方途径以外的各种途径的留学生，收费标准也进行了改革。例如，在 1980 年 4 月教育部、财政部、外交部发出《关于修改对自费留学生收费标准和收费办法的通知》中规定：本科生进修生每人 500 元/年，理工生 2 000 元/年，高级进修生 2 500 元/年，住宿费每学年每床位 540 元。门诊医疗费每人 150 元/年。[③] 1984 年 10 月，教育部、国家物价局、财政部、外交部发出《关于接受自费外国留学生收费标准的规定》，再次调整了自费留学生的收费标准。在留学生收费体制放开以后，教育部又允许各大学开办汉语短训班，并承认这是大学在教育经费不足的情况下的一种合理创收手段，于是之前束缚留学生规模扩张的体制性障碍在一定程度上得以解除。成立后的汉语中心甚至一度被认为是 S 大学的一个“赚钱的机器”，[④] 就此，还有受访者生动地描述道：“短训班授课可以挣不少钱，有的老师一个短训班下来可以挣 80 多元钱，这在当时可是不少的一笔钱，有些人开玩笑说你一个假期就挣回了一个‘大件’，一辆自行车的钱。”

第三，S 大学对外汉语教学机构与外事部门、留办捆绑在一起的行政建制存在一些固有的矛盾，这加剧了汉语教研组的独立倾向。这些固有的矛盾一方面体现在事权与财权上的不统一，即汉语教研组是外事部下的创收主要贡献者，但其在经费的使用方面却受到外事部门审批的限制；另一方面更具体地体现在一些业务分配及福利分配中的存在矛盾，例如，在带领留学生外出旅行的问题上，留办和汉语教研组的教员之间就存在不同的声音，有教员回忆道：“我们负责留学生的汉语教学，留办负责收费，这样两家就开始‘打架’了，当时人们就觉得我们辛辛苦苦地上课，你们到挺清闲地在那儿

---

① 见《S 大学外国留学生工作纪事》（内部刊印），第 33 页。

② 见《S 大学外国留学生工作纪事》（内部刊印），第 52 页。

③ 见《S 大学外国留学生工作纪事》（内部刊印），第 72 页。

④ 出自对受访者 T/O－20120907 的访谈。

收钱。而且，当时陪长期留学生出去旅行也是留办的人去，他们拿上经费，冬天去温暖的南方旅行，夏天去东北，那个时候人们很少有机会去各地旅行的，这也使得一些老师有意见，说为什么我们不能去?”①然而，留办的管理人员却认为，“他们（指汉语教研组的教员——笔者注）老要争这个陪学生旅行，你出去旅行，30 个人以上可派 2 ~ 3 个陪同，你得考虑管理干部陪他，他要出去打交道啊，汉语老师出去都是陪玩儿，他们到处碍手碍脚的。带留学生出去不是玩儿，它是工作，很辛苦呀，责任心很大，我每次陪同回来都要生病，然后出去带一大堆钱，丢了怎么办？丢了你赔也赔不起。所以我们说你教学是教学，行政是行政，不要在一起。所以它单独独立出去，我们是同意的。”②此外，汉语教研组教师的职称评审问题也受到其所属行政部门在管理上不重视的拖累，长期得不到解决，但汉语中心成立以后，这一事关教师核心利益的问题在一定程度上得到了缓解，受访者回忆道：“在留办下面，汉语教学这块很难要到职称名额，由于‘文化大革命’期间积累了大量等待评职称的教师，评职称在当时很困难，汉语中心成立时，自己的老师里连一个副高职称的都没有，独立后，中心就有了自己可以评职称的学术委员会，虽然最初我们每年往往只有半个名额，但即使是半个名额，两年也能凑成一个名额嘛，以前一个也没有。”③

第四，S 大学对外汉语教学机构负责人的积极奔走与校领导的认可与推动，促成了汉语中心的建立。一位汉语教研组的负责人曾这样回忆：“当时老师们感觉还是体制上不顺，于是我就主要把独立这个问题提出了出来，四处找人，当时找了很多人，比如，××副校长、主管外事的××副校长，还有××校长，他们都表示理解，但都是雷声大、雨点小，后来我找到中文系的副系主任××，我们关系也很熟，而他和当时 S 大学的党委书记××是老关系，等于是透过他找到了××书记，这样成立独立的对外汉语教学中心这件事才最后定下来。后来，在开全国对外汉语教学学术交流会的时候，一位外校同行还跟我说，你别瞎积极地搞，搞不好到时人家都不让你干（领导），但我还是觉得组织独立更加重要。”④与汉语教研组寻求独立的想法不谋而合的是，作为一直与其关系密切且曾作为其上级机构的留办的有关领导，在其独立的问题上并未横加阻拦，甚至也认为其独立是一种合理的组织安排。当时留办的一位负责人曾这样向笔者解释到：

访问者：请问觉得汉语教研组应该独立出去，是您个人的意愿，还是当

①③④ 出自对受访者 T/O－20121226 的访谈。

② 出自对受访者 O－20121106（1）的访谈。

时留办的同事都这样认为？

××老师：我们原来干部都是这种感觉。教学是教学系统，得把它作为教学单位，它跟各个系一样，留办是个学校的职能部门，是涉外管理，具体你怎么教我管不了，但是你的质量我要检查，对留学生的表现我要负责，留学生学习不好，是什么原因？是语言学习困难还是学习不用功？然后通过访问汉语教研组和各个系的老师，把留学生的学习搞得更好。我们是涉外服务、涉外管理，它总是要和使馆打交道的，组织一些社会活动啊、文体活动啊。汉语教研组愿意独立，多少也希望地位高一点嘛。[1]

第五，与对外汉语教学学科化建设的进展有关。当时，对外汉语教学全国性的学术团体已经成立，学术交流活动渐渐多了起来，也有了专业的学术期刊，学科地位逐渐得到了业界的认可（下文详述），社会声誉显著提高，这客观上有力地支持了S大学对外汉语教学机构的组织独立。

第二节　汉语中心与中文系的互动：从整合失败到密切合作

一、汉语教研组“投靠”中文系：组织整合的失败

前文提到，在汉语教研组开始寻求独立、与学校外事部门相脱离的早期阶段中，一位汉语教研组的负责人曾多次找到有关校领导商谈，但领导大多是“雷声大、雨点小”，并没有采取实质性的行动。在早期努力无果的情况下，这位负责人找到了与自己关系较熟的中文系的一位副系主任，进一步商谈此事，想要获得其支持，这位负责人回忆道：“我找到中文系的副系主任××，当时我和他提出来，汉语教学这块独立如果不行的话，能不能归到中文系？他当时考虑中文系主要还是教中国学生，不太合适，我想（他们）还是看不起教外国学生汉语这件事，总之，当时独立是第一选择，归到中文系是第二选择，不管哪种选择，反正是要脱离留办。”[2] 汉语教研组向中文系的这次“投靠”，虽然是其次优选择，且最终被中文系回绝，但正是通过中文系这位副系主任的牵线搭桥，汉语教研组力争独立的第一目标才进入了S大学最高层领导的战略视野，并最终得以实现。

---

① 出自对受访者O-20121106（1）的访谈。

② 出自对受访者T/O-20121226的访谈。

汉语教研组试图向中文系靠拢的这次组织变革尝试是笔者所了解到的，在S大学对外汉语教学机构若干年的发展历程当中，几乎是第一次，也是唯一一次自愿提出的组织并轨设想，这与两个机构在其所依托的专业知识基础、教师受教育背景等方面的同质性不无关系。但是，从此以后，随着汉语中心的逐步发展壮大、对外汉语教学学科知识的逐步增长和深化、学科地位的逐步确立，以及全国上下对外汉语教育事业的蓬勃发展，汉语中心可谓走上了一条“众乐不如独乐”的“不归路”，再也没想过“回头”。对整个S大学来讲，也可谓错过了一个一闪而过的邻近学科组织的整合契机。

二、汉语中心组织建制中的中文系元素

一如S大学早期的对外汉语教学机构中大量教员出自中文系一样，在1984年汉语中心成立之时，由于组织扩建的需要，学校决定再次从中文系调来了若干教师，这些教师成了后来汉语中心的骨干力量，在汉语中心的3位负责人（1名主任和2名副主任）中，主任和其中一位副主任均来自中文系。此外，在1985年成立的汉语中心第一届学术委员会中，有好几位委员均来自中文系。当然，这与当时汉语中心的教员职称不高，不符合学术委员会的门槛要求有关。总之，获得初步独立的S大学对外汉语教学机构中有着浓厚的中文系烙印，这是不争的事实。然而，也正是这种烙印，使得两个机构在早期的互动中，一直保持着密切的合作，特别是在研究生培养方面。

三、研究生培养中的密切合作

汉语中心的成立与对外汉语教学学科地位在中国的初步确立（下文详述）大致处在同一时间点上，此外，专门学科人才的匮乏问题日渐突出，为了培养对外汉语教学的专门人才，S大学与其他几所高校于1986年成为全国首批对外汉语教学方向的研究生招生单位。然而，此时汉语中心刚刚成立不久，能够指导研究生的高层次师资力量非常有限，绝大多数教师因“文化大革命”动乱中职称评审的中止，都还不具备高级职称。在这种情况下，由于学科知识的互通关系，汉语中心早期研究生的培养实际上主要是依靠中文系完成的。

在这方面，汉语中心和中文系的两位老教师分别回忆道：“我们一开始招研究生也是很难，因为没有第二语言习得的科目，后来就想办法挂靠在中文系现代汉语专业，并选修中文系语言专业研究生部分专业课程，在这方

面，中文系帮了我们很大的忙”；[①]“在汉院的成立和发展过程中，中文系给予巨大的无偿的支持，包括课程建设、教师培养，等等，都从中文系获益，汉院刚招收培养研究生时，多数课程都是中文系给安排的（或者是学生来中文系选课）”。[②] 另一位汉语中心早期的研究生（后来也留在汉语中心任教的教师）提到：“1986 年，对外汉语教学中心还是个教学单位，科研力量不强，因此就有课程开设不足的情况。当时采取的办法是和 × × 大学（S 大学以外的另一所大学）签协议，我们利用它们在第二语言教学方面的力量，到它们那边去听课，而它们则利用我们这边中文系的力量，来我们的中文系听课，此外，汉语中心自己的老师也开一些研讨课，每个老师讲一部分，等于是三个方面的力量一起培养的。这种情况大概持续了三四年。后来，× × 大学（同上述 S 大学以外的另一所大学）羽翼丰满了，就不需要过来听课了，我们也不去它们那儿了，但还是得去中文系听课，到中文系听课直到 20 世纪 90 年代末还有，其实现在也还有学生选中文系的课。”[③]如这位老师所言，虽然汉语中心早期研究生的培养借助了三个方面的力量，甚至包括外校的力量，但其实贡献最大的还是 S 大学的中文系。汉语中心的教师实际上只能开一门研讨课，而且还做不到每位教师独立开设，是一种多位教师集体负责的研讨形式。后来，随着汉语中心科研实力的提升和师资力量的增强，渐渐地开始独立培养研究生，但是，直到 2001 年，笔者在其当年的年鉴中仍然可以发现其依赖中文系培养研究生的传统痕迹：截止到 2001 年 9 月，（汉语中心）已招收、培养中外硕士研究生 80 余名，在实践中，将人才培养和学科建设紧密结合，在中文系的大力支持下，已经初步形成了比较完备的具有对外汉语教学特色的研究生培养计划和课程体系。[④]

汉语中心借助中文系的力量进行研究生培养的情况在早期汉语中心研究生规模较小的情况下，基本保持了良好的合作关系，但这也为日后两者矛盾的产生和激化埋下了伏笔。随着整个对外汉语教学学科制度化建制的展开，汉语中心的科研实力逐步增强，学生规模也逐步增大，因此，两者的关系开始逐步由亲密合作向各自独立发展的方向转变。

---

① 佚名．汉语中心时期的教材建设和教师队伍建设：× × 先生访谈实录［A］//佚名．S 大学对外汉语六十年．S 大学出版社，2012：56.

② 出自对受访者 T/O－20130122 的访谈。

③ 出自对受访者 T/O－20130116 的访谈。

④ 以上内容源自 S 大学对外汉语教学机构 2001 年的档案资料中保存的对外汉语教学中心 2001 年年鉴。

第三节 对外汉语教学学科的制度化建设：学科地位的确立

20世纪70年代以来，随着对外汉语教学界学科意识的逐步产生，早期的对外汉语教学工作者开始将对外汉语教学学科的制度化建设纳入议事日程。

一、对外汉语教学专业学术团体与出版渠道的建立

经过一段时间的筹备和酝酿，1983年，对外汉语教学研究会作为中国教育学会的一个下属分会率先成立，该会的宗旨是：团结全国对外汉语教学工作者，推动本学科的理论研究，促进国内外的学术交流。此后，它脱离中国教育学会，于1988年成为独立的对外汉语教学学会。该专业学术团体于1985年和1987年，与北京语言学院联合主办了第一届和第二届国际汉语教学讨论会，并在第二届讨论会期间，在各国代表协商一致的基础上，共同筹备成立了世界汉语教学学会，该会的宗旨是："促进汉语作为外语教学和研究的国际交流与合作；推动世界汉语教学与研究的发展；加强世界各地汉语教学与研究工作者之间的联系；增进和发展各国人民之间的相互了解和友好合作，为维护世界和平贡献力量。"① 作为对外汉语教学界的两个专业学术团体，中国对外汉语教学学会和世界汉语教学学会逐步承担起了促进对外汉语教学界同仁间进行学术交流的重任，在推动对外汉语教学学科发展和建设方面发挥了重要的作用。

在学术成果的公开流通渠道的建立方面，1984年年初，对外汉语教学研究会创办了会刊《对外汉语教学》（内部印行），共出版8期，后因编辑力量不足而停刊。1987年3月，对外汉语教学研究会与北京语言学院语言教学研究所共同创办了《世界汉语教学》，出版两期预刊后，于同年9月转为世界汉语教学学会会刊（季刊）。1987年8月，北京语言学院又创办了《学汉语》杂志（月刊）。② 在众多对外汉语教学专业学术期刊中，《语言教学与研究》和《世界汉语教学》在20世纪90年代被列入我国语言类中文核心期刊，在国内外汉语教学界产生了广泛的影响，而其他语言类中文核心期刊，

---

① 吕必松．对外汉语教学发展概要［M］．北京：北京语言大学出版社，1990：23－24．

② 吕必松．对外汉语教学发展概要［M］．北京：北京语言大学出版社，1990：21．

像国家语言文字工作委员会的《语言文字应用》、延边大学的《汉语学习》等也开辟了对外汉语教学研究的专栏，此外，像北京大学、中国人民大学、北京语言学院、南开大学、复旦大学、上海外国语学院、华东师范大学等还经常出版汉语教学研究专辑或专刊。① 此外，为了适应社会对对外汉语教材的迫切需要，加强对外汉语教材、有关的工具书和教学参考书的出版工作，北京语言学院于1985年2月成立了对外汉语教学专业出版社——北京语言学院出版社，1986年1月，又成立了另一家对外汉语教学的专业出版社——华语出版社。② 尽管随着编辑出版业的发展，出版对外汉语教学方面的书籍和音像制品的出版社并不限于以上两家，但这两家出版社无疑成为出版发行对外汉语教学领域专业出版物的重要基地。

二、学术界和政界对对外汉语教学学科的认可与支持

作为一门新兴学科的对外汉语教学，要获得其存在合法性，首先需要学术界，特别是邻近学科或与其学缘关系密切的主流成熟学科专家的认可。在这方面，对外汉语教学学科的诞生可谓是"众星捧月"。当时几位中国著名的语言学家都曾经在公开场合，以各种方式声援过对外汉语教学学科。

1983年，吕叔湘在致中国教育学会对外汉语教学研究会成立大会暨第一次学术讨论会的贺词中说："对外汉语教学是一种外语教学，外语教学法的研究在国外已经有一百多年的历史……人家的经验可以供我们借鉴，却不能照抄照搬。……这三十年来，我们在国内和国外都积累了不少经验，我们可以从中总结出若干问题，若干规律，形成一种或几种体系。"（原载《对外汉语教学》，1983年第1期）③

1984年，王力先生曾为《语言教学与研究》创刊五周年题词"对外汉语教学是一门科学"。在创刊座谈会上，王力先生说："对外汉语教学，我认为是一种学问，一种科学。我们教中国人汉语很好教，知道他懂在什么地方，不懂在什么地方。可是外国人，如果我们不懂外国语的话，你就不知道他什么地方懂，什么地方不懂。所以说是一种学问。"（原载《语言教学与研究》，1984年第3期）④

1989年，朱德熙先生在《语言教学与研究》创刊十周年的座谈会上说：

---

① 周小兵．对外汉语教学入门［M］．2版．广州：中山大学出版社，2009：211.

② 吕必松．对外汉语教学发展概要［M］．北京：北京语言大学出版社，1990：21－22.

③ 施光亨．对外汉语教学是一门新型的学科［M］．北京：北京语言学院出版社，1994：18－19.

④ 施光亨．对外汉语教学是一门新型的学科［M］．北京：北京语言学院出版社，1994：14.

“现在我们强调对外汉语教学是一个独立的学科。因为过去社会上有一种看法，认为对外汉语教学不是一门学问，凡是中国人都能教，这显然是错误的。现在强调对外汉语教学是一个专门的学科，要有一定素养和训练才能胜任这个工作，这一点越来越得到大家的理解，这是应该肯定的。国际上第二语言教学变成一个学科，有许多学派、各种理论，确实是一个学科，我们应该重视。”（原载《语言教学与研究》，1989 年第 3 期）①

此外，对外汉语教学作为一门学科和一项事业也得到了政界的广泛支持与认可，这在很大程度上使得对外汉语教学的学科和事业形象在社会大众中广泛传播，也同样影响了整个学术界对它的看法。这方面的例子更是不胜枚举。

1983 年，时任国家教委外事局长的李滔在中国教育学会对外汉语教学研究会成立大会暨第一次学术讨论会上的讲话中说：“对外汉语教学实际上已经发展成为一个专门的学科。开始的时候，有些人认为这是游击队，不是正规军……经过几十年的辛勤劳动，实践证明它是一门学科，而且已经在我国发展成为一门有基础的具有重要意义和作用的学科了。”（原载《对外汉语教学》，1983 年第 1 期）②

1984 年，时任教育部长的何东昌在外国留学生工作会议上的工作报告中提到：“多年的事实证明，对外汉语教学已发展成为一门新的学科，加强这一学科的教育与研究，不仅是扩大接受留学生的需要，也是发展对外交流、扩大对外影响的需要……希望各级教育部门和各有关院校，大力支持，切实办好和发展这一学科。”③

1990 年，时任国务院总理的李鹏在接见第三届国际汉语教学讨论会与会学者时说：“加强对外汉语（教学）的研究，有利于中国与世界各国人民之间的了解，有利于科技文化的交流。现在许多国家大都是通过英语和其他语言了解中国。我们希望在世界上有更多的外国人懂得汉语，以便加深对中国的理解。”④

在学术界和政界的共同认可与呼吁的大背景下，我国政府集合多重行政力量，于 1987 年成立了国家对外汉语教学领导小组（简称“国家汉办”），以此来加强国家对对外汉语教学工作的统一领导和协调。从 20 世纪 80 年代后期开始，在国家汉办的组织领导与大力推动之下，在中国对外汉语教学学

---

① 施光亨．对外汉语教学是一门新型的学科［M］．北京：北京语言学院出版社，1994：15.
② 施光亨．对外汉语教学是一门新型的学科［M］．北京：北京语言学院出版社，1994：11.
③ 施光亨．对外汉语教学是一门新型的学科［M］．北京：北京语言学院出版社，1994：9.
④ 施光亨．对外汉语教学是一门新型的学科［M］．北京：北京语言学院出版社，1994：2.

会的积极倡导之下，跟对外汉语教学学科建设相关的、地区性的、全国性的、专门性的、综合性的科学研究活动蓬蓬勃勃地开展起来。① 有学者认为，20 世纪 80 年代后期至 90 年代末，中国的对外汉语教学学科建设与发展进入了由“经验型”向“科学型”转变的新阶段，其例证之一就是在此期间，国家汉办组织实施了三次科研规划和一次全国性的教学科研成果评奖。②

三、对外汉语教师的资格审定制度的确立

对外汉语教师资格审定制度的建立既是规范对外汉语教师队伍的需要，也是对外汉语教学知识专门化和学科门槛提高的表现。这项制度的酝酿是从着手研订对外汉语教师管理条例开始的。有学者对这段历史有过详细的回忆：

大概是在 1987 年前后，中国对外汉语教学研究会受教育部的委托，着手研订教师管理条例。为什么要制订这个条例？最初的目的是为了整顿对外汉语教师队伍。我国自实行改革开放政策后，对外汉语教学迅速发展，教学规模迅速扩大，教师就不够了。于是，有的学校就把什么人都塞到对外汉语教师队伍中来，认为只要是中国人，就能教汉语。有的学校，护士也被叫去教外国人。所以就形成了对外汉语教师这支队伍非常混杂，良莠不齐。于是我们准备开始整顿，一方面是要整顿教师队伍，另一方面也是为了保护这些老师。……一开始规定只对现在正从事对外汉语教学的教师进行资格认证。认证资格有两种方法，一种是像司机一样，先拿驾驶执照再驾车，而我们这个呢，等于是司机先上路了，然后再拿证，所以我们这个资格认证就规定：必须已经有一年以上的教学经验。通过审查，确实加强了对外汉语教师队伍的建设，提高了对外汉语教师的素质。特别是不能随便往对外汉语教学单位塞人了。……我们不能只埋怨人家对对外汉语教学不理解，我们自己必须要争气。你要社会承认对外汉语教学是一个学科，你自己必须要把它作为一个学科来对待，要提高自己的水平。③

与一些西方国家职业资格证书的认定机构主要由非官方的中介机构进行不同，我国对外汉语教师资格证书的审核与颁发具有一定的国家强制规范的色彩。1990 年 6 月 23 日，国家教委主任李铁映签署了中华人民共和国教育委员会第 12 号令，发布了《对外汉语教师资格审定办法》（以下简称《办法》），为实施该《办法》，国家教委成立了对外汉语教师资格审查委员会，

---

① 程裕祯．新中国对外汉语教学发展史［M］．北京：北京大学出版社，2005：172.

② 程裕祯．新中国对外汉语教学发展史［M］．北京：北京大学出版社，2005：186－187.

③ 佚名．口述历史·对外汉语教学名家谈（程棠）2［EB/OL］．［2006－01－05］. http://blog.sina.com.cn/s/blog_4835e300010001bu.html.

负责领导对外汉语教师资格审查和资格证书的颁发工作。① 早期的资格审定范围主要针对专职对外汉语教师，审定所取得的成绩是：整顿了对外汉语教师队伍，确定了对外汉语教师队伍建设的方向，为专职从事对外汉语教学工作的教师确定了奋斗目标，为对外汉语教师队伍的进一步建设和对外汉语教学事业的进一步发展奠定了基础。②

随着对外汉语教学各项学科制度的建立，对外汉语教学不仅作为一门学科，而且作为一项事业逐步受到了社会的广泛关注。有学者在 20 世纪 90 年代初回忆道："对外汉语教学的社会地位有了明显的提高，仅仅在几年以前，社会上还很少有人知道对外汉语教学，更没有多少人真正看得起对外汉语教学。一个方面的事例是对外汉语教学已经成了比较重要的新闻报道的内容。记得在召开第一届国际汉语教学讨论会的时候，邀请新闻记者很不容易。召开第二届国际汉语教学讨论会时情况就不大一样，许多记者主动前来采访，主动争取到会。电台、电视台和十多家报刊对会议作了大量的报道，其中《光明日报》《北京日报》发表的消息、评论、专访等都达七八篇之多，中央电视台对外部还摄制了约 20 分钟的新闻纪录片。另一个方面的事例是对外汉语教学已逐渐变成一种令人向往的职业。过去许多人都不愿意从事对外汉语教学，认为教外国人学汉语是大材小用，低人一等，现在对外汉语教学的岗位忽然变得香起来了，许多中文系的本科毕业生和毕业研究生都纷纷要求搞对外汉语教学，甚至有些中文系的教师也主动要求转到对外汉语教学方面来。对外汉语教学专业录取新生的分数线，在外语类中算是最高的，报考人数和录取人数的平均比例是2.5：1。"③

第四节　组织场域的变迁与案例组织的变迁

一、组织场域的变迁

与 S 大学对外汉语教学机构的变迁相伴随的是整个组织场域的构成发生了变化。本节就是试图通过对组织场域及其中关键性制度逻辑的变迁，来考察案例组织变迁背后的机制。考察的时间为 20 世纪 70 年代末到 80 年代，

① 程裕祯．新中国对外汉语教学发展史［M］．北京：北京大学出版社，2005：205.

② 程裕祯．新中国对外汉语教学发展史［M］．北京：北京大学出版社，2005：216.

③ 吕必松．关于对外汉语教学学科建设的一些问题［A］//中国对外汉语教学学会华东地区协作组．面向世界的汉语教学．上海：复旦大学出版社，1992：3.

这一时期，S大学的对外汉语教学机构的组织形态从外事部门下的汉语教研组变为了一个学校直属的对外汉语教学中心。

（一）组织间互动情况的变化

这一时期通过政府途径向我国派遣留学生的情况依然存在，而且中国政府教育部仍然承担着向包括S大学在内的有关高校分配留学生的任务，各大学也依然具有接收并培养教育部分配来的留学生的义务。

不过，如图5－1所示，这一时期，组织场域中出现了三个影响案例组织变迁的新的组织类型。

第一，外国大学及外国企业、有关行业协会等民间团体。随着改革开放的展开，除了通过官方途径来华的留学生以外，我国政府开始允许外国的大学和各民间团体与国内高校之间就留学生培养，特别是汉语培训等问题展开合作，这使得通过民间渠道来S大学留学的外国学生数量逐渐增加，尤其表现在参加S大学对外汉语教学机构的汉语短期培训班留学生的上涨趋势方面（如图5－2所示）。

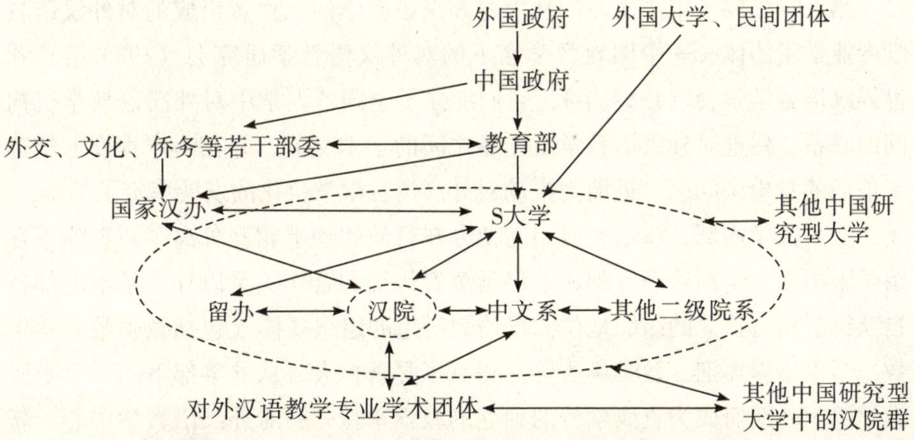

图5－1　对外汉语教学中心时期的组织场域关系图

第二，国家对外汉语教学领导小组（以下简称“国家汉办”）。1987年7月，国务院批准成立了国家对外汉语教学领导小组，专门负责推动我国的对外汉语教育事业的发展。由于对外汉语教育事业不仅跟教育部门有关，也跟文化、侨务、新闻、出版、外交等部门有关，因此，汉办的成立是我国政府通过集合八个部委以及北京语言学院的多重力量来共同加强国家对此项工作的统一领导与协调的表现。1998年国家对外汉语教学领导小组扩大为由11个部委组成，北京语言学院不再参与其中。2005年，国家对外汉语教学领导小组更名为汉语国际推广领导小组，成为领导全国对外汉语教学学科建设与发展的专门机构，在对外汉语教学向科学化、规范化、标准化方面做了大量开创性的工作。①

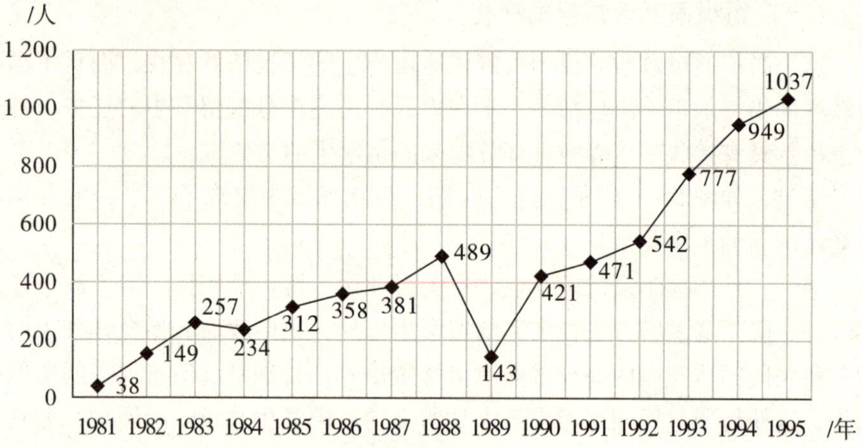

图5－2　S大学对外汉语教学机构短训班留学生数量变化图②

第三，出现了主要由专门从事对外汉语教学的工作者组成的对外汉语教学专业学术团体——中国教育学会下的对外汉语教学研究会（1983年）和世界汉语教学学会（1987年）。它们加强了全国各大学中对外汉语教学机构间的联系，促进对外汉语教学工作者之间的学术交流，并在一定程度上塑造了他们的身份认同感，进而为推动对外汉语教学学科化的发展奠定了基础。

在S大学内部，汉语教研组与留办在行政架构上相互分离，两者除了在留学生招生、学籍管理等问题上仍延续着传统的合作关系以外，基本上都各自获得了相对独立的组织地位。汉语教研组的组织规模（包括教师数、学生数、学生培养类别、教学场所等）得到了显著扩大，从外事部下的一个附属教学组织一跃而成为直属学校的独立的教学单位——对外汉语教学中心。新成立的汉语中心与中文系间的关系更加紧密，一方面体现在中文系对汉语中心的师资力量（包括正式教师和兼职教师）的支援上，另一方面则体现在汉语中心在研究生培养方面对中文系的紧密依赖。然而，这一时期的汉语中心虽然获得了相对独立，但其行政级别长期处于模糊状态，而且仍然以汉语非学历教育为主，没有本科生，因此，它在实质上并没有获得与大学其他二级院系完全相同的组织待遇。

① 佚名. S大学对外汉语教学回顾：兼谈对外汉语教学学科的发展［A］//佚名. S大学对外汉语六十年. S大学出版社，2012：9－10.

② 该图的数据来自《S大学外国留学生工作纪事（1952—1999）》（内部刊印）。

（二）组织间支配结构与组织联盟的变化

从这一时期组织间的互动情况来看，中国政府及其教育主管部门对于S大学对外汉语教学机构的组织变革似乎不再像之前那样具有绝对的支配性力量，外国大学、企业等民间团体作为案例组织留学生来源的一类重要外部力量开始登上了历史舞台。一般而言，这一时期S大学的长期生仍多为通过政府渠道派来的留学生（他们或者专门学习汉语，或者经过一段时间的汉语学习后升入了S大学的各专业学院），而短训班的学生则多为通过民间团体派来的留学生（他们主要是在汉语中心接受基础汉语短期培训）。如图5－3所示，S大学两种类型的留学生数量差距从1981开始具有逐步缩小的趋势（除了1989年短训班留学生数量有显著下滑以外），到1993年左右，短训班的学生数量开始超过长期生的数量。这在某种程度上意味着，外国民间团体开始取代中国政府成为影响S大学对外汉语教学机构组织扩张的重要机构。

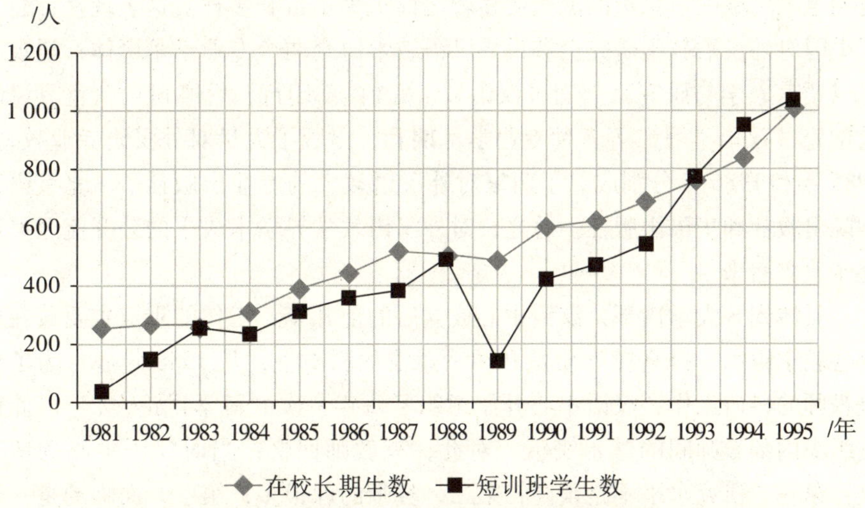

图5－3　S大学两种类型留学生数量变化图①

与此同时，由于全国性和世界性的对外汉语教学专业学术团体的建立以及对外汉语教学学科地位逐渐获得了学术界和政界的认可，使得中国各大学中的对外汉语教学机构群体间的联系较之前更加紧密。在这一机构群体当中，北京语言学院作为全国最早成立也是唯一一所以对外汉语教学为主的专业语言学院，显然扮演着“领头羊”的角色，而包括S大学在内的众多研究型大学中的对外汉语教学机构则构成了这一组织群中的主体和中坚力量。

① 该图的数据来自《S大学外国留学生工作纪事（1952—1999）》（内部刊印）。

此外，需要特别说明的是，国家汉办虽然在某种程度上开始部分替代了原来由教育部全权负责的对外汉语教育事业的管理职能，但是，在笔者的访谈过程中，多位受访者都曾指出，这一时期的国家汉办的行政管理色彩并不突出，而主要是一个学术性的管理机构。它在推进对外汉语教学方面做了大量开创性的工作，例如组织制定《汉语水平等级标准与等级大纲》，规划教材建设，制定汉语水平考试的政策法规并组织国内外的汉语水平考试，审定对外汉语教师资格及组织资格考试，组织大中小型学术讨论会和专题研讨会，开展国际合作与审定出国师资等。[①] 因此，这一时期的国家汉办更多地发挥的是凝聚中国各大学中的对外汉语教学机构及其专门人才的力量，促进对外汉语教学学科建设的作用。

（三）场域中信息量的变化

随着中国各大学中对外汉语教学机构间、教师间交流渠道的增多，这一时期组织场域中信息量的流通明显较之前更为丰富和多样。这表现在：建立了中国对外汉语教学研究会和世界汉语教学协会两个专业学术团体；涌现出了《语言教学与研究》、《对外汉语教学》（内部印行，后停刊）、《世界汉语教学》、《汉语学习》等多种专业学术期刊；出版了大量对外汉语专业教材；1985 年和 1986 年分别成立了两家对外汉语教学的专业出版社——北京语言学院出版社和华语出版社。总之，对外汉语教学界学术成果的公开流通渠道逐步建立起来。

具体到 S 大学内部，汉语中心成立后的前几年，工作的重点主要放在要完善教学组织、提高教学质量和编写急需的教材上，从 1988 年起，为了促进教师的科研工作，汉语中心开始组织了每年一次的科学讨论会，[②] 以此促进组织内部教师间的学术交流。对此，有教师回忆：当时汉语中心的情况是：第一，研究水平不是很高；第二，教师的课很多；第三，面临的是一个新兴学科。这样我们就得花很大的力量，在科研上才能有所推动。但是，一定要搞研究，不搞研究就没有出路。汉语中心成立后，我们慢慢地开始招研究生，后来我们每年搞一次科学讨论会。在经济条件不太好的情况下，我们中心自己拿出钱来开会，人人写出文章来，讨论一整天，大家都很开心，慢慢就上路了。开始时论文很难写，但我们从教学中碰到的问题着手，对大家

---

① 佚名．S 大学对外汉语教学回顾：兼谈对外汉语教学学科的发展［A］//佚名．S 大学对外汉语六十年．S 大学出版社，2012：9－10.

② 佚名．序言［J］．S 大学学报对外汉语教学中心成立十周年纪念专刊，1994（10）：1.

遇到的共同问题逐步深入地进行讨论，效果很好。[①]

还有相关资料显示：当时有教师认为，科学讨论会的目的就是要促进教师的科研发展，是希望我们的教师不但是优秀的教书匠，而且是优秀的科研人才，是汉语作为第二语言教学学科的研究者和建设者。正是基于这样的认识，学术讨论会制度得以确立，并提高了汉语中心的科研意识。自此之后，中心的学术气氛日益浓厚，科研被提到院系发展的议事日程。尤其是到了20世纪90年代以后，讨论会的水准也越来越高。[②]

（四）场域中参与者相互知悉情况的变化

由于国家对外汉语教学领导小组以及对外汉语教学专业学术团体的建立，使得这一时期场域中参与者之间的相互知悉程度较之前明显加深。如果说之前较多的情况是中国政府教育部门与各大学对外汉语教学机构间的纵向的命令与服从的话，那么这一时期中国各大学中的对外汉语教学机构之间的横向的交流与互动则更加频繁。

具体到S大学内部，几个行动主体之间的知悉情况发生的显著变化有：

第一，汉语中心与中文系之间的沟通与交流更加频繁和紧密。之前两者间的交流主要体现在中文系向汉院输送了大量的中文教师，而这一时期，中文系除了壮大了汉语中心的正式和兼职教师队伍以外，还凭借其有关教师的行政力量，在汉语教研组从外事部中独立出来的过程中发挥了重要的推动作用。此外，中文系在协助学术力量薄弱的汉语中心培养对外汉语教学方向的研究生方面，在支持汉语中心的学术研究方面，也可谓功不可没。

第二，汉语中心与留办之间的关系从“貌合神离”逐渐向“貌离神也离”的方向转变。在过去很长一段时间里，汉语教研组一直是留办的一个下属教学单位，在行政上隶属留办管辖，但由于两者组织性质的差异及由此所导致的一系列内部纠葛，使得两者在很多问题上的看法并不一致，甚至矛盾重重。外事部的成立虽然使得两者在学校科层体系中的地位出现了某种趋于平等的转向，但仍未从根本上解决两者的矛盾，直到汉语中心的成立才使得两者获得了相对的独立。

第三，汉语中心与S大学其他二级院系之间的交流与相互认可程度加深。随着汉语中心作为一个学校直属教学单位的独立，至少在形式上获得了与S大学其他院系平等的地位。一方面，汉语中心在从校内其他院系招聘汉

① 佚名．汉语中心时期的教材建设和教师队伍建设：××先生访谈实录［A］//佚名．S大学对外汉语六十年．S大学出版社，2012：53－54．

② 佚名．S大学对外汉语六十年［M］．S大学出版社，2012：95－96．

语短训班的兼职教师问题上，与若干院系之间产生了直接的人员交流，开始有越来越多的院系知道S大学有汉语中心这一组织存在；另一方面，汉语中心也为S大学各院系输送了越来越多的接受过汉语预备教育的留学生生源。

二、组织场域中的制度逻辑及其对案例组织的作用机制

（一）国家的逻辑：教育为国家经济建设服务

如前所述，这一时期，尽管外国大学、企业等民间团体在组织场域中成为影响案例组织发展变革的一股重要的外部力量，但这一外部力量的引入在根本上是由于中国政府及其教育主管部门在推进包括对外汉语教育事业在内的各项教育事业发展方面的治理理念产生了变化，从“教育要为无产阶级政治服务”逐步转向了“教育要为国家经济建设服务”，由此，教育对于经济发展的从属地位在一段时间里逐渐成为中国政府的教育治理理念。

这一教育治理理念其实是当时整个中国政府“以经济建设为中心”的治理理念在教育领域的反映，它在1987年中国共产党第十三次全国代表大会上党的报告中得到了高度概括，即“一个中心，两个基本点”——以经济建设为中心，坚持四项基本原则，坚持改革开放。于是，“以经济建设为中心”成为共产党在当时及其后一段较长的时期内领导中国社会的主导思想，也是超越“姓资姓社”问题后中国政府的中心任务，并逐渐发展成了GDP主义和发展主义。①

这种治国理念在教育领域中的具体表现为：

现在的问题就是如何在有限的财力和物力条件下，把教育搞上去，满足社会主义现代化建设的迫切需要。这就要求我们通过改革来更好地调动各级政府、广大师生员工和社会各方面的积极性。

扩大高等学校管理权限，增强高等学校适应经济和社会发展需要的能力，其主要内容是：（一）可以按照国家规定的比例实行跨部门、跨地区的联合办学，接受委托培养生和自费生。可以提出招生来源计划建议……（二）在遵守国家财务制度的前提下，按照“包干使用，超支不补，节余留用，自求平衡”的经费预算管理原则，可以安排使用主管部门核定的年度事业经费。接受委托培养生、自费生，举办干部专修科、函授、夜大学及社会技术服务和咨询取得的收入，按照国家有关规定安排用于发展事业、集体福

① 李友梅，黄晓春，张虎祥. 从弥散到秩序：“制度与生活”视野下的中国社会变迁（1921—2011）[M]. 北京：中国大百科全书出版社，2011：209.

利和个人奖励。……（七）在不需要主管部门增加基建投资、事业经费和人员编制的情况下，可以自行决定单独设立或与其他单位合办科学研究机构或教学、科学研究、生产的联合体。可以接受企业单位的资助并决定其使用重点。（八）在国家外事政策和有关规定的范围内，积极开展对外交流活动。凡属学校自筹经费（含留成外汇），经过上一级主管部门批准认为可以接受的对方资助或在主管部门下达的经费外汇限额内，可以决定出国和来华的学术交流人员。①

上述国家的教育治理理念实际上确立了高等学校在国家财政投入有限的条件下，充分发挥自身条件，参与经济生产和社会服务，扩大资金来源渠道的基本改革方向。此后，国家有关文件进一步为高校以多种形式增加社会服务，投身社会主义建设提供了政治合法性：

随着经济发展、社会进步，科学技术的重要作用越来越突出。教育、科研、卫生事业单位，是我国科技力量较集中的地方，有数百万专业技术人员，有大量的设备、仪器、图书资料，还有源源不断的科技信息。但是，目前有相当多的单位，这些有利条件没有得到充分利用，必须通过深化改革，调动他们的积极性和创造性，正确引导和鼓励他们以多种形式增加社会服务，为社会主义建设多做贡献。特别要鼓励科技人员到工农业生产第一线，直接为经济建设服务。……他们为社会增加服务，取得合法收入，除一部分用于事业发展外，另一部分可以用于改善他们的生活待遇。……高等学校开展社会服务，在不影响正常的办学条件下，可以举办非学历的短期人才培训活动；可以开放学校实验室，利用学校设备和技术条件对外服务……高等学校教师在保证完成本职工作，不断提高工作质量，并不损害本单位经济技术权益的前提下，可按照学校的有关规定从事兼课、兼职活动。兼职活动一般应与教师本人的教学、科研业务相结合，有利于与社会实践的联系，为社会主义物质文明和精神文明建设服务。……高等学校开展社会服务，可以取得合法收入。国家对高等学校开展社会服务，应给予鼓励和支持。……高等学校举办的各类进修班、培训班的收入，免征营业税、所得税。②

基于上述国家高等教育改革的理念，全国各高等学校开始千方百计地参与各种社会服务，“创收”热情可谓空前高涨。而对外汉语教育由于可以从留学生学费中获得大量的外汇收入，因此也被各高校看作是增加创收、服务经济建设和扩大学校财政来源的一种重要渠道。

---

① 国务院关于发布《高等教育管理职责暂行规定》的通知（国发〔1986〕32号）.

② 国务院批转国家教委等部门关于深化改革鼓励教育科研卫生单位增加社会服务意见的通知（国发〔1989〕10号）.

恰巧，随着当时中国经济的快速发展，世界各地掀起了一股“中国热”，为了更加深入地了解中国，加强与中国的联系与合作，要求学习汉语的人数日益增多，“中国热”带动了“汉语热”。[①] 于是，国内高校创收的热情可谓遇到了一个尽情挥洒的空间，使得我国的对外汉语教学事业出现了蓬勃发展的新局面。不少高等院校纷纷通过校际交流的形式接收外国的短期留学生，“我国开展对外汉语教学的高等院校在短短几年内增加到了100所，对外汉语教学结束了只通过政府渠道招生和基本上仅限于汉语预备教育的历史，逐步形成了多渠道招生和多层次教学的新体制。”[②]

S大学对外汉语教学机构在这一时期从外事部门下的一个附属教学单位转变为一个相对独立的大学直属教学单位正是在上述背景下发生的。它通过开办汉语短训班，为S大学和对外汉语教学机构自身带来了较为丰厚的“创收”回报，提高了教师的福利待遇。[③] 由此，也就不难理解为什么在这一时期，S大学的对外汉语教学机构可以发生如前文所述的趋于扩张性和独立性的机构变革了。在成为直属学校的一个独立的教学单位以后，笔者在档案中发现，汉语中心开始以自己的名义参与各种对外团体的教学合作，而且这些合作协议中均带有明确的有关经济收入的条款，据此推断，教师的经济收入应该较之前有了比较明显的提升，而这一切既是在特定的国家逻辑的背景下由组织变革实现的，也是组织变革的推动者孜孜以求的愿景之一。

（二）科层制的逻辑：简政放权与宏观管理

如果说上述国家的逻辑为S大学对外汉语教学机构的组织建制扩张提供了必要性的话，那么由国家到大学再到大学基层组织的科层逻辑的转变则为其组织变革的具体落实提供了某种可能性。从新中国成立后到20世纪70年代，我国政府对高校基层学术组织的管理基本上采取的是直接管理的方式的话，在这种管理方式下，大学基层学术组织想要变革必须经由国家教育部门来批准，这使得大学内部的机构改革并不能很快适应组织发展的动态需求。然而，20世纪80年代以来，这种直接管理的科层模式开始向宏观管理过渡，大学开始获得了从国家教育部门让渡出的一定范围内的自主权，其中包括大学基层学术组织的自主设置权。而这种科层管理体制的调整则源于“简政放

① 周小兵. 对外汉语教学入门［M］. 2版. 广州：中山大学出版社，2009：209.

② 吕必松. 对外汉语教学发展概要［M］. 北京：北京语言大学出版社，1990：16.

③ 据一位受访者回忆，短训班当时是提高S大学各系职工福利的一个主要来源，学校对于短训班的财务有具体的分配办法。包括汉语中心在内的各系可以从留学生的学费中进行规定比例的提成，用来发奖金，而留办虽不能从学费中提成，但可从留学生报名费以及旅行费中适当提成。这些提成均可部分用来发奖金。——出自对受访者O－20121106（1）的访谈。

权”的政府管理理念在教育领域的实践。

高等教育领域中“简政放权”理念开始推行的标志性事件是1985年国家颁布的《中共中央关于教育体制改革的决定》，其中不仅明确指出要把原来由国家享有的高校管理的部分权力下放给各高校所有，还开始强调在高等学校中进行研究生培养的重要性：

在教育事业管理权限的划分上，政府有关部门对学校主要是对高等学校统得过死，使学校缺乏应有的活力……中央认为，要从根本上改变这种状况，必须从教育体制入手，在加强宏观管理的同时，坚决实行简政放权，扩大学校的办学自主权，加强高等学校同生产、科研和社会其他各方面的联系，使高等学校具有主动适应经济和社会发展需要的积极性和能力。……高等学校有权在计划外接受委托培养学生和招收自费生；有权调整专业的服务方向，制订教学计划和教学大纲，编写和选用教材；有权接受委托或与外单位合作，进行科学研究和技术开发，建立教学、科研、生产联合体；有权提名任免副校长和任免其他各级干部；有权具体安排国家拨发的基建投资和经费；有权力用自筹资金，开展国际的教育和学术交流，等等。对不同的高等学校，国家还可以根据情况，赋予其他的权力。……要发挥高等学校学科门类比较齐全，拥有众多教师、研究生和高年级学生的优势，使高等学校在发展科学技术方面做出更大贡献，要改进和完善研究生培养制度，有计划地建设一批重点学科。①

关于重视高等学校科研功能的发挥其实在更早的有关政府文件中已经透露出来：1978年10月试行的《全国重点高等学校暂行工作条例》（试行草稿）曾指出，“高等学校是科学研究的一个重要方面军，要逐步增加科学研究的比重，认真搞好科学研究，建设成为既是教学中心，又是科学研究中心，努力为实现四个现代化做出积极贡献”。随后，《教育部直属重点高等学校自然科学研究工作暂行简则（讨论稿）》中又明确提出：“教育部直属重点高等学校既是教育中心，又是科学研究中心，必须大力开展科学研究工作，促进教学质量和学术水平的提高，做到既出人才，又出成果。”②

运用《中共中央关于教育体制改革的决定》所赋予的办学自主权，我国大学纷纷开始撤系建院、撤并教研室建系或研究所的组织机制改革。教研室体制进一步萎缩。尽管在个别大学的个别院、系还保留了教研室这种组织建

---

① 中共中央关于教育体制改革的决定.

② 胡建雄，等. 学科组织创新：高等学校院系等学科结构的改革研究［M］. 杭州：浙江大学出版社，2001：160.

制，但已经不再是主流的基层学术组织模式。[①] S 大学对外汉语教学机构的组织变革需求（即从“汉语教研室”独立为“对外汉语教学中心”）能够在这一时期得到 S 大学的某种积极回应，也与这一科层逻辑的转变不无关系。此外，这一时期案例组织开始更加重视科研，并能够率先获得对外汉语教学方向的研究生培养权，实现学生培养层次的拓展，除了有大学本身的研究型特色以及大学内中文系在具体业务上的支持以外，也与上述国家文件中开始重视高校的科研职能不无关系。

在 S 大学对外汉语教学机构生源规模的扩展方面，由国家教育部门到大学贯彻的简政放权的理念也同样是重要的背后推手。在 20 世纪 70 年代以前，我国对留学生开放的高等院校和专业都是由教育部统一确定，这样，高校及其对外汉语教学机构是无法随意扩大招生规模，进而也无法推进与之相应的组织变革的。然而，80 年代以来，随着自主招收留学生的权力被有条件地下放给各高校，使得各校留学生生源激增，进而推动了包括 S 大学在内的对外汉语教学机构的扩张性的组织变革。例如，1979 年 1 月，在教育部召开的全国第二次来华留学生工作会议上，确定了“坚持标准，择优录取，创造条件，逐步增加”的招收外国留学生的方针，会议强调，要提高教学质量，把好来华留学生的文化水平关，搞好汉语教学，还提出研究解决给留学生授予学位的问题等。1989 年和 1990 年，教育部又将接受来华留学生高等学校的审批权下放给各个省、自治区和直辖市的教育主管部门，并专门发文开放接受来华留学自费生，招生数量由高等学校自主决定，不再用国家下达的计划招生的指标。[②] 可见，各校留学生规模的大幅增长也与国家科层权力的逐级下放紧密相关，并进而促进了各校留学生培养的对外汉语教学机构的某种组织建制的扩张性变革。

（三）专业/学科的逻辑：以语言学科为参照系的准专业/学科建构取向

专业概念的界定是一个困扰专业社会学界的问题，但布朗德士（Brandeis）对其做的著名描述被频繁地引用，以至于成为这一领域里的一个经典。我国学者赵康将布朗德士的观点归纳为三个方面的内容：专业应该是正式的全日制职业；专业应该拥有深奥的知识和技能，且这些知识和技能可以通过教育

① 郑晓齐，王绽蕊．研究型大学基层学术组织改革与发展［M］．北京：清华大学出版社，2009：30．

② 李海绩，白瑜．新中国来华留学教育事业 60 年的历史沿革［A］//教育部国际合作与交流司，外国留学生教育管理学会．播种友谊，桃李五洲：新中国来华留学教育 60 年纪念文集．北京，2010：34．

和训练而获得；专业应该向它的客户和公众提供高质量的、无私的服务。[①]其中，“深奥的知识和技能”或称“高深知识”也是一个学科赖以形成的基本内涵。

在布朗德士及其后来学者的进一步研究的基础上，赵康提炼出了衡量一个专业是否成熟的六条标准：一个正式的全日制职业、专业组织和伦理法规、知识和教育、服务和社会利益定向、社区的支持和认可、自治。[②]若以这六条标准来衡量20世纪80年代我国对外汉语教学专业的成熟度，可以发现：第一，虽然我国已经有不少高校存在专门从事对外汉语教学工作的全日制教师，但是教师队伍尚存在一定的不稳定性和鱼龙混杂的色彩（如大量非专业的兼职教师的存在），对外汉语教师的职业资格尚未受到官方的认可和法律的保护。第二，对外汉语教学的专业学术团体也才刚刚建立起来，社会各界对其的认可尚不十分充分。第三，对外汉语教学的专业知识积累仍十分有限，对外汉语教学作为一个学科的地位尚在确立之中，“小儿科”的帽子还没有彻底摘掉，例如，一位教师回忆道：“对外汉语是一个新学科，当时要大家都承认有一定难度，在国内，比如说在综合性大学的中文系，有些老师说老实话就是看不上对外汉语教学，说它是个小儿科，他们做的才是真学问。这是当时的一个普遍现象，说远一点，其实不光是中国，外国也是一样。比如欧洲一些汉学家都研究什么《左传》啊、《易经》啊，虽然有的人甚至连汉语口语都说不好，但他们觉得他们做的才是学问。至今那里也有一些教汉语的年轻人，在他们的东亚系也没什么地位。这是一个世界问题”。[③]第四，对外汉语教学专业人才培养的数量、类型与层次仍十分有限，少数高校才刚刚开始试办本科专业，硕士学位授予权仍局限在屈指可数的几所高校，且还依附在现代汉语专业下面，博士研究生的培养尚未提上议事日程。因此，可以说这一时期对外汉语教学作为一个专业/学科的逻辑尚未真正确立起来，或者说它作为一个专业/学科还不成熟，还是一个“准专业/学科”。

对S大学的对外汉语教学机构而言，这种准专业/学科的逻辑突出地表现在：20世纪70年代末80年代初，汉语教研组仍然“寄人篱下”在一个学校行政组织下面，少有学者开展科学研究，没有进行专业科班人才的培养，

---

① 赵康．专业、专业属性及判断成熟专业的六条标准：一个社会学角度的分析［J］．社会学研究，2000（5）：33.

② 赵康．专业、专业属性及判断成熟专业的六条标准：一个社会学角度的分析［J］．社会学研究，2000（5）：36－37.

③ 佚名．汉语中心时期的教材建设和教师队伍建设：××先生访谈实录［A］//佚名．S大学对外汉语六十年．S大学出版社，2012：53.

没有独立的学术委员会进行教师职称的评定；20 世纪 80 年代中期成立对外汉语教学中心以后，虽然在一定程度上摆脱了原隶属的行政单位的束缚而成了一个相对独立的教学单位，但教师的科学研究尚处在起步阶段，学历和职称普遍偏低，汉语中心独立的学术委员会成员不是由专门从事对外汉语教学工作的教员担任，而主要是由其母学科（如中国语言文学、外国语言文学等学科）的教授担任，[①] 包括相当一部分教员也均出自中文学科，研究生的培养亦主要依托 S 大学的中文系。

可以说，汉语中心的各项学术事务都受到已经比较成熟的中文学科的深刻影响，汉语中心所依托的对外汉语教学学科的知识性质和人才培养的主要参照系仍是中文学科，在相当程度上是按照中文学科的逻辑在运作，学科自身的独特性并没有充分地体现出来，或者说并没有实现学科自治。

（四）市场的逻辑：留学生生源的国家控制与市场的初步放开

留学生生源数量的变化是影响 S 大学对外汉语教学机构存亡的重要因素，没有留学生来学汉语，对外汉语教学机构也就没有存在的必要。相应的，留学生规模的扩张也为对外汉语教学机构的扩张提供了部分合法性。

从新中国成立以来到 20 世纪 70 年代，中国大学中的留学生生源几乎完全由国家（政府）来配置的，大学作为留学生的直接培养单位，无权自主决定外国学生的选留，因此，可以说并不存在所谓的“留学生市场”。而且，即便是来自国家分配的留学生数量也很不稳定，它往往随着我国的政治和外交关系的变化而起伏不定。

然而，改革开放以来，中国政府逐步放开了通过民间渠道来华学习的留学路径，同时，高校的收费制度也逐步建立起来，加之国家鼓励各高校利用各自的优势扩大财政来源，于是，自费留学生的数量在 20 世纪 80 年代以后在中国的各高校中，特别是研究型大学中得到了比较快速的增长。通过各种渠道招收自费留学生学习汉语在当时成为包括 S 大学在内的全国各高校对外汉语教学机构创收的重要途径。

与此同时，各高校对留学生教育工作的性质及留学生身份的认知也渐渐发生了变化。例如，当时国家教委国际合作司的一位领导在全国高校留学生教育管理学会秘书处座谈留学生工作改革思路时曾指出：“留学生工作基本上是涉外工作，但不是外交工作。学校国际化，要有留学生，学校应把发展

---

① 一份已经出版的访谈资料回顾了 S 大学汉语中心成立初期的学术委员会构成情况：“那时候提教授很难，教授委员会要 7 个正教授，我们的正教授不多，就从中文系、东语系、西语系请来教授。后来我们自己的教授、副教授也增加了，慢慢就好起来了。”

留学生作为一个事来抓。现在市场观念不强，学校不主动想法招留学生，到教委要学生。生源摆着，学校可在保证质量、保证基本办学条件情况下，多招点留学生。"[1]此外，各高校对于留学生身份的认知也逐渐从"外宾"实现了向特殊的"教育消费者"转变，可以说，从20世纪70年代末到80年代，一个留学生汉语教学的市场已经渐渐显露出它的雏形，这一市场的需求方为大量渴望通过民间渠道来华学习汉语的留学生，供给方为中国各大学特别是有对外汉语教学传统的知名研究型大学。

① 见《S大学外国留学生工作纪事》（内部刊印），第143页。

第六章　海外教育学院时期：一个“联邦式”的松散王国

第一节　组织的升格式发展：从“中心”到“学院”

一、海外教育学院的成立

海外教育学院在S大学学院建制历史上应该说是一个非常特殊的学院。它并不是对外汉语教学中心这一教学单位的简单升格，甚至不是一个纯粹的教学科研单位，而是一个包括对外汉语教学中心的教学科研职能在内的以及在校长领导下负责来校的外国学者、留学生及境外办学等有关事宜的主管和协调机构。① 这一独特的组织身份，从其在校级层面的机构酝酿阶段就可窥见一斑。

1994年8月，S大学主管外事工作的副校长召开会议，讨论留学生教学管理体制调整问题，总的想法是组建一个学院，既管理外国留学生，又管理港澳台学生；既管理境内办学，又管理境外办学；既是留学生管理机构，又是教学单位。② 大约两个月后，S大学学科建设小组（教务会议）召开会议，《会议纪要》中关于境外办学及海外学生管理问题写道：近年来留学生人数已达750多人，很快将突破1 000人，港澳台要来S大学学习的和境外联合办学要求也日益增加。目前管理体制下，留学生处、对外汉语教学中心、教务处、研究生院、成人教育学院分头管理，常有重叠或疏漏，有必要建一个“海外教育学院”来统一协调海外来内地学生管理和海外办学事宜。学院虽是一个管理机构，也应开展对外汉语教学研究，并作为S大学联系海外办学

---

① 《今日S大》编写组．今日S大（1993—1997年卷）[M]．S大学出版社，1998：554.

② 见《S大学外国留学生工作纪事》（内部刊印），第155页。

的统一协调机构。学院统一管理海外学生的接收、生活与思想工作，日常教学及学历证书颁发分别由教务处与研究生院负责，学院则可举办短训班。会议建议就学院性质任务起草一个方案，报校长办公会审议。① 由此可见，海外教育学院的建立不仅是针对对外汉语教学机构的一次教学科研组织变革，更重要的是，它也是学校统筹外国留学生和境外办学管理的一次行政机构改革。

1994 年 12 月，校长办公会决定在外国学者留学生处和对外汉语教学中心等单位的基础上成立海外教育学院，下设外国留学生办公室、港澳台学生办公室、境外办学办公室、对外汉语教学中心，并组成了筹备组。② 1995 年 3 月，S 大学校长办公会研究决定：成立海外教育学院（处级建制），其下设三个办公室一个教学中心，即外国留学生办公室（处级建制）、港澳台学生办公室（与留办一套班子）、对外汉语教学中心（处级建制）、境外办学办公室（副处级建制）。③ 从这一决定来看，海外教育学院不仅职能特殊，而且行政建制更加特殊。海外教育学院作为 S 大学的一个二级单位，本身就是一个处级建制的单位，按照科层制的常见规则，其下属机构应该在行政级别上低于学院，这样才有利于学院行政体制的运行，然而，在学院的组成机构中，居然有两个和学院本身一样同属处级建制，这显然违背了大学行政体系应遵循的科层制原则。这也是一位受访者将其比作“联邦”④ 的主要原因。此外，学院行政领导的组建也比较特殊，院长从 S 大学另一文科院系调任，他之前既未从事过对外汉语教学，也未从事过外事管理，副院长则分别由外国留学生办公室、对外汉语教学中心和境外办学办公室的三位主要领导兼任。

拿之前的汉语中心与成立后的海外教育学院相比，就汉语中心本身的行政级别来讲，并没有任何变化，因为 S 大学在 1993 年就已经将汉语中心确定为了处级建制，而作为海外教育学院之下的汉语中心的行政建制依然如故，甚至名称的变化也不大，只是在“中心”之前“S 大学”之后多加了一个修饰语“海外教育学院”。但是，有了一个学院的名称在前面，对于汉语中心来讲似乎也有着显著的积极意义。一位教员认为，“海外教育学院成立标志着 S 大学对外汉语教学事业的发展达到了一个新的阶段，也说明我们对于对外汉语教学的认识达到了一个新的高度，机构的扩大反映了对外汉语教

① 见《S 大学外国留学生工作纪事》（内部刊印），第 156 页。
② 见《S 大学外国留学生工作纪事》（内部刊印），第 157 页。
③ 见《S 大学外国留学生工作纪事》（内部刊印），第 158 ~ 159 页。
④ 出自对受访者 O－20121106（1）的访谈。

学事业的发展，也适应了对外汉语教学学科建设的需要。”[①]

进入20世纪90年代以后，汉语中心进一步形成了以汉语精读、口语、听力为主干课程，以汉语词汇、语法、阅读、写作、报刊、翻译、正音、汉字、中国概括、文学作品选、文化讲座等丰富多彩的选修课为辅助课程的教学体系，较好地满足了不同层次、不同要求的留学生的学习需要。[②] 海外教育学院成立后，汉语中心又设立了新目标：三年内，培养出五六名学科带头人，在本学科占领制高点。使教师中博士比例达到20%，研究生导师10人。建立一支有创新意识、理论功底扎实、精于教学法研究的教师队伍。改进现有课程设置，加强部分课程的专业性内容，为S大学培养高层次留学生这一留学生教育的总目标服务。[③] 可见这一时期S大学的对外汉语教学机构把推进学科建设、加强科学研究摆在了更加重要的位置上。

二、海外教育学院缘何成立

关于当时S大学为什么要成立一个由若干各自相对独立的教研和行政实体组成的松散的学院，可以进一步从两个层面来分别解读，一个层面就是解释为什么要以学院的名义组建一个新的大学二级组织，另一个层面就是解释这个新组织为什么会由各自相对独立的几个下设机构构成。

第一个层面的原因恐怕要从当时在全国众多高校兴起的一场学院制改革的浪潮讲起。改革开放前，我国高校内部行政架构基本上实行校、系两级管理。在改革过程中，为适应高校发展需要，许多高校积极探索实行学院制，出现了高校内部行政权力重心下移和权力配置层级化的趋势。[④] 20世纪80年代，一些部属高校就开始实行学院制，如大连理工大学、中国人民大学、华中理工大学等，进入90年代，西安交通大学、清华大学、浙江大学、南京大学、武汉大学、山东大学、厦门大学等高校也纷纷实行了学院制。[⑤] 在这样一种大学机构改革的背景之下，学院制几乎成了一种大学的“管理时尚”，很多大学的对外汉语教学机构也纷纷趁势升格为二级学院。因此，据

---

① 佚名. S大学对外汉语教学回顾：兼谈对外汉语教学学科的发展［A］//佚名. S大学对外汉语六十年. S大学出版社，2012：6.

② 以上内容源自S大学对外汉语教学机构2002年的档案资料中“S大学对外汉语教学发展概要”一部分。

③ 以上内容源自S大学对外汉语教学机构1998年的档案资料中“对外汉语中心1998年情况介绍之未来规划”一部分。

④ 郭为禄，林炊利. 大学运行模式再造：大学内部决策系统改革的路径选择［M］. 上海：上海教育出版社，2012：27.

⑤ 廖世平. 部分重点高校实行学院制的调查分析［J］. 高等教育研究，1998（6）：38.

当时留办的主任回忆，“汉语中心也老想单独成立学院，但学校不同意，它们干部力量呀各方面都不行，所以最后××校长只好想出成立一个海外教育学院的办法。”① 这一说法从另一位受访者那里得到了印证：“S大学的领导也很关心汉语中心的命运，当时主管外事的副校长做出三条指示：第一，汉语中心不能单独建院；第二，要么与中文系合并，要么与留办合并；第三，建议与留办合并，这对你们有好处。海外教育学院就是这样成立起来的。”② 可见，海外教育学院的成立可以说主要是S大学的有关校领导在全国各高校对外汉语教学机构纷纷建立二级学院的群体性压力下，主动促成的一种折中的组织安排。当然，这背后更深层次的原因是，随着改革开放的逐步深入，留学生来华学习汉语的需求大大增加，对外汉语教学学科发展逐步走入正轨，各校无论是出于经济利益还是出于学科建设的考虑，组织扩张似乎已是一条不得不走的路。

第二个层面的原因则需要从海外教育学院几个组成机构当时各自的发展情况及其既有的联系来解释。在上述全国留学生教育迅速发展的背景下，汉语中心的扩张意图显然非常明显；留办与汉语中心一直以来在留学生教学与管理中均有密切的协作关系；港澳台学生由于不属于留学生，所以在当时的S大学处在无人管理的状态，③将其纳入留办来管理也算合情合理；境外办学当时放在S大学的成人教育学院下面，但它也属于S大学的涉外事务。由此看来，这几个教学和行政机构大致都与外事密切相关，因此合在一起似乎也有其合理性。然而，在这种组织形式既不符合汉语中心追求完全独立的目标，也不被留办主任看好的情况下，一个联邦式的学院仍能够付诸现实，这离不开当时主管学校外事的副校长的强力推动。当时留办主任的回忆侧面说明了这位副校长的个人魅力在这次组织变革中的作用，他说：“我也不同意把几个机构合在一起，但是××校长呀，我很尊重他，他说出来了我只好同意。”④

总之，海外教育学院的成立是在校领导的斡旋之下，多方利益协调和妥协的结果。但由于其组织行政建制中存在着不尽合理的成分，因此为其后来的发展埋下了制度性的隐患。

---

①③④　出自对受访者O－20121106（1）的访谈。

②　佚名．S大学对外汉语教学回顾——兼谈对外汉语教学学科的发展［A］//佚名．S大学对外汉语六十年．S大学出版社，2012：10．

第二节　学院的撤销：看似偶然的必然结果

一、海外教育学院的撤销与短暂过渡

1999 年 6 月，S 大学召开干部会，宣布关于校部机关机构改革的决定，撤销了海外教育学院建制。海外教育学院撤销后，汉语中心暂时挂靠在了刚刚成立的外事部门（名称上已更名为国际合作部）下，而外国学者留学生处、港澳台办公室以及境外办学办公室则与外事部门彻底合并，成了 S 大学新组建的外事部门的下属机构。可以说，1999 年，S 大学的涉外部门改革在经历了 20 世纪 80 年代的逐步分立之后，似乎“一朝回到了解放前”，其行政范畴几乎又回到了 1977 年外事处刚刚成立时的状态，当时的外事处是由外事办公室、留学生办公室、汉语教研组三个部门组成的。

此后，经历了一段并不长的时间，汉语中心很快就从 S 大学的外事部门再次独立了出来，组建了新的对外汉语教育学院，而外国学者留学生处则在一些老员工退休以后，再次更名为留学生办公室，并在行政级别上由处级降为了科级，直至今天，这种格局依然没有变化。

二、海外教育学院缘何撤销

关于学校为什么在 1999 年，即海外教育学院成立仅四年的时候，就匆匆决定取消其建制，S 大学的官方文件中只有一句简要的解释，即因为“学校进行体制改革”。那么，学校当时到底进行了什么样的体制改革？为什么要进行体制改革？这种体制改革又为什么会直接导致海外教育学院的撤销呢？

经过进一步了解学校当时的改革背景，笔者发现，原来 1999 年 S 大学进行的体制改革主要是围绕着精简机构、压缩编制展开的。而且，S 大学的机构改革在当时的中国似乎并不是一个孤立的事件，而是有着更广阔的社会背景。S 大学校领导在一次全校干部讲话中道出了其中的原委：

国有企业和国家机关都在进行改革，下岗分流，精简机构，减人增效。这给学校的机构、人事改革提出了挑战，我们该怎么办？朱镕基总理指出，现在全国 2 800 万吃皇粮的人中，1 400 万是教育部门的，教育界必须精简队

伍，提高师生比、生源比，教育界的减人增效、队伍分流也是大势所趋，高校不能成为计划经济、大锅饭、铁饭碗的最后阵地，对此我们要有足够的思想准备和工作准备。①

关于“总量压缩，结构调整”的问题，教育部的负责同志曾在北戴河提到，全国机关调整下岗之后，明年高校平均也得有15%的压缩。我觉得首先应结合结构调整实行。因为我校的队伍结构有两个不合理的比例。一是全校吃“皇粮”的一万人中在职教师只占约1/4。朱总理曾说，高校行政、后勤人员太多，不改不行，这也适用于我校。……其次，结构的改善又必须与体制改革和管理的改善相结合。我校各种机构繁多，各单位都追求小而全，岗位重复，队伍臃肿，效率低下。结构的调整必须和管理体制的改革，机构的精简，聘任制的完善以及后勤服务的社会化等结合起来搞。具体压缩调整的方案将来要由人事和组织部门研究，提请党委来讨论决定。……简而言之，今年人事工作是否可以用这么几句话来概括：压缩总量，调整结构；公开招聘，竞争上岗；评聘分离，按绩任用；优才优遇，培植优秀；减人增效，进出有序。②

但是，这种机构改革的精神为什么在海外教育学院身上体现出来呢？一位受访者道出了其中的主要原因：“1999 年 S 大学人事改革，编制压缩，第一个撤销的就是海外教育学院。理由有二：第一，一院四处，理应缩编；第二，政教不分，留办是行政单位，汉语中心是教学单位。在座谈会上甚至有人提出把汉语中心并入××大学（除 S 大学外的另一所大学）。”③ 而这两个理由可以说是从海外教育学院建立的那一刻就存在的固有矛盾。因此，海外教育学院的突然撤销，与其说是一次偶然的、由外力所导致的突变，不如说是在外力的促进下，学院本身固有的体制矛盾被揭露的结果，学校整个机构改革的背景不过是海外教育学院解体的一个导火索。

其实，上述第一个理由，在学院成立时，当时留办的主任就已经看到了其中存在的体制问题，他曾略带调侃地谈道：“（成立海外教育学院）其实我也不同意，但是××校长呀，我很尊重他，他说出来了我只好同意，其实我不同意的。没有必要合在一起，你搞你的，我搞我的。合并以后呢，实际

---

① 佚名. 校党委书记××在秋季全校干部会上的讲话摘要（1998 年9 月11 日）[A] //《S 大学年鉴》编委会. S 大学年鉴（1999）. S 大学出版社，2000：65.

② 佚名. 校长××在秋季全校干部会上的讲话摘要（1998 年 9 月 11 日）[A] //《S 大学年鉴》编委会. S 大学年鉴（1999）. S 大学出版社，2000：70.

③ 佚名. S 大学对外汉语教学回顾：兼谈对外汉语教学学科的发展 [A] //佚名. S 大学对外汉语六十年. S 大学出版社，2012：10.

上我们是个‘联邦’，海外教育学院是个处级，留办是处级，汉语中心也是处级，我是海外教育学院的常务副院长，它们叫我××院长，我说你贬低我，副院长是副处，我是处长，只是兼常务副院长。”① 由于院长和副院长存在行政级别上平级的现象，因此，院长的管理就很难推行，当时留办的主任同样略带调侃地分析了其中的原委：“你是院长，我是处长，都是处级，我也是处级，所以有什么事我不需要经过你呀。比如像汇报工作，我直接去学校汇报去，我不需要给你汇报，然后你再到学校汇报。”②其实，即使在海外教育学院时期，留办也曾对学院的运行体制进行过某种程度的突破。这体现在留学生处名称的恢复上。1996 年 12 月，海外教育学院呈文给校领导《关于拟恢复 S 大学外国学者留学生处名称的请示》。请示称：根据工作需要，1987 年经校长办公会研究，将 S 大学留学生办公室更名为 S 大学外国学者留学生处，实践证明，这对我们的工作起了积极的作用。海外教育学院成立时，又将名称定为外国留学生办公室。一年多来，这一名称带来诸多误会和麻烦，不利于留学生工作的开展，为此，院办公会研究，拟请学校将 S 大学留学生办公室恢复为原来的 S 大学外国学者留学生处。③ 由留办推动的这一请示很快得到了学校的批准。1997 年 1 月，学校校长办公会开会研究决定，同意留学生办公室恢复外国学者留学生处的名称。④ 这样，海外教育学院就成了一个“不仅实际上包含处级单位，而且名称上也包含”的处级单位。

上述第二个理由，则是汉语中心的教员更早就深有体会的。例如，一位教员提到：“我也觉得海外教育学院还是（体制上）不顺，比如，当时我们都收不到学校关于评选优秀教师的通知，可见学校还把它放在行政体系中，没有重视它作为一个的教学科研单位的身份。”⑤ 另一位教员在解释海外教育学院撤销的原因时则认为：“一方面，由于当时学院在运转的过程中，矛盾比较多；另一方面，当时学校整顿院系设置，可能也觉得对外汉语教学这方面不是一个学科，学术成果少，乏善可陈。”⑥ 总之，身处海外教育学院之中的汉语中心作为一个教学科研性质的单位，或受整个学院行政色彩的遮蔽，或因自身科研实力的不突出，始终无法感受到与其他平行院系同等的待遇，这就为后来对外汉语教育学院的建立埋下了伏笔。

---

①② 出自对受访者 O－20121106（1）的访谈。

③ 见《S 大学外国留学生工作纪事》（内部刊印），第 171～172 页。

④ 见《S 大学外国留学生工作纪事》（内部刊印），第 172 页。

⑤ 出自对受访者 T/O－20120907 的访谈。

⑥ 出自对受访者 T/O－20130116 的访谈。

第三节　汉院与中文系的互动：从密切合作到矛盾激化

汉院和中文系在研究生人才培养方面一直有着良好的合作，由于汉院早期在科研方面的实力有限，这种合作其实主要是一种单方面的依附式合作，即汉院依赖中文系培养自己的研究生的合作方式。然而，由于在海外教育学院时期发生的一个重大事件，即海外教育学院下的汉语中心向学校申请成立留学生汉语言本科专业，使得两者的关系开始由密切合作转向冲突和对立。

一、矛盾产生的渊源：对外汉语学历教育的发展诉求

改革开放以前，留学生教育只限于为进入大学学习某一专业而进行汉语预备教育。改革开放以后，打破了通过政府交流渠道招生的陈规。20 世纪 80 年代以后，随着对外实施开放政策，留学生人数急剧增加，教学规模逐步扩大。教学的层次增多，非学历的汉语培训已经不能满足需求，本科教育和研究生教育提上日程。①

在 S 大学汉语中心于 1995 年正式向学校提出成立一个针对留学生的汉语言本科专业的申请之前，国内很多研究型大学已经先一步于 20 世纪 70 年代末和 80 年代相继设置了该类型的四年制本科专业，名称上使用了“汉语言”这个名称（这个名称原来用于中国境内少数民族的汉语学习）。此外，还有很多大学设置了主要针对中国学生的“对外汉语”本科专业，目的主要是为了加强对外汉语教学的后备师资力量。然而，S 大学在对外汉语本科学历教育方面（不管是针对留学生的还是中国学生的）则仍然是空白，除了大量的非学历教育形式以外，学历教育就只停留在少量的硕士培养阶段，这显然与其作为较早一批的对外汉语教学方向的硕士招生单位的地位不太相称，或者说，在学历教育培养层次的扩展方面，S 大学显然已落在了兄弟院校的后面。

---

① 佚名．S 大学对外汉语教学回顾：兼谈对外汉语教学学科的发展［A］//佚名．S 大学对外汉语六十年．S 大学出版社，2012：8.

二、矛盾的激化：汉院本科专业的设置申请

在全国很多大学的对外汉语教学机构均已实现对外汉语学历教育向本科层次拓展的大背景下，刚刚在形式上升格为学院的S大学汉语中心也迫不及待地开始以海外教育学院的名义申请设置一个针对留学生的“本科制对外汉语教学专业方向”。然而，这一申请遭到了学校各有关方面的阻挠和反对。其中，一直与汉语中心在学生培养方面有着良好合作关系的中文系，反对声音最为强烈。也正是这一事件，使得羽翼日渐丰满的汉院和其母学科所在组织——中文系之间的矛盾被彻底激发出来。

（一）汉院的申请缘由与策略

为了向学校申请成立本科专业，汉院起草了一份《关于建立大学本科制对外汉语教学专业方向的请示报告》[①]（见附录二，以下简称“请示报告”），从其申报理由中可以分析出汉院所采取的几个申请策略。

1. 将专业成立的意义与国家对外汉语教育事业的宏大政治意义相挂钩

在请示报告的开篇，汉院首先陈述了国家对外汉语教学工作的指导思想，即积极向世界推广汉语、弘扬中华文化，促进人类的繁荣和发展；培养对我友好、学有专长、受国际人才市场欢迎的汉语及中国文化专门人才；通过教育、宣传方式，增进外国人对中国的了解，扩大我国的国际影响，提高中华民族的声誉，促进我国的国际交流与合作，直接为我国的改革开放服务。同时，报告还指出了专业设置的深远意义还在于逐步改变国外汉学家多是台湾培养出来的不正常局面。这实际上是一种试图借助对外汉语教学工作本身的政治意义，来显示其专业人才培养的重要性和必要性的一种策略。

2. 将举办专业的市场分析与S大学的整体办学优势与目标相挂钩

请示报告首先指出，学位证书对留学生求职来讲关系重大，这是当前S大学仅颁发的进修生结业证书无法相比的。其次，报告援引了S大学在从事对外汉语教学方面的悠久历史以及S大学本身的知名效应，并由此推断该专业对生源市场来讲富有吸引力。例如，报告中指出：S大学是文理兼备的综合性大学，文科在高校中占有明显的优势，充分利用文科的这一优势，把汉语与中国国情结合起来，开设一门新专业，为世界各国培养一批跨世纪的国外汉语和汉学人才是完全可以实现的，而且说明有关中国国情方面的课程将

① 出自对受访者T/O－20130116的访谈。

从S大学文科院系聘请教师进行兼课。此外，报告还将汉院目前的学历教育发展受限的情况与S大学创建世界一流大学的目标进行了对比，试图以此表明支持汉院本科学历教育有助于S大学创建世界一流大学目标的实现。

3. 明确其专业人才培养的独特目标（与中文系的类似专业相区别）

由于S大学中文系既已设有可招收留学生的汉语言本科专业，因此，请示报告重点强调了汉院拟建立的本科专业的培养目标所具有的独特性——重在培养“通晓中国国情和传统文化的实用性人才”①而非从事汉语研究的人才，这样就将其人才培养目标与S大学中文系汉语言专业的培养目标区别开来。中文系该专业的培养目标是：培养能从事汉语言文字的研究、教学（包括对外汉语教学）及其他有关工作的专门人才。② 同时，汉院还将这一拟建专业的独特性归因于业已获得学术界认可的对外汉语教学学科本身所具有的独特性上。例如，报告中指出：我们不仅要考虑高层次的专业研究人才的培养，而且要考虑复合型的应用型人才的培养，这是对外汉语教学这一新兴学科的特殊性决定的。

（二）以中文系为代表的学校各方对申请的反对缘由与策略

1. 否定汉院拟建专业的独特性

这种观点与汉院申请报告中对拟建专业的独特性的陈述针锋相对，认为一个以汉语为基础、以文史哲政经法的基本知识为课程教学内容的专业不伦不类，③ 或干脆称汉院拟建的专业是一个“四不像专业”。④

同时，认为这一专业存在与S大学文科院系，特别是中文系抢夺生源的利益冲突。笔者所访谈的多位受访者都直言不讳地提到了这一点。他们指出：

汉院申请的本科专业实际上把留学生汉语学习的难度降下来了，这会和中文系形成生源争夺，是和它们分蛋糕。⑤

你跟中文系抢人才，有些留学生呀，他不在乎这个，只要有S大学的（学位）证书就行，汉语中心混文凭方便呀，你比如说有一个古代汉语这个课，你

---

①④ 以上内容源自S大学对外汉语教学机构1995年的档案资料中“对外汉语中心95－96工作重点”的一部分。

② 《今日S大》编写组．今日S大（1988—1992）［M］．S大学出版社，1993：79.

③ 佚名．S大学对外汉语教学回顾：兼谈对外汉语教学学科的发展［A］//佚名．S大学对外汉语六十年．S大学出版社，2012：6－7.

⑤ 出自对受访者T/O－20130116的访谈。

在中文系上课，你得个60分，在汉语中心可以拿95分，这个不一样。①

中文系已有汉语留学生的本科，从20世纪50年代起，几乎每年都招收一定数量的留学生读本科。先是与中国学生混班上课，90年代初之后，每年招收30～50人，改为单独分班上课，有专门的课程与教学计划。当时汉语学院提出要再办一个留学生本科，显然是不合适的，一个大学不应当有两个性质相同的本科。所以学校权衡再三，没有批准。②

此外，还有受访者回忆，“后来，中文系换了一个主任，他好像说，如果他们（指汉院）要成立本科（专业），我就辞职不干了!”可见，在这一问题上，中文系与汉院的矛盾冲突几乎可以说达到了不可调和的地步。

2. 不认可汉院的学术实力及其本科专业的培养质量

这突出地表现在外界对当时汉院教师的整体学术水平的质疑方面。例如，有受访者提到：

中文系等一些老系认为，本科是学历教育，汉语中心之前一直承担的主要是非学历教育，自己的学术框架还没有搭建起来；③

因为汉语中心教师在学术上的水平不是太高，主要是这个原因，好像他们那儿连教授都没几个。当时有一种意见就是认为对外汉语教学应该由中文系来管的，这是一个比较大的矛盾。就是专门搞对外汉语教学的教师的汉语的（学术）水平比中文系要差，差得多，所以就不太同意。由中文系来管不太可能，因为中文系它不太关心这些事情。中文系它是研究中国汉语语文的，它不是搞这方面的教学的。对外汉语学科的力量不够，中文系现代汉语专业主要是研究语法呀、修辞呀这样一些问题，而对外汉语教学本身是另外一种专业，所以中文系肯定也不是很内行，但是汉语中心的老师在关于汉语方面的水平呢又不是太高，说到底呢就是看不起他们的汉语方面的（学术）水平。④

此外，也体现在对汉院拟开设的课程水平的不认可上。有受访者直言不讳地指出：“汉院以前很多研究生的课都必须靠中文系，没有中文系它办不起来，就没有什么人教这个课呀。……我看过他们那个教学大纲，就是科普知识，这不代表S大学的水平呀!”⑤为此，笔者专门比较了大致同一时期汉院与中文系的近似专业的教学计划（见表6－1）。

---

①⑤ 出自对受访者O－20121106（1）的访谈。

② 出自对受访者T/O－20130122的访谈。

③ 出自对受访者T/O－20130116的访谈。

④ 出自对受访者O－20121203的访谈。

表6－1　汉院与中文系近似的汉语言专业的教学计划比较表①

类别	汉院拟建的本科制对外汉语教学专业方向	中文系的汉语言专业
学分要求	150学分（必修课10门，选修课25门）	170学分（必修课137学分）
培养目标	掌握本学科的基础知识和基本理论；掌握综合运用汉语的基本技能；熟悉中国国情，并具有实际工作和从事中国社会科学研究的能力	培养能从事汉语言文字的研究、教学（包括对外汉语教学）及其他有关工作的专门人才。要求学生全面掌握关于汉语现状和历史的基本知识，具有从事语言文字研究和语言调查的能力和较高的外语水平
课程设置	※必修课：中级汉语（一、二）、高级汉语（一、二）、高级汉语（三、四）、中级汉语口语、高级汉语口语、中级听力、中级报刊阅读、中文写作、报刊阅读等。 ※选修课：汉语语法、汉语虚词、汉语词汇、汉字学、中文工具书、现代文学作品选读、当代文学作品选读、古代汉语、经贸口语、中国通史、中国民俗、计算机语言、中国地理、中华人民共和国对外关系史、中国政治与政治经济改革、中国区域经济概论、台港澳经济、法学基础理论、企业法学、知识产权法、环太平洋地区的历史发展、中国公务员制度、社会心理学、中国民族与宗教、美学	除文学方面的基础课程以外，专业课程有语言学概论、理论语言学、现代汉语、语法研究、语言研究、方言学及方言调查、古代汉语、汉语史、音韵学、文字学、专业英语、汉英语言对比以及临界学科知识专题

如表6－1所示，在近似专业的总学分要求上，中文系比汉院多出20个学分；在培养目标上，汉院强调培养学生的汉语实用技能及其对中国国情的了解，而中文系则强调学生应掌握汉语现状和历史的基本知识，以及具备从事汉语言文字研究的能力；课程设置方面，一来体现了两个机构在人才培养上的趋同，二来体现了两者对其有差别的培养目标的各自贯彻：汉院设有大

① 本表中汉院的教学计划出自《关于建立大学本科制对外汉语教学专业方向的请示报告》，中文系的教学计划出自：《今日S大》编写组．今日S大（1988—1992）［M］．S大学出版社，1993：79.

量的选修课，而中文系则以语言学中的专业基础课为主。两者相比，显然是中文系的教学计划对学生的要求更高。加之汉院的选修课并不能完全自主开设，还需要从S大学其他文科院系聘请教师，因此，包括中文系在内的学校各方对汉院学术实力的质疑及其培养质量的担忧似乎也不是空穴来风。

3. 认为汉院拟建专业的培养定位不符合S大学的整体定位

S大学是一所中国知名的研究型大学，在这种大学定位下，其所培养的人才应是具有深厚的知识基础和研究能力的高层次人才。当汉院提出要创办一个新专业，而这个新专业又与中文系的既有专业具有一定的重复性时，显然是学术根基更为深厚的中文系所设的专业更容易被各方认可。正如一位受访者所言："S大学不管你专业（的汉语）还是（基础）汉语，你要培养比较高级的人才，（各个学校）分工不一样！你汉语中心怎么要搞这个低层次的语言文学专业呢？……S大学的定位不一样！S大学应该想办法培养高层次的学生，比如说，有些留学生说你没有招到国外名牌大学的学生，他们能在政界、商界起作用，你招一些无名小卒来没用。……你培养的学生应该是有思想的，引导社会前进的。"①

三、矛盾冲突的结果：汉院的本科专业申请不了了之

如上所述，汉院和中文系在新专业的设置上各持己见，互不相让。此时，学校高层及其他有关职能部门的表态就显得至关重要。然而，据笔者访问到的几位当时的校级领导和有关职能部门的领导回忆，除了汉院自己的意愿坚决以外，其他参与此项事务讨论的各方对此均持明确反对或消极的态度，其中，除了校长和几任主管副校长以外，还包括社科处、留办等职能部门的代表。对此，有关档案的记载如下：

1995年6月，海外教育学院汉语中心提出《关于建立对外汉语教学专业的建议》，建议设留学生的对外汉语教学专业。……后因各方意见不一，未能实施。主要考虑S大学文史哲政经法等学科师资雄厚，适合留学生学习。况且，S大学的留学生生源充足，择优录取余地大，因此不必再设低层次本科，汉语中心应基于S大学的优势和特点，争取培养硕士生、博士生。此事在校长办公室上讨论过两次，第一次已被否，××校长明确表示不同意。第二次讨论是××副校长主持会议，主管海外教育学院工作的副校长××等参加了会议。②

---

① 出自对受访者O-20121106（1）的访谈。

② 见《S大学外国留学生工作纪事》（内部刊印），第161页。

关于上述第二次讨论的结果，有关档案记载如下：

1996年6月，××副校长召集汉语中心、留学生办公室、中文系、教务处等有关单位开会，讨论汉语中心提出的是否试办汉语言文化专业中国语言文化方向（留学生本科四年制）……汉语中心与中文系及留学生办公室在是否设这个本科方面有不同意见。××副校长提出几点意见：(1) 专业定为汉语文化专业中国语言文化方向；(2) 定位为基础汉语，不能小而全；(3) 不与硕士、博士衔接，如念硕士还须按对外汉语参加考试录取。（因各方意见不一，后来也未实施）①

对于学校高层针对汉院申请成立本科专业的第二次讨论，当时留办的主任将其定义为汉院在第一次讨论受挫后的一次“突然袭击”②，从上述的档案记载来看，虽然这次“逆袭”最终并没有根本性地扭转汉院的“败局”，但从××副校长的处理意见中，似乎透露了两点新的信息：首先，汉院在其所申报的新专业的名称上做了调整；其次，××副校长对汉院新申请的本科专业似乎也存在一定的认可度。为此，笔者约访到了这位副校长，他对自己参与的这次讨论的来龙去脉做了如下解释：

当时海外教育学院汉语中心的负责人就这个事情找过我好几次，他很积极，但是我对这个事情不是很积极。……他们找我是因为学校任何有关学科建设的事情在当时都是我管的。……我后来为什么同意设置这样一个专业呢？就是觉得对外汉语教学本身也是一种专业，就是怎么样使外国人，不懂得中国文化和语言的这样一些人，能很好地掌握汉语和中国文化，这个本身也是一种学问，这种学问跟中文系的学问是不一样的，所以后来我个人就同意了这个事情。这个专业主要就是从教学、从教育这个角度来考虑的。我好像就开过这么一次会，后来的事情我也就没管它了。但是这个事情不好管理，因为这个专业呢是中文系主管的，下面一个方向呢又在汉语中心，这个业务由谁来主导就（麻烦了——笔者注）。另外一个考虑是，这个专业培养出搞汉语教学的一批人，这批人将来的出路，他们的中文水平不够高，出去专门教外国人，万一它……就这个专业它面向太窄，将来的学生怎么样呀，可能这也是一个考虑。③

这一来自事件当事人的解释至少传达了以下几条信息：第一，不管结果成功与否，汉语中心的主要负责人在这一事件当中做出了积极而不懈的努力，充分发挥了自身的主观能动性，并始终试图将其向着有利于自身利益的

① 见《S大学外国留学生工作纪事》（内部刊印），第169页。

② 出自对受访者O－20121106（1）的访谈。

③ 出自对受访者O－20121203的访谈。

方向引导；第二，来自学校高层的领导在某种程度上认可了对外汉语教学作为一种专门学问的地位，并意识到它与中国语言文学学科相比具有自身的独特性和不可替代性；第三，汉院申请未果也与S大学在专业管理中存在的困难以及对拟设新专业人才未来就业的担忧有关。

总之，汉院申请成立本科专业这一事件，可谓挑起了一场它与中文系之间的“巅峰对决”，使得两者原本“你侬我侬”的密切合作关系转向了冲突和对立。表面上看，汉院的诉求是因“寡不敌众”而被迫“偃旗息鼓”，但背后更为深层的原因则与其学术根基不深厚、学科划界不明晰以及与S大学的整体定位不匹配有关。

第四节　对外汉语教学学科的规范化：学科划界的初步尝试

一、关于学科性质的争论与初步共识

在对外汉语教学学科化发展的过程中，关于学科性质的讨论，到20世纪90年代中期左右，大致经历了两次大规模的讨论。第一次是关于对外汉语教学是不是一个专门的学科的讨论。这一讨论随着学术界和政界一些重要人物发表的各种肯定性的倡议，已于80年代在社会各界中达成了较为广泛的共识，即大家认识到，并不是会说普通话的中国人都能教汉语，教外国人学汉语确实是一门学问。特别是随着对外汉语教学方向跻身国家的学科专业目录，否定对外汉语教学是一门学科的市场已越来越小了。

进入20世纪90年代，学术界逐渐展开了关于对外汉语教学学科性质的第二次大的讨论，即关于对外汉语教学中的文化教学和语言教学的关系问题的讨论。这次讨论的兴起是由于大约在80年代末90年代初，对外汉语教学界形成了一股研究文化教学的热潮，因此有人提出是否应把“对外汉语教学学科”改称为“对外汉语文化教学学科”。由于这一名称的改动涉及学科性质的变动，因此在90年代中期的几次国内的学术讨论会上，学界同仁围绕着这一学科性质的问题展开了热烈的讨论。经过1993年5月的青岛会议、1994年8月的忻州会议的预热之后，1994年12月，在北京举行的“对外汉语教学定性、定位、定量问题座谈会”（简称“三定”会议）上，学界就这一问题基本达成了共识。学者们认为，“语言教学和文化教学在教学目的、教学内容、教学原则和教学方法等方面都有根本的区别，是两种不同性质

的教学，教学规律也没有足够的共同点，所以他们不可能属于同一学科……把文化教学甚至‘本科教育和研究生教育’中的文化内容，统统划入对外汉语教学的范畴内，显然是不符合对外汉语教学的语言教学属性的，势必影响对外汉语教学学科的主要任务和主要方向”。① 这样，学术界基本上保持了对对外汉语教学学科的语言属性的基本认识，坚持沿用“对外汉语教学学科”这一学科名称，否定了“对外汉语文化教学学科”的合理性。对于这次会议召开的重大意义，有学者评价：“会议对长期争论的问题形成了比较一致的看法，这对对外汉语教学的规范化及发展方向起到了指导和导向作用。”②

二、关于学科理论的建构尝试

在世界第二语言教学这一学科家族中，汉语作为第二语言的教学学科（即对外汉语教学学科）的起步较晚。因此，我国的对外汉语教学研究可以说是在国外语言教学理论的启发下，于20世纪80年代才渐渐展开的。关于对外汉语教学学科理论的建构可以说也是80年代以来才逐步展开的。

早在20世纪80年代末，我国著名语言学家朱德熙先生就曾在纪念《语言教学与研究》创刊十周年座谈会上，对对外汉语教学的理论研究问题发表了精辟的见解。他说：“对外汉语教学是一个专门的学科，它与语言学、汉语研究的关系不可分割，是汉语研究的应用部分。现在我们主要从两个方面提高对外汉语教学水平。一方面是汉语研究水平要提高，这样我们的教学才能水涨船高；另一方面就是对外汉语教学本身的研究。有些人认为这只是一个教学经验的问题，没有什么深的东西，谁教学经验丰富，谁就能教好，这是片面的。国际上第二语言教学变成一个学科，有许多学派和各种理论，确实是一个学科，我们应该重视。……汉语有其特殊性，我们应该提出自己的一种理论来。对于国外各种各样的理论，我们不能随便抓一个来跟着走，这是绝对不行的。我们怎样建立自己的对外汉语教学理论，这得在教学中去发掘，没有第二条路。”③

此后，吕必松先生作为我国对外汉语教学学科的领军人物，在学科理论研究方面做出了进一步的贡献。他提出，对外汉语教学的学科理论包括教学

---

① 程裕祯. 新中国对外汉语教学发展史［M］. 北京：北京大学出版社，2005：223－224.

② 程裕祯. 新中国对外汉语教学发展史［M］. 北京：北京大学出版社，2005：225.

③ 吕必松. 悼念朱德熙先生［A］//《朱德熙先生纪念文集》编辑小组. 朱德熙先生纪念文集. 北京：语文出版社，1993：23.

理论和基础理论两个方面，教学理论是学科理论的核心，是学科存在的主要标志。语言教学理论就是对语言规律和语言学习规律进行综合应用而形成的一种应用理论，跟这种应用理论相对，关于语言规律和语言学习规律的理论，即语言理论和语言学习理论，就是对外汉语教学的基础理论。一般来说，教学理论是随着基础理论的发展而发展的，但教学理论的发展对基础理论研究也有促进作用。虽然我国的对外汉语教学理论不完全是在我国的语言学和其他相关学科的影响下发展起来的，而主要是向国外的教学理论和教学方法学习（的结果），但由于我们所进行的是汉语教学，故必须以汉语和汉文化为根据，从汉语学习和汉语教学的特点出发，尊重自己的实践经验，而不可将国外的教学理论和教学方法所赖以建立的基础理论都移植过来。[①] 吕必松先生关于对外汉语教学学科理论架构的上述研究，通过20世纪90年代中期的“三定”会议的讨论，基本上成为当时学术界的理论共识。在此基础上，“三定”会议进一步提出：“对外汉语教学的学科理论是建立在综合应用语言研究、语言学习研究、跨文化交际研究和语言教学研究等方面研究成果之上的，所以是综合性的、跨学科的。”[②]可见，通过对学科理论的探讨，对外汉语教学学科的定位也显得更加清晰。

三、学科制度化建设的继续推进

20世纪90年代以来，对外汉语教学学科的制度化建设在80年代的基础上得到了继续推进。在专业学术团体的建设方面，由于教学事业和学科发展的需要，对外汉语教学研究会于1996年先后在北京、华东、华北、华南、东北等五个地区成立了分会，[③] 于是，学会及其所辖分会的各种学术交流活动得以有条不紊地展开。在对外汉语教学职业资格审定方面，与之前的审定办法相比，1997年以后的对外汉语教师资格审定范围由专职对外汉语教师扩展到兼职对外汉语教师，不仅注意业务考试，也注重业务培训，使培训与考试相结合，对尽快提高对外汉语教师业务素质，壮大对外汉语教师队伍，扩大对外汉语教学的影响，起到了重要的推动作用。[④] 此外，由北京语言学院承担的汉语水平考试（HSK）也于90年代初研制成功，并获得了专家鉴定委员会的认可。这一考试形式的推广，在世界范围内引起了很大的反响，参加考试的人数在此后的几年中连年大幅增长，并逐渐成为想要进入中国高校

---

① 吕必松．对外汉语教学发展概要［M］．北京：北京语言大学出版社，1990：130－132.

② 程裕祯．新中国对外汉语教学发展史［M］．北京：北京大学出版社，2005：223.

③ 周小兵．对外汉语教学入门［M］．2版．广州：中山大学出版社，2009：212.

④ 程裕祯．新中国对外汉语教学发展史［M］．北京：北京大学出版社，2005：216.

接受学历教育的外国留学生必须参加的汉语水平测试系统，也成为一些国家的教育部门和企业聘用懂中文的员工的重要参考标准。

可见，随着学科专业化程度的全面提高，对外汉语教学学科在试图“更清晰地描绘自己领域的界线，对证书、资格和管辖权也更为重视，而这些做法都在一定程度上加强了学科的自主权”。①

---

① 克拉克. 高等教育系统：学术组织的跨国研究［M］. 王承绪，徐辉，殷企平，等译. 杭州：杭州大学出版社，1994：38.

第七章　对外汉语教育学院时期：组织独立的终极形态

第一节　组织的“真正”独立：从挂靠单位到二级学院

一、对外汉语教育学院的成立

自1999年海外教育学院的建制取消以后，汉语中心作为一个教学科研单位再次挂靠在了S大学的外事部门之下。虽然无论是在海外教育学院之下，还是外事部门之下，S大学对外汉语教学中心这一下属机构的名称并没有变化，其专门从事对外汉语教学和科研的机构职能也并没有实质性的改变，但在机构成员的身份认同上却存在天壤之别：海外教育学院虽然也是由汉语中心、留办等几个单位组成的松散组织，但它毕竟使汉语中心在名义上跻身S大学二级学术组织的行列，等于是在学校“挂上了户口”，[①] 而海外教育学院的撤销以及挂靠在外事部门之下，则等于是被学校吊销了二级单位“户口”，使汉语中心感觉自己像是“没有人要的孩子”。[②]

只是，这次“户口”吊销的时间并不长。2002年，挂靠在外事部门下的对外汉语教学中心“奇迹般地”重返S大学二级单位的行列，并更名为对外汉语教育学院。此次学院的建立不仅在名称上与之前不同，而且在组织结构和功能上也发生了一次根本性的转变，即由一个包括留办等学校行政机构在内的联邦式的松散组织，一跃成为一个彻彻底底的、专门从事对外汉语教学和科研的二级学术组织，将全校的留学生管理职能与自身彻底地剥离开来，留给了已被学校外事部门兼并的留办。至此，S大学的对外汉语教学机

① 出自对受访者T/O－20130116的访谈。
② 出自对受访者T/O－20120907的访谈。

构可谓在形式上完成了彻底蜕变，真正获得了与校内其他二级学术单位相同的组织地位，也正是笔者在当今以S大学为代表的中国部分研究型大学所观察到的对外汉语教学机构的组织形态。

新成立的对外汉语教育学院对自身的组织使命进行了重新梳理和界定，表述如下：开拓和提高S大学留学生的汉语基础教育，为留学生顺利进入各系学习专业知识、培养高层次人才打好语言基础；培养国内外对外汉语教学人才和国外中文教师人才，为实现21世纪国家对外汉语教育事业的发展战略奠定师资基础；开拓教学领域，建设应用性课程，注重培养复合型高级汉语人才，以满足国际政治、经济、外交、商贸以及文化交流领域日益增长的对高级汉语人才的需求；建立与国外进行教学和科研双向交流的空间，在大力发展对外汉语教学的同时，加强学科建设；创造S大学对外汉语教育的品牌和体系，其中包括教材、教法、教学体制、教学理念及培养目标，使之在该领域居于世界领先地位，让S大学的对外汉语教育，无愧于未来世界一流大学的名声；不断开辟和建立国外汉语教学基地，为弘扬优秀的汉语言文化，扩大中国在世界的地位和影响，做出S大学的贡献。[①] 上述组织使命的表述反映了对外汉语教育学院组织目标的多样化，既包括了对其培养人才类型和规格的说明、对组织自身发展目标的设定，也包括对整个S大学发展所起作用的描绘。此外，在学院成立后不久，其内部就召开了一个座谈会，座谈会的中心议题是如何把对外汉语教育学院建设成一流的对外汉语教学研究基地。[②] 这再一次表明新学院对自身教学科研职能的高度重视。

二、对外汉语教育学院缘何成立

除了来华留学生数以及来S大学求学的留学生数依旧在增长，国家对对外汉语教育事业越来越重视，相当数量的兄弟院校对外汉语教学机构均已成立了二级学院，以及S大学在21世纪初的一两年里掀起了一个学院化建制的高潮[③]等外部因素以外，汉语中心自身的积极争取以及有关校领导的鼎力支持是推动一个新学院建立的重要内部原因。具体来讲：首先，当时汉语中心的领导不断向学校有关层面反映了汉语中心组织建制上的机构关系存在不协调的状况，发出了组织变革的积极信号。据受访者回忆，当时汉语中心的领导在与其挂靠组织——S大学的外事部门座谈时，双方达成了一个共识，

---

①② 以上内容源自S大学对外汉语教学机构2002年的档案资料。

③ 在2000—2001年间，S大学先后成立了5个二级学院以及若干个跨学科研究中心，可谓掀起了一个学院化建制的高潮。

即都觉得两个机构放在一起不合适，因为彼此的机构性质不同，一个是教学科研机构，一个是纯行政机构，[①] 汉语中心坚持认为，只有文科二级学院这个定位才能为对外汉语教学学科的发展搭建平台。[②] 此外，汉语中心的领导还不断向学校打报告、陈情，反映了教师们的普遍呼声。[③]

其次，汉语中心对自身组织变革的积极诉求获得了有关校领导的协助和支持。据受访者回忆，当时学校的一位副校长恰好曾担任过海外教育学院的院长，比较关注汉语中心的发展，他也认为当时汉语中心挂靠在学校外事部门下是一个权宜之计，组织的根本问题并没有得到解决。[④]于是，对外汉语教育学院能在一个比较短的时间内迅速成立，也与这位副校长的积极推动分不开。

第二节　汉院与中文系的互动：新矛盾的产生、激化与解决

一、矛盾产生的渊源：对外汉语教学高层次人才培养的诉求

随着我国对外汉语教学事业的迅猛发展以及对外汉语教学学科化进程的逐步深入，学术界对高层次人才的需求日益强烈和紧迫，于是关于尽快设立对外汉语教学方向的博士点的呼声不绝于耳。为此，1996 年 10 月，国家汉办在北京召开了设立对外汉语教学博士学位的研讨会，会议提出了几点设立博士学位的建议：（1）对外汉语教学是第二语言教学，第二语言教学理论是应用语言学的一个分支，建议国务院学位委员会将应用语言学列入中国语言文学学科，对外汉语教学作为应用语言学的一个专业方向。（2）建议在北京语言文化大学设立对外汉语教学博士点。（3）为了争取设立对外汉语教学博士点，首先要规范硕士研究生的培养。[⑤]

根据这一研讨会提出的建议，我国于 1997 年颁布了新的《授予博士、硕士学位和培养研究生的学科专业目录》，在中国语言文学一级学科下设立了语言学及应用语言学这个二级学科，为对外汉语教学方向开辟了博士点。

①③④　出自对受访者 T/O－20130116 的访谈。

②　出自对受访者 T/O－20120907 的访谈。

⑤　程裕祯．新中国对外汉语教学发展史［M］．北京：北京大学出版社，2005：233－234．

从此以后，对外汉语教学开始在语言学与应用语言学这个二级学科下招收博士生。[①] 1998 年，北京语言文化大学作为全国第一个对外汉语教学方向的博士培养单位，开始在语言学及应用语言学下招收博士生。此后，很多高校，特别是一些研究型大学开始陆续招收该方向博士生。到 2005 年，全国已有 10 多所高校招收该方向的博士生，几十所高校招收该方向的硕士生。[②]

在全国各研究型大学纷纷开始培养对外汉语教学方向的博士生的背景下，S 大学作为全国较早开展对外汉语教学和科研工作的单位，却迟迟没有获得该方向的招生资格。其实，S 大学的对外汉语教学机构在早些时候已经开始酝酿博士生的培养事宜，在该机构 1995 年的档案中，有如下工作设想：

> 由于学科建设尚不成熟，我们目前不能独立培养（研究生），只能借助兄弟单位的力量，这是学校允许的，我们欢迎有学科专长的老师承担研究生课程。从长远看，我们不仅要培养硕士生，还要培养博士生，这种可能性是存在的。……研究生培养是汉语中心的一项重要工作，是我们师资的主要来源。[③]

由此可见，在汉语中心的硕士生培养工作尚无法独立完成的情况下，关于博士生培养的计划已经进入到了汉语中心的工作规划之中，这一规划甚至早于全国第一个对外汉语教学方向的博士点设立时间。此外，汉语中心还对提高自身的研究生培养质量提出了一些工作建议，如要发挥群体作用，定期召开导师会，研究研究生的培养方法，[④] 要加大培养研究生的力度，开出3 ~ 4 门能反映本学科前沿水平的高质量研究生课程。[⑤] 但是，直到 20 世纪末、21 世纪初，S 大学的对外汉语教学机构仍无法完全独立地培养硕士研究生，一直强调“充分利用 S 大学中文系等文科传统深厚、学术水平高的优势，加上汉语中心自身的力量，给研究生提供了良好的深造条件和环境”。[⑥] 正是由于在研究生培养问题上，S 大学的对外汉语教学机构一直存在单方面依赖中文系的历史传统，使得两者的矛盾在其试图突破中文系的限制、追求更高层次的人才培养权的过程中被激化，从而引发了两者关系的又一次危机。

---

① 李晓琪，黄立，刘元满，等. 英语、日语、汉语第二语言教学学科研究［M］. 北京：中国大百科全书出版社，2002：32.

② 周小兵. 对外汉语教学入门［M］. 2 版. 广州：中山大学出版社，2009：210.

③ 以上内容源自 S 大学对外汉语教学机构 1995 年的档案资料中“对外汉语中心 1995—1996 工作重点”的一部分。

④ 以上内容源自 S 大学对外汉语教学机构 1996 年的档案资料中“1996—1997 学年工作要点”的一部分。

⑤ 以上内容源自 S 大学对外汉语教学机构 1998 年的档案资料中“对外汉语中心 1998 年情况介绍之未来规划”的一部分。

⑥ 以上内容源自 S 大学对外汉语教学机构 1999 年的档案资料。

二、矛盾的激化：汉院博士招生权的申请

（一）汉院的申请策略与理由

对外汉语教育学院成立以后，为了进一步推动学院各项事业的发展，汉院向S大学高层领导提交了一份《关于学院开拓发展的报告》（以下简称"报告"），[①] 报告主要围绕着建设一栋学院专属的大楼、增加学制以及设置博士点三个核心诉求向学校提出了正式申请。在陈述关于博士点的设置理由时，汉院除了援引国家对外汉语教育事业对高层次人才的需求以及该博士点在全国各兄弟院校中迅速发展的态势以外，还着重提出了以下几点理由。

第一，认为汉院作为国家评审通过的对外汉语教学基地，理应追求学科体系的完备。报告中指出在汉院参加全国对外汉语教学基地评审的过程中，评审专家的反馈意见之一就是汉院的学科体系不完善，只有硕士生，需加强本科生和博士生的课程建设。这一点在笔者访谈中也得到了一位受访者的证实。

第二，认为汉院已具备培养博士生的实力。在描述自身的实力时，报告中称："二十多年的对外汉语教学，尤其是近十年来研究生教育的开展，一批学术带头人迅速成长起来，有些已被国内同行肯定和认可，在行业学会中担任重要角色，常常作为专家被兄弟院校聘请，或讲座，或评审，或咨询，四名教授就是他们当中的突出代表。四人中有的评聘教授已达十年、八年，仍未能获准博导资格，他们学生一辈的人在兄弟院校已成为博士生导师。"

第三，强调了汉院所培养的研究生因当时渐盛"学历贬值"风而就业受阻的尴尬现实。因此，在拥有不少优秀生源的前提下，获取博士招生权显然有利于学生的就业以及汉院的整体发展。

（二）以中文系教师为主要成员的中文学科分会的阻挠

汉院要想获得博士招生权的前提条件是先要有教师获得博士生导师的资格。如上述报告中所称，汉院已有教师在评聘教授资格达十年、八年之久后，仍未获准博导资格。可见在汉院向学校高层提交上述报告时，汉院已经有教授申请过博导资格，而且申请次数可能不止一次。那么，是什么原因导致汉院教授的申请迟迟未能获得批准呢？这再一次将中文系推到了与汉院对立的风口浪尖。

按照S大学博士研究生指导教师的遴选规则，博导资格的遴选与审核需

---

① 报告内容源自S大学对外汉语教学机构2004年的档案资料。

要经过三级审议，首先需要经过S大学学位评定委员会各学科分会的评审，评审通过后再报请各学部委员会审核与评议，最后由校学位评定委员会核准和确认。[①] 笔者在访谈中得知，汉院有关教授的博导资格未获批准主要是在资格评审的第一关，即对外汉语教学学科所属的S大学中国语言文学学位分会（以下简称“中文学位分会”）[②] 的评审上，就被卡了下来。为此，通过对有关当事人的访谈，笔者大致归纳出以下两点可能导致汉院教授博导资格评审在中文学位分会未获批准的原因。

第一，汉院有关教授的学术水平未获得中文学位分会的认可，其背后更深层次的原因可能是母学科的学术工作者对由其所派生的边缘学科的学术价值难以认可。

一位曾任S大学中文学位分会主席的受访者曾这样解释汉院有关教授申请博导资格失败的原因：“中文系学术委员会[③]当时是由中文、汉院两个单位组成的，汉院也有两个委员名额。当时汉院提出几个教授申请博导资格，全体委员（包括汉院的）投票未通过。汉院的老师最初有一部分是由中文系调去的，比较年轻，大概他们的老师（也是委员，主要是汉语专业的）也认为申请者那时水平还不够，所以没有过，这就是历史。”[④]

然而，与上述观点并不尽相同的另一种观点则来自曾参与过汉院博士招生资格评审过程的S大学研究生院的有关领导，他解释说：“人文学科认识对外汉语教学学科的价值需要一个过程，我想这是最核心的问题！对外汉语教学发展要依托中国语言文学，而中国语言文学里面的一些专家呢，他们对于这种边缘学科很难马上就能认识到位，它在中文系的眼中不属于‘主流’，其实就是一种学科文化。有时候学术的发展不完全跟我们固有的学科框架有关，这种学科框架是一种‘硬’的东西，比这种学科框架更‘硬’的东西是一种学科文化，让你的脑子中改一个看法是一件更困难的事。影响这一进程的主要还是一个学科的感觉吧，一种对学术成果的认识，这就是学术文化。”[⑤]

第二，这也可能是中文系在面对来自汉院的研究生生源竞争中，出于对自身核心利益的一种保护。关于汉院和中文系之间的生源争夺其实并不只存

---

① S大学遴选博士生指导教师办法（2002年4月修订）.

② S大学的中国语言文学学位分会的成员由来自中文系的、外国语学院下从事比较文学的以及对外汉语教育学院的教授共同组成，其中中文系的委员占大多数，而且学位分会主席通常为中文系的教授。

③ 其实这位受访者意指的是中国语言文学学位分会。

④ 出自对受访者T/O－20130122的访谈。

⑤ 出自对受访者O－20130126的访谈。

在于研究生层面，如前文所述，在汉院申请本科专业时，这也是中文系坚决反对的主要理由。在这方面，另一位当时中文学位分会的主要委员在访谈中曾直言不讳地表示："这其实就是人事问题，不是学术问题。这就是个竞争的问题，有点儿像资本主义的竞争，它们那儿（指汉院）招生了，第二年马上我们这儿报考人数就少了，（这其中）有生源竞争的问题。"①

通过分析以上来自同一学位分会的两位委员的访谈内容，可以发现，对汉院有关教授博导资格申请未获批准的原因有着两种相互"矛盾"的解释，一方认为主要是学术层面的问题，另一方则强调不是学术的问题，而是利益在作祟。在无法客观地考察当时汉院申请博导资格的教师的学术水准的前提下，仅通过有限的访谈，我们很难简单地判定哪种解释更符合事实的本来面目，只能说对这一事件存在着两种不同的原因分析视角。

三、矛盾的解决与缓和：汉院成功获取博士招生权

与汉院申请本科专业最终不了了之的结果不同，汉院有关教授的博导资格申请经过一段时间的"斗争"之后，终于获得了中文学位分会的批准，以及校学位评定委员会的确认，并于 2006 年首次开始在中国语言文学一级学科下的语言学及应用语言学二级学科下培养博士生。那么，是什么原因使得汉院有关教师在申请博导资格屡次失败的情况下最终获得了成功呢？对此，不同的受访者有不同的解释，概括起来，大致有以下几种看法。

第一，认为汉院有关教授的学术水平后来提高到了符合博导资格的水平。

第二，认为当时我国声势浩大的汉语国际推广运动是这一事件成功的重要背景原因，这一外部环境的变化可能通过改变中文学位分会的有关委员的学术判断标准，进而改变了最终的博导资格评审结果。有学者指出，以 2005 年首届"世界汉语大会"的召开为契机，我国的对外汉语教学在继续深入做好来华留学生汉语教学工作的同时，开始把目光转向汉语国际推广，这在我国对外汉语教学发展史上是一个历史的转捩点，是里程碑式的转变。② 此后，我国汉语的推广运动随着孔子学院和孔子课堂在全球的迅速扩散，得到了大踏步前进，而与之相伴随的则是大量高水平的对外汉语教学和研究人员的匮乏。与此同时，S 大学的汉院和很多中国研究型大学的对外汉语教学机构一

---

① 出自对受访者 T/O－20130123 的访谈。

② 赵金铭．从对外汉语教学到汉语国际推广（代序）［A］//李泉．对外汉语教学学科理论研究．北京：商务印书馆，2006：1.

样，都是国外孔子学院的对口援建单位，它们每年有大量的汉语教师外派任务要执行，这样高层次教师的缺口就显得更为突出。在这种背景下，正如一位受访者所言："我想最主要的因素还是我们的专家在学术判断上有一个价值观念的变化，他们也受到外部环境的影响，学者也不可能脱离现实，不能脱离人情、不能脱离社会，尤其不能脱离我们这个国土。这其中可能也有一些人事的问题，但人事的问题只能是暂时的，比如说在这段时间，这些专家觉得这个不合适，但是一定有专家觉得这个是合适的，所以各领风骚几年时间，它不可能一直这样。"①

第三，汉院的有关教师在这一事件中积极争取到了学校高层有关领导以及研究生院的支持。一位汉院的教师曾这样回忆："当时××老师评博导的时候，学位委员会坚决不同意！后来是××（副校长级）做工作，也做研究生院的工作，说你们批也得批，不批也得批，而且学位委员会也说要否决他们论证起来太费劲儿了，于是就批了。"② 这种说法得到了研究生院有关负责人的印证："连续好几年，他们年年要求上博士点，最后是我打电话给中文系……理论上对外汉语教育学院的专家们可以不和我沟通，但实际上他们和我沟通了，我又和中文系的专家沟通，把汉院专家讲给我的（关于对外汉语教学发展的政治意义）转述给了中文学位分会的专家，而汉院的专家在和我沟通的同时，可能也会和中文系的专家沟通。……我想，学科发展的影响因素很多，利用各式各样的非学术的力量来促进学科的发展我觉得也是正常的。对外汉语教育学院的发展在学校的各种会议上都讨论过，为什么这些东西能拿到学校层面来讨论呢？那一定得有能把这个事情推动到那个层面上讨论的人（暗含汉院在这件事中得到过校级有关领导的支持——笔者注）。"③

上述受访者对此事件的解释虽然有其合理性，但笔者认为尚存在疑问，例如，在一个以投票表决制为基本议事规则的学位分会中，学校有关层面领导的努力一定能扭转足够多票数的委员的成见吗？而且，有受访者表示："我是中文学位分会的'主要成员'，从未'被迫'同意过给谁投赞成或反对票，中文系历来重视学术，管理程序也比较民主公开，学术委员会的决定不是个人行为。"④ 为此，笔者对有关受访者进行了追问，受访者的回答似乎进一步揭开了学校有关层面领导的意志是通过何种方式作用到这件事情中来的。

访问者：您提到您曾打电话与中文系沟通此事，但是，按常理理解，您

---

①③　出自对受访者 O－20130126 的访谈。

②　出自对受访者 T/O－20130116 的访谈。

④　出自对受访者 T/O－20130122 的访谈。

不太可能跟中文学位分会的每位成员都沟通，即使通过您的沟通，有关委员被您说服，那他也只有一票的表决权，并无法在根本意义上决定最后的集体投票结果吧？

××老师：对，我只跟学位分会主任沟通。我想他们学位分会里面会沟通的。一般在学位委员会里面有影响力的学者、委员说话它一定会起作用的。虽然这种委员也只有一票，但是在这里面也有那种学术交流、学术文化的特色，它有时候也需要一种学术成果的组织和认同，不同的学者对同一学术成果的认同不一样，但为什么某些学者说话影响力就大呢？是因为他过去经历得多，大家信任他。所以学术的东西不完全是一种民主的东西，它需要学术制度上的民主化，但这并不意味着学术成果认可上的民主化。①

上述访谈内容实际上反映了S大学中文学位分会主席作为“学术守门人”，在与校级领导沟通的过程中，可能扮演了中间人的角色，正是他们“有权决定谁可以进入某个特定的研究领域或谁应该被拒之门外”。② 即使来自学校高层的行政权力，在事关博导资格评审这一学术权力的势力范围内，也往往需要借助学科内部的人来进行传导性的权力运作。而学科组织内部的有效权力只能来自那些“占有知识优势”的合格权威，即学科带头人，并通过其“占有知识优势”的学术权力对学科的发展和学科组织中的学者们产生影响。③ 其实，大学中“人文社会科学部门的划分呈现出的是一个对比状态：一边是以研究或学术目标为定向的当事人和机构，另一边是以文化秩序的复制为定向并在该秩序中暂时行使权威的人……一边是构成大学位置的结构，一边是力图维护或推翻这一结构的斗争”。④ 中文系和汉院就恰好是力图维护和推翻既有学术结构的斗争双方。

尽管汉院和中文系在博士招生问题上的矛盾持续了很长时间才得以解决，但两个机构间的合作似乎并没有因此而完全中断，特别是在2006年以后，两个机构间的合作似乎再一次密切起来，矛盾也就相对趋于缓和。例如，2006年9月，经学校批准，汉院和中文系联合培养的对外汉语教学硕士研究生师资班招收了首届新生；⑤ 2007年，汉院与中文系又共同承办了国家学位办新设立的汉语国际教育硕士专业学位研究生项目。⑥

---

① 出自对受访者O－20130126的访谈。

② 比彻，特罗勒尔．学术部落及其领地：知识探索与学科文化［M］．唐跃勤，蒲茂华，陈洪捷，译．北京：北京大学出版社，2008：91．

③ 宣勇．大学组织结构研究［M］．北京：高等教育出版社，2005：133．

④ 波丢．人：学术者［M］．王作虹，译．贵阳：贵州人民出版社，2006：78．

⑤ 见S大学对外汉语教学机构2006年年鉴。

⑥ 见S大学对外汉语教学机构2007年年鉴。

第三节　对外汉语教学学科化的持续探索：学科划界的争论

一、关于学科定位问题的争论：语言学 vs 语言教育学

20 世纪末 21 世纪初，对外汉语教学学术界关于学科性质的讨论在前两次大规模讨论的基础上进一步深化。第二次大讨论主要弄清了学科性质中的语言教学与文化教学的关系问题，即对外汉语教学学科主要是姓“语”还是姓“文”的问题，第三次大讨论则主要是围绕着对外汉语教学学科的归属或定位问题。

学科定位，是指某一学科在众多学科中的位置，也就是科学地确定它的门类归属问题，通常是由该学科的研究内容、任务和性质所决定的。学科定位问题之所以需要探讨，是因为它决定学科的发展方向。[①] 由于对外汉语教学学科知识的构成本身是建立在语言学、教育学、心理学等多学科知识的基础之上的，因此，作为一门交叉边缘学科，对外汉语教学学科与其众多母学科之间的关系，即它在学科性质上更靠近或更适于归属于哪个母学科，就成了学术界争议的焦点问题。在这方面，学术界主要有两种不同的声音。

一种观点认为，对外汉语教学学科应主要归属于语言学及应用语言学学科。这种观点目前在学术界似乎占据着主流的位置。持这种观点的人主要是考虑到：“对外汉语教学的内容主要是中国语言本体，对中国语言、中国文化不了解就没法教。所以重点应该放在本体上，对外汉语教师，第一得懂汉语（现代汉语、古代汉语）、中国文学、中国文化才能去教，这是教什么的问题，第二个才是怎么教的问题，我们不能先解决怎么教，再解决教什么。因此，一定要把本体搞清楚，这才是安身立命之本。我们培养对外汉语专业的学生必须把重点放在专业知识上，因为我们培养出的学生不是专门去研究教学法的。”[②] 此外，还有学者由于考虑到对外汉语教学学科归属语言教育学或教育学科可能存在的现实困难，以及目前学术界绝大多数学者（如张志公、刘涌泉、龚千炎、冯志伟、周有光、陆俭明、赵金铭）主张把其归入应

① 刘珣. 对外汉语教育学引论［M］. 北京：北京语言大学出版社，2000：27.

② 佚名. 口述历史·对外汉语教学名家谈（程棠）2［EB/OL］.［2006－01－05］. http://blog. sina. com. cn/s/blog_ 4835e300010001bu. html.

用语言学范畴的现状，故而坚持认为，对外汉语教学学科应定位在语言学及应用语言学下面。[①]

与上述观点针锋相对的另一种观点则认为，对外汉语教学应隶属于汉语教育学，或称汉语言（对外）教育或汉语言（对外）教育学，它既以汉语教学本体内容为基础，更以教育学、教育心理学、教育哲学为根基、主干，对外汉语教学的研究工作者既要谙知汉语本体内容，更要懂得语文教育学、语文教育心理学、语文教育哲学的本体内容。对外汉语教学的实质是对外汉语教育，其本体不在语法、词汇、语音的研究上，而在将语法、词汇、语音、文化研究的成果教给外国人。从这一学科能得以健康发展考虑，应使用更确切的名称“对外汉语教育”，以语文教育为本体来成立一门教育学的新学科——对外汉语教育学。[②] 与这一观点基本一致，有学者提出，对外汉语教学学科应定位在语言教育学科上。持这种观点的人认为，语言教学发展中遇到许多新问题，单靠语言学已无法解决，必须从心理学、教育学以及其他相关的理论中寻找答案，语言教学已发展成为一门综合和边缘学科，建立语言教育学科是必然趋势，虽然不能期望在一夜之间就建立起我国的语言教育学科，但也不能坐等；[③] 强调语言学研究的是语言本身，而语言教学研究的是如何学和如何教语言，即一个是“语言学”，一个是“学语言”，两者的研究对象、研究目的和研究方法不同，语言学的理论并不见得都适用于语言教学，[④] 因此，把作为一门综合学科的第二语言教学仅仅定位于其支撑理论之一的语言学是不恰当的，语言教学需要摆脱长期以来的纯语言学研究方法的影响，在更为广阔的学术背景和更多基础学科特别是心理学和教育学理论的支持下，从事学科研究，走出自己的路子，体现出学科的本质特点。[⑤] 此外，持这一观点的研究者还指出了将对外汉语教学学科定位于语言学科的现实危害，即有的新教师由于不了解对外汉语教学的这一性质和特点，用大学中文系讲授语言学的方法在课堂上大讲汉语语法知识，或是词汇的各种义项和用法，这就完全违背了语言教学的规律。[⑥]

对于上述两种观点对立的由来及其更为细致的差异与对立原因，可以从下面笔者对一位学科专家的访谈中得到更为清晰和透彻的理解。

---

① 李泉．对外汉语教学学科理论研究［M］．北京：商务印书馆，2006.

② 李开．汉语语言学和对外汉语教学论［M］．北京：中国社会科学出版社，2002：83－84.

③ 李晓琪，黄立，刘元满，等．英语、日语、汉语第二语言教学学科研究［M］．北京：中国大百科全书出版社，2002：131.

④ 刘珣．语言教育学是一门重要的独立学科［J］．世界汉语教学，1998（2）：46.

⑤ 刘珣．近20年对外汉语教育学科的理论建设［J］．世界汉语教学，2000（1）：52.

⑥ 刘珣．对外汉语教育学引论［M］．北京：北京语言大学出版社，2000：20.

访问者：请问您对对外汉语教学学科定位在语言学还是语言教育学这两种观点是怎么看的？

××老师：这是我们这个学科这么多年一直在争论的。因为我们这个学科里面的老师大部分是中文系毕业的，他们擅长的也是语言学这方面，这也可以理解，他们强调对外汉语教学属于语言学。但是我们考虑到，我们这个学科的本质特点还不在汉语这方面，本质特点还是教学。为什么这么说呢？语言学家也研究语言，我们也研究语言，语言学家研究语言把语言的规则搞清楚以后，他们的任务就完成了。但是我们不行，我们除了要研究这个规律以外呢，还要把汉语教给学生，把学生教会我们才完成任务。对于外国学生来讲，他首先要知道怎么说，就是要知其然，知其所以然对他们来讲不是最主要的。所以我们研究的角度也不一样，我们强调知其然这方面的研究。更重要的是，我们研究了以后必须考虑怎么样教给外国学生，那我们的任务才完成。所以你把它研究出来以后，你才完成了一半儿，一小半儿，根本的任务还是要让学生掌握，这是我们跟语言学家不一样的地方。所以语言学家研究的语言应该属于语言学，我们研究的应该属于语言教育学。我们更重要的任务在后一半，怎么样把学生教好。

当然，因为语言教育跟一般的教育还不一样，语言教育有很多特殊性，所以，我也不完全主张把它放在教育学里面。但是，把它放在语言学里，就把我们引入了歧路。语言教育学是介于语言学和教育学之间的这么一个跨学科的东西。可是现在中国呢也没有语言教育学这么一个学科，问题就复杂在这个地方。所以现在从行政上来划分的话，这个由教育部来定，它有时候不完全往学科的精神上靠。但是，不管你行政处理把它放在哪个学科上，我觉得它的性质是语言教育学，这样才能真正把它的本质问题叙述清楚。语言学家只强调语言的研究，不强调语言教学的研究，中文系不考虑这个问题。[①]

除了上述两种截然对立的学科定位观以外，还有一种持调和态度的观点。这种观点认为，目前对外汉语教学的学科建设面临的最重要、最紧迫的任务是加强理论建设和加强人才的培养，而不是急于给学科找到一个落脚点。一旦学科的理论建设成熟了，学科的各个领域都将涌现出一大批有建树的专家、学者，到那时就自然解决了学科的定性、定位问题。在当前情况下，对外汉语教学学科的归属可以维持现状，即由于汉语的本体研究在我国发展得最充分，故仍因把现代汉语视为目前对外汉语教学学科最有力的依托者，同时，把引进、介绍和运用国外相关理论从事汉语学习规律和进行汉语

---

① 出自对受访者 T＊－20121108 的访谈。

教学的研究作为过渡阶段。① 笔者认为，这种观点从表面上看，貌似是一种折中的调和观，但实际上则更倾向于维护对外汉语教学学科应主要从属于语言学科的发展现状。这是因为，这种观点并没有深刻地认识到对外汉语教学学科的语言教学本质，长期把既已形成一定累积优势的现代汉语本体研究奉为学科发展的最有力依托，可能会导致后继研究者一哄而上，都去从事与汉语本体有关的、难以与语言学相区别的研究，从而使真正意义上的语言教学研究日渐萎缩，甚至还没有来得及完成研究重心的过渡就已夭折。

二、关于学科理论架构问题的争论："四论" vs 反"四论"

关于学科理论架构的问题一直以来也都是对外汉语教学研究者经常反思的学科基本问题。20 世纪八九十年代以来，学术界对此问题的认识以吕必松先生的基础理论和教学理论（或称基础理论与应用理论）两分法为代表。这一关于学科理论构成的观点得到了许多学者的认可。此后，学术界对对外汉语教学学科理论架构的问题逐渐形成了如下的一种流行较广的常见看法：对外汉语教学研究的基本框架由四部分构成，作为第二语言教学的汉语本体研究（本体论）、作为第二语言的汉语认知与习得研究（认识论）、作为第二语言教学的教学理论和教学法研究（方法论）、现代科技手段与现代教育技术在教学与研究中的应用（工具论）。② 这种观点被一些学者简称为关于学科理论架构的"四论"说。

与这种学科理论架构的"四论"说针锋相对的观点则认为，对外汉语教学的学科理论应该是把与对外汉语教学有关的多学科的知识有机地糅合在一起，从而形成具有自身特色的理论，而不是将其进行简单四分。笔者访谈的一位学科专家作为反"四论"的代表对"四论"进行了逐一分析和批驳，不仅指出了这一理论架构所存在的问题，还指出了它可能给学科研究带来的危害。

这个"四论"我是坚决反对！第一，我们的本体是什么？语言学的本体是汉语，没错；可我们是语言教育学呀，语言教育学的本体是汉语教学，关键和重点还在"教学"两个字。第二是语言习得叫认识论，这个很荒唐。语言习得是学生怎么学的，学生怎么学的是个认识论，那你怎么教难道不是个认识论的问题？你对汉语的研究不是个认识论吗？怎么可能单就一个学生的

---

① 李晓琪，黄立，刘元满，等. 英语、日语、汉语第二语言教学学科研究［M］. 北京：中国大百科全书出版社，2002：337 - 338.

② 赵金铭. 从对外汉语教学到汉语国际推广（代序）［A］//李泉. 对外汉语教学学科理论研究. 北京：商务印书馆，2006：28.

学习规律研究就称是认识论呢？这是没道理的。你要说认识论的话，确实我们这个学科全是认识论！对学生的学历规律的掌握和了解，对教学规律的了解，还有对汉语本身作为教学对象的了解，这都是认识论，怎么能用习得这个认识论就概括了所有的呢？第三，认为教学是一个方法研究。这是非常错误的！教学本身是有理论、有实践的，它本身有一套原则、教学理念，这都是理论问题。我们这个学科本身就是把好多语言学、教学理论、习得理论、跨文化交际理论、传播学的理论，把它糅在一块建立我们的理论体系，它把这个教学法说成是方法论，目的就是要贬低语言教学本身的学术性，觉得它好像就是个方法而已。然后他们又说"教无定法"，方法也无定法，就是说这个东西没什么可研究的，研究的最多的还是汉语，这是他们的观点。我们是坚决反对的！教学法绝不是一个方法问题，它是一个理论问题！我们要求教师要通过行动研究，找出最适合你的教学方法，这本身是个研究问题，涉及好多理论问题，涉及教学理念、教学原则，教学原则就是个理论层面的东西。第四，论工具论我也不同意。我们坚决反对，而且要批评这个！这个"四论"就引导人都去研究汉语去了，本体嘛，语言学家研究汉语，这没错啊，你是语言教师啊，他就瞧不起教育、瞧不起教学！所以他说这就是个方法而已，反正教无定法，没什么研究的了。包括我们这个学科，应用语言学，因为我们不仅仅是个应用的问题，我们这个学科本身就是把几家交叉学科，即把语言学、心理学、教育学、跨文化交际性四大学科糅在一起，形成一个我们自己的学科，这本身不仅是应用的问题，还是个理论问题，是个学术问题。①

如上所述，对外汉语教学研究界在学科定位、学科理论等学科基本问题上都存在着两种相互对立的基本观点，这在客观上反映出"对外汉语教学作为一个专门的学科，它的学科特点还不够鲜明，学科理论还不够成熟。或者说，总体而言，人们对学科的本质认识还不够深入，还没有建立起足以与其他有关学科相区别的，不能用其他学科理论替代的、独立的科学理论体系和学科框架，还没有理顺它与其他相邻及相关学科之间的横向的和纵向的关系。"② 正是由于在这些学科基本问题上，学界尚存在较大分歧，使得对外汉语教学作为一个专业和一门学科的地位在国家学科专业目录中体现得既不明确，也不稳定，进而引发了关于对外汉语教学人才培养方面的诸多问题。

---

① 出自对受访者 T＊－20121108 的访谈。

② 李晓琪，黄立，刘元满，等. 英语、日语、汉语第二语言教学学科研究［M］. 北京：中国大百科全书出版社，2002：131.

三、关于学科等级问题的争论：三级、二级和一级学科

在中国，关于学科等级问题的由来主要源于历年的国家学科专业目录，特别是《授予博士、硕士学位和培养研究生的学科、专业目录》（以下简称“国家学科专业目录”），因为目录中明确规定了学科门类、一级学科、二级学科这样的学科类型与等级，二级学科内的研究方向，也被叫作三级学科。这一由不同学科门类与等级构成的国家学科专业目录是我国相应的学科与专业人才培养及学术资源分配的基本依据。

在既有的学科目录的指导下，对外汉语教学学科研究型人才的培养虽然都处在文学这一学科门类下的中国语言文学一级学科之内，但由于其并不具有二级学科的地位，故它只作为一个研究方向、分支学科（或称三级学科）分散在现代汉语（1997 年的国家学科目录中已取消这一名称）、语言学及应用语言学、汉语言文字学、课程与教学论等二级学科之下，各校根据自身学科基础的不同而存在不同的分布情况。①

与上述学术界关于对外汉语教学学科定位的争议相对应，学者们对于其在国家学科专业目录中的等级问题也有不同的看法。认为对外汉语教学学科应归属语言学科的学者，在语言学仍属于二级学科的前提下，显然乐于接受或被迫接受其作为一个三级学科的现实。与之不同，认为对外汉语教学在学科性质上属于语言教育学科的学者则认为语言教育学应作为教育学一级学科下的一个二级学科，或者干脆认为语言教育学应该独立成为一门一级学科。

一些学者之所以接受对外汉语教学作为语言学及应用语言学下的一个分支学科（即三级学科）的发展现状，是因为对外汉语教学与应用语言学在历史上有着某种渊源。回顾应用语言学的发展史会发现：20 世纪 40 年代，应用语言学首先在美国使用时，是用来指称英语第二语言教学及研究的。从那时起，英语第二语言的教学及理论研究就一直冠以应用语言学的名称。随后，这个术语又陆续用于指称其他的语言应用学科。② 而今，随着应用语言学科的不断发展，应用语言学已成为一门运用语言学的知识来解决其他科学领域的各种问题的学科，狭义上说，它一般是指语言学在教学中的应用，特别是在外语教学中的应用，体现了语言学与教育学的交叉；从广义上说，它

---

① 目前，我国对外汉语教学方向的博士生培养基本上都集中在语言学及应用语言学这个二级学科下面招生，而硕士生的培养则比较负责，大体上分为学术型硕士和专业型硕士两种类型。其中，学术型硕士的培养分散在语言学及应用语言学、汉语言文字学、课程与教学论等二级学科之下，不同的高校分布情况不同，专业型硕士的培养则定名为汉语国际教育硕士。

② 朱志平. 汉语第二语言教学理论概要［M］. 北京：北京大学出版社，2008：5.

还包括词典编纂、文字制定、翻译、言语病理、信息传递和通信联系、机器翻译和情报自动检索等许多分支。[①] 一些学者就是因应用语言学狭义的理解，故而认为对外汉语教学是应用语言学的一个分支学科。[②]

另外一些学者则不赞成对外汉语教学归为语言学及应用语言学下的一个分支学科。其原因除了他们认为对外汉语教学的性质应归属语言教育学以外，还有一点就是，他们对世界应用语言学学科的发展现状及我国在应用语言学下进行的对外汉语教学人才培养的现实深感忧虑。对此，下面受访者的观点具有一定的代表性：

访问者：请问您为什么不看好在语言学与应用语言学（对外汉语教学方向）下招收从事对外汉语教学的研究生？

××老师：因为应用语言学这个概念很广。20 世纪 40 年代，狭义的应用语言学就是语言教学，现在的应用语言学不仅仅指教学，大量的是指语言信息处理、人工智能，还有这个机器翻译、国家的语言政策、语言管理这方面。你现在说你是搞应用语言学的，人家不知道你具体是干啥的。你把那个应用语言学概论的书打开来看看，它主要是讲信息处理的。所以，现在应用语言学的面很广，而且最主要的、最新的还不是教学，而是信息处理，所以现在再用应用语言学这个名字就不合适了。而且从应用语言学来考虑，学的大部分还是语言学的东西。现在很多学校，当没有汉语国际教育硕士点的时候，往往都挂在语言学与应用语言学（对外汉语教学方向）下面招生，实际上说句不好听的是“挂羊头，卖狗肉”，实际上跟对外汉语教学没什么关系。比如说某个大学，它们的训诂学很有名，所以它在这个方向下面还是研究训诂学，只上一门（对外汉语教学）概论课，就算是对外汉语教学方向了，根本就没好好研究对外汉语教学，有的（甚至）连这一门课都没有。所以我对语言学与应用语言学（对外汉语教学方向）不看好，不能寄予很大希望。它们主要还是原来的那个学科，就是用对外汉语教学这个名儿很吸引人，考生比较多吧，实际上学的还是语言学。所以我觉得现在比较为难。我们这个学科需要培养一批真正的、有理论有实践的、学术性的科班人才。实际上我们当老师也是这样，现在对教师的要求越来越高，教师不只是教书匠，不仅仅是一个消费者，而要作为一个探索者、研究者。而汉语国际教育完全把它搞成专业型的硕士，我觉得，当下、现在、临时地应付一下大量汉语教学志愿

---

① 刘仲林．现代交叉科学［M］．杭州：浙江教育出版社，1998：90．

② 赵金铭．从对外汉语教学到汉语国际推广（代序）［A］//李泉．对外汉语教学学科理论研究．北京：商务印书馆，2006：4．

者的需要是可以的，但从长远来讲，必须要有专业的人才。[①]

综上所述，关于学科等级或称学科地位的争论往往是伴随着学科定位及学科理论架构等问题而产生的。这些问题都是在对外汉语教学研究持续走向深入的过程中遇到的学科划界问题。它是一个新兴的交叉边缘学科从青涩走向成熟的表现，也在一定程度上影响了以其作为学科依托的大学学术组织的发展与演变。

第四节　组织场域的变迁与案例组织的变迁

一、组织场域的变迁

伴随着 S 大学对外汉语教学机构持续演变的是整个组织场域构成的动态变迁。本节继续通过对组织场域及其中关键性制度逻辑的变迁，来考察案例组织变迁背后的机制。考察的时间段为 20 世纪 90 年代至今。这一时期，S 大学的对外汉语教学机构的组织形态从一所学校直属的对外汉语教学中心成为学校一个二级学院——海外教育学院下的对外汉语教学中心，进而又成为短暂挂靠在学校外事部门下面的对外汉语教学中心，最终演变成了今天的对外汉语教育学院。

（一）组织及其互动情况的变化

从图 7－1 和图 7－2 来看，这一时期组织场域的构成较前一时期并没有十分显著的变化，只是汉语中心与留办的关系从一起被整合进海外教育学院而成为该学院下的两个并立同级的机构，转变为汉语中心单独组建成为对外汉语教育学院，且与留办被再次整合进了 S 大学的外事部门。两者虽然相互独立，但仍然在留学生招生等日常管理活动中有着比较密切的合作关系，这一点从 1984 年对外汉语中心成立后一直没有发生实质性的变化。

① 出自对受访者 T＊－20121108 的访谈。

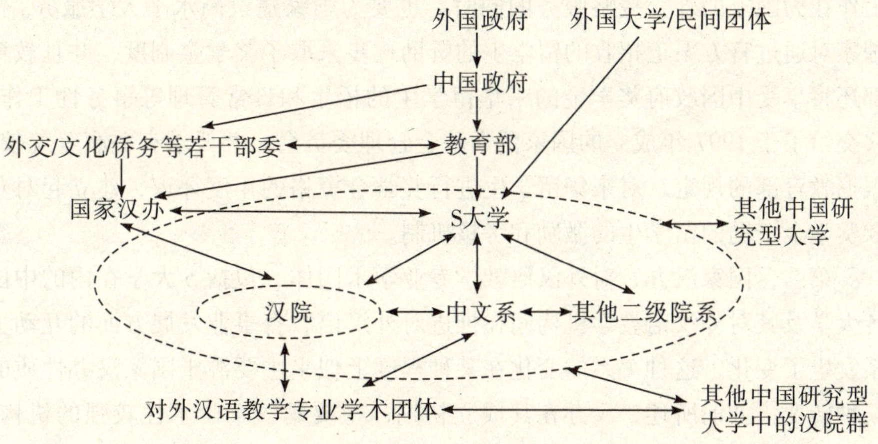

图7－1　海外教育学院时期的组织场域关系图

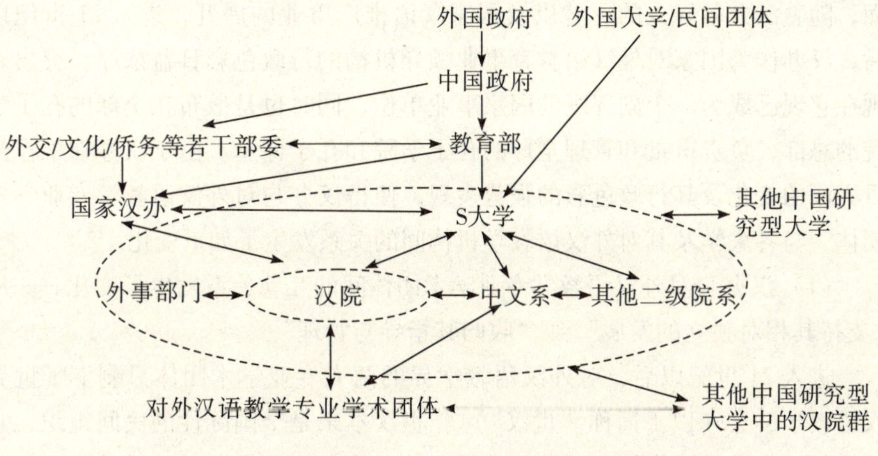

图7－2　对外汉语教育学院时期的组织场域关系图

这一时期场域中组织间关系发生显著变化的是以下几个机构间的互动：

第一，国家（政府）与包括S大学在内的众多大学之间，在分配与接受通过官方渠道来华的留学生方面的互动关系发生了变化。之前，虽然通过民间渠道来华学习汉语的留学生人数已大大增加，但通过政府途径向我国大学派遣留学生的情况一直保留，各大学也有义务接受教育部分配来的留学生，政府承诺的留学生资助费用由教育部直接拨付给各大学。进入20世纪90年代以后，国家对留学生招生及资助政策进行了调整，“明确了招收外国留学生的主体是高校，高校在政府的指导下，自主招收、培养留学生，来华留学工作在为国家的外交战略服务的同时，也要为国家建设高水平大学服务。”①国家对通过官方渠道招收的留学生的资助逐步采取了奖学金制度，并且教育部还将享受中国政府奖学金的来华留学生的招生和日常管理等事务性工作，移交给了于1997年成立的国家留学基金管理委员会，并要求有关高等院校，根据教育部的规定，对来华留学生进行奖学金资格的年度评审，建立起对获取奖学金资助的留学生的激励和考核机制。②

第二，国家汉办、对外汉语教学专业学术团体、包括S大学在内的中国各大学及其对外汉语教学机构间在推进对外汉语教育事业发展方面的互动关系发生了变化。这种关系的变化在某种程度上似乎主要源于国家汉办性质的某种转变。如前所述，汉办在其成立初期，主要是一个学术性较强的机构，做的工作主要是与促进对外汉语教学学术研究有关的工作，在很大程度上密切了中国各大学中对外汉语教师之间的联系，并凝聚了他们的研究热情。然而，随着汉办领导人的更替以及国家汉语推广事业的展开，进入21世纪以后，汉办作为国家对外汉语教育事业领导机构的行政色彩日益浓厚，突出表现在它现已成为一个副部级的国家事业单位，同时也是散布在全球的孔子学院的总部，负责审批和管理全球的孔子学院和孔子课堂。由于汉办在工作侧重方面的变化及其行政色彩的强势表现，使得汉办与对外汉语教学专业学术团体、与各大学及其对外汉语教学机构间的关系发生了如下变化。

（1）汉办与对外汉语教学专业学术团体间的互动关系发生了变化——从“支持其相对独立的发展”到“收归其指导与管理”。

进入21世纪以后，对外汉语教学界的两大专业学术团体只剩下了世界汉语教学学会（以下简称“世汉”）。③世汉本来是个国际性的民间组织，它的运行一直是采用国际通用的比较民主的办法，汉办早期对其活动的参与一直主要是辅助性的、支持性的，但据受访者介绍，后来汉办“把这个组织整个拿过来，归汉办领导，它不叫领导，叫汉办指导吧，就这个意思。秘书长必须是（他们的人），基本上那些（原来民主的方式）都成了形式了，整个

① 张秀琴．总结过去，谋划未来，开拓创新，共谱来华留学教育事业新篇章［A］//教育部国际合作与交流司，外国留学生教育管理学会．播种友谊，桃李五洲：新中国来华留学教育60年纪念文集．北京，2010.

② 李海绩，白瑜．新中国来华留学教育事业60年的历史沿革［A］//教育部国际合作与交流司，外国留学生教育管理学会．播种友谊，桃李五洲：新中国来华留学教育60年纪念文集．北京，2010：35.

③ 笔者在访谈中了解到，成立于1983年的中国对外汉语教学研究会于21世纪初开完最后一次学术会议以后就自动停止活动了，其下面的各个地区分会亦然如此。

运作就成了采用我们中国特色在运作，会长基本也是汉办定。”[1]另一位受访者对汉办性质变化的评论也间接印证了上面这位受访者的感受，“现在汉办越来越行政化，完全不做学术！最早是一个学术性的机构，当然它也是一个行政机构，但那时做得很多的是以教学为主的事情，都是学术上的事，它以高校的学术为基础，现在学术会都是由汉办领导，学会的背后是汉办。”[2]虽然世界汉语教学学会在其官方网站上对其组织性质的阐述并未公开指出它主要归汉办管理和指导，但从其秘书处的设置地点及其主要的活动安排似乎也可以隐约感受到它作为一个专业学术团体在一定程度上有着较为“显赫”的行政背景。

（2）汉办与包括S大学在内的中国各大学间的互动关系发生了变化——从“倚重依赖高校”到“高校的边缘化”。

在推动各高校的对外汉语教学学术研究方面，汉办发挥的积极功能似乎较早期相比有所退步。例如，一位受访者感慨地说：“早期的汉办虽然也是行政机构，但它更多地做学术的事，比如开学术会议、研讨、制定大纲、组织教材编写。现在它也做，但性质不太一样了。那时候汉办这个规划、那个规划，大家招标认领，所以学科才发展、才繁荣啊，现在国家的经费恰恰是那时的几十倍，反而国内高校没逮着。它用的钱都是它自己组织的，说我要编什么，我来控制，我找你们人，而不是说招标，招标的项目、课题是少数，都提前内定了，完全不是机会均等的，不是大家公平竞争的，所以大家怀念那时的汉办，是为学术服务的，现在哪有？很多老教师看了很伤心。大家都这样感觉，高校被汉办边缘化了，不再是过去的倚重、依赖了。现在国家重视的不是（对外汉语教学）学科，而是孔子学院、汉语走出去这个（事情）。这是对的，但是汉办就利用这个，国家哪知道这么详细的事情呢？事业的发展需要学科支撑，这是很简单的道理，可是现在……”[3]

在与各高校及其对外汉语教学机构的联系方面，汉办对大学管理其对外汉语教学机构的介入程度似乎有所下降，例如：

访问者：请问汉办对大学中对外汉语教学机构的存废是一种什么态度呢？

××老师：过去汉办就是干预，按理说它不能干预一个大学（调整其内部机构设置——笔者注），它没有这个权力，但是过去汉办它就做这个“好

---

① 出自对受访者T＊－20121108的访谈。

②③ 出自对受访者T/O＊－20121102（1）的访谈。

事”。比如，过去某某大学，曾经有过中文系想合并它，汉办领导出面协调，校长马上就给“面子”，这样那个学校的对外汉语教学机构就保留下来了，就有这样的例子。现在哪管你呀？那时它是关心每个单位的成长，现在那时的人都退休了……①

汉办与各高校及其对外汉语教学机构间的联系主要体现在国内各高校与外方院校共建孔子学院的过程中。一位受访者提到，国内外大学共建孔子学院主要有两种途径：一种是国外大学先找国内的大学谈合作意向，谈拢以后再找汉办审核批准，还有一种是汉办主动为国外和国内大学牵线搭桥。② 在全国上下高度重视汉语国际推广的大背景下，创办孔子学院可谓成为联系中国各大学、大学中的对外汉语教学机构以及国家汉办三者之间的纽带与桥梁。以S大学为例，2006年，为了“应付”③ 汉办的汉语推广工作，S大学成立了汉语国际推广工作领导小组，下设办公室，具体负责S大学汉语国际推广工作的日常事务，该领导小组的组长及常务副组长均由当时的校级与副校级领导担任，副组长则由S大学汉院的院长担任，领导小组的其他成员则分别由S大学的汉院及其他平行院系的有关领导共同构成。此外，汉院作为S大学内从事对外汉语教学与研究的专业机构，先后为S大学在汉办的授权下与外方院校共建的孔子学院输送了大量的援外汉语教师以及学生汉语志愿者，④ S大学及其对外汉语教学机构都把承办孔子学院当作是一项国家任务来看待。

第三，S大学的汉院与兄弟院校的汉院之间有比较明显的交流与互动。例如，笔者在S大学的年鉴中发现，2009年，S大学汉院的党政领导班子成员赴A大学（化名）的汉院进行学习调研，与该院党政领导就人才培养、学科建设、教学科研管理、行政优化等方面的问题进行了座谈，以期互相学习，取长补短；⑤ 同年，B大学（化名）汉院一行五人来S大学汉院进行调研、交流。⑥

---

① 出自对受访者T/O＊ -20121102（1）的访谈。

②③ 出自对受访者T/O-20120907的访谈。

④ 据S大学有关档案资料显示：2008年，我院为S大学承办的孔子学院派出教师3人，研究生志愿者6人，为国家汉办派出研究生志愿者6人次，同时有6人次完成了国家汉办的海外师资培训任务；2009年，学院为S大学承办的孔子学院派出教师4人次，研究生志愿者11人次，为国家汉办派出研究生志愿者5人次；2010年学院有11名教师完成外派任务回国工作，10名教师出国工作，另有12名研究生出国任汉语教师志愿者。

⑤⑥ 见S大学对外汉语教学机构2009年年鉴。

第四，在S大学内部，海外教育学院和对外汉语教育学院与中文系的关系在汉院申请成立留学生的对外汉语本科专业以及博士招生权这两个事件中由密切合作转为冲突和对抗。此外，随着汉院的独立，它逐渐获得了与S大学其他平行院系同等的地位，同时，汉院举办的留学生预科汉语教育还直接为S大学其他院系输送了留学生生源。

（二）组织间支配结构与组织联盟的变化

随着我国留学生来源渠道的多样化及国家有关留学生招生和收费政策的放开，这一时期，由中国政府支付奖学金的外国留学生数量已被自费来华留学生的数量远远超过，国家汉办的工作重心也从促进对外汉语教学界的学术交流转向了在全世界推广孔子学院，这样，中国政府及其教育行政部门在各大学对外汉语教学机构的留学生生源供给以及学科建设方面的作用都明显降低，因此，也就很难再对各大学内的对外汉语教学机构的组织变革形成支配性的影响。

与中国政府的简政放权和高校办学自主权的进一步扩大相适应，这一时期，高校几乎成为决定其内部对外汉语教学机构组织变革的支配性力量。尽管由于外国大学、企业等民间团体作为为中国大学的对外汉语教学机构输送留学生生源的重要外部力量，对其组织变革也有着举足轻重的作用，但高校作为办学主体地位的确立已经逐渐深入人心，高校有权依据其内部学术单位的学科建设情况、师资力量、生源情况等多种因素综合考虑并决定组织的命运。

此外，随着各高校办学自主权的获得，学院化建制的浪潮几乎席卷了包括对外汉语教学机构在内的高校内的各个次生学术组织。它表现在：一方面，几乎在每一所中国研究型大学内，其二级学术单位基本上都实现了学院式的组织建制（不管是由原来的系简单升格而来，还是多个系/邻近学科组建而成，抑或是其他情况），形成了一所大学之下若干学院并立的组织群体；另一方面，在众多研究型大学中，其原有的对外汉语教学机构都纷纷从原来的中心/系/所/教研室升格为了学院，形成了一个学院化建制的组织群体。这两类机构群体构成了S大学对外汉语教学机构变革的重要参照力量，对其实现学院化改制提供了组织范本，或者说使S大学高层及汉语中心本身感受到了明确的组织同形的制度压力，在一定程度上成了汉语中心实现学院式升格的催化剂。

（三）场域中信息量的变化

总体而言，随着我国对外汉语教育事业的发展，中外各大学中对外汉语教学机构间、教师间的交流也更趋频繁。20 世纪 90 年代，由于世界汉语教学学会、中国对外汉语教学研究会及其各地区分会的学术交流活动非常频繁，使得组织场域中信息量较 20 世纪 80 年代对外汉语教学学科初创时期更为丰富和多样。而进入 21 世纪以后，由于国汉及其分会组织停止活动，使得学术界的信息交流有一定程度的受损。不过，由于对外汉语教学学科的人才培养和学术交流与沟通的渠道已经建立起来，因此，学术界的交流活动日渐趋于常规化。

在 S 大学内部，其对外汉语教学机构一面受到 S 大学浓厚的学术氛围的影响，另一面受到全国对外汉语教学界科研热情高涨的影响，在这种双重影响的夹击之下，汉院作为一个以教学为主要工作内容和特色的单位也日渐重视教师的科研活动及其学术信息的内部交流，注意将教学工作和科研工作紧密结合起来，把最新的研究成果充实到教学中去。这可以从汉院对自身教学和科研工作的认识和其规划中窥见一斑。

科研是学科建设的根本，教学和科研是对外汉语教学事业的两根支柱。教学推动科研，反过来科研又促进教学。尤其是在像 S 大学这样的文科很强的综合性大学，如果对外汉语教学学科建设搞不上去，拿不出成批有影响的研究成果，不仅教学达不到较高的层次，而且很难在相关学科中赢得自己独立的学术地位。……S 大学在对外汉语教学方面具有优良的学术传统，××等语言大师，注重语言事实和语言教学实践，理论联系实际的学风，为我们树立了典范；教学工作时时提出的挑战，层出不穷的第一手语言材料，为我们的科研工作提供了肥沃的土壤。然而，繁重的教学工作，在很大程度上限制了我们教师进行深入的专题研究和专业知识水平的提高；而教学中面临的问题往往是跨学科的，要从各种现象中理出条理，做出分析，必须具备深厚广博的知识底蕴。在对外汉语教学已作为一个学科，地位日益提高，影响不断扩大的今天，提高科研水平，多出科研成果，形势逼人，刻不容缓，非下大力气抓不可。①

为此，20 世纪 90 年代以来，汉院采取了一系列促进教师科研活动的措施：除了继续坚持每年一次由学院主办的内部学术讨论会外，汉院还创办了一个对外汉语教学方面的专业学术刊物，方便教师科研成果的发表和交流；设立了科研奖；紧抓了课题建设和研究生课程建设；在对外汉语教育学院下面成立了专门的研究机构——对外汉语教学研究所；研究了一批有影响的科

① 以上内容源自 S 大学对外汉语教学机构 1999 年的档案资料。

研成果；以培养在国内乃至在国际有影响的中青年学术带头人作为学院的奋斗目标；① 根据学院发展需要，设立学院科研项目，给予相应的经费支持，同时设立教师个人科研经费，支持学院教师从事各类科研活动。②

总之，S大学汉院内部关于科研信息的交流和学术成果的产出情况较之前得到了进一步加强，“以学科建设为中心，毫不放松地抓好科学研究，加强学术研究，浓厚学院学术气氛，开展形式多样的学术研讨活动”③ 几乎已成为汉院的长期奋斗目标。在这一旨在促进学术研究的目标指引下，汉院教师的学术背景趋于多元，先后有教育学、统计学、心理学背景④的教师被招致麾下；全职教师中，具有的高级职称的教员比例逐步上升，中级和低级职称的比例逐渐下降（如图7-3所示）。

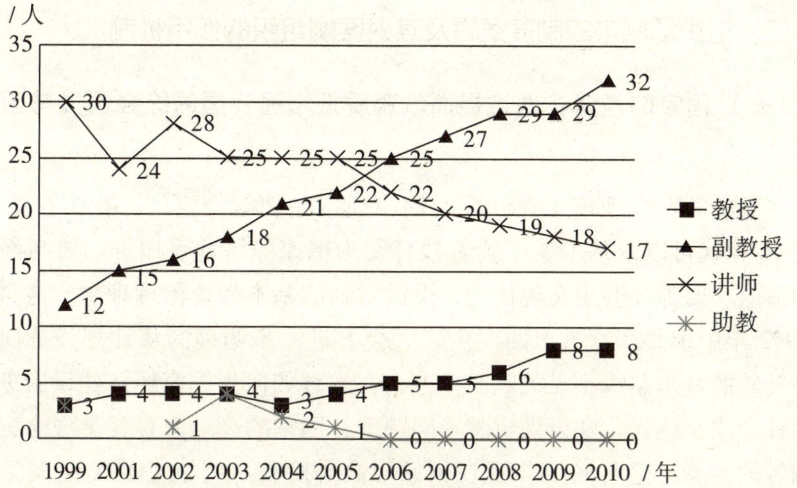

图7-3　汉院全职教师的职称变化与分布图⑤

（四）场域中参与者相互知悉情况的变化

这一时期组织场域中参与者相互知悉情况主要有两个方面的变化：

第一，中国各大学中的对外汉语教学中心/系/教研室逐渐把升格成大学之下的二级学院看作是这类组织群体在机构建制方面的共识和常态，这对没

---

① 以上内容源自S大学对外汉语教学机构2002年的档案资料中的“2002—2005年改革与发展的意见”。

② 以上内容源自S大学对外汉语教学机构档案资料中“S大学对外汉语教育学院规章制度汇编”之“科研工作”部分。

③ 以上内容源自S大学对外汉语教学机构2005年的档案资料中该机构“2005年工作总结”一部分。

④ 出自对受访者T/O-20120907的访谈。

⑤ 该图的数据来自《S大学年鉴》及《对外汉语教育学院年鉴》。

有实现或较晚实现学院化建制改造的对外汉语教学机构及其所属大学来讲，构成了一种无形的变革压力。

第二，S 大学的对外汉语教学机构升格为大学二级学院不仅已成为中国各大学中对外汉语教学机构群体的共识，也受到了 S 大学内其他平行单位的学院化改制共识的影响。仅在 2000 年下半年至 2001 年当中，S 大学就先后成立了五个二级学院，这些学院或者是由原来的系简单升格而成，或者是由若干邻近学科组织整合而成，抑或是从原来某个二级单位中独立出来单独建院。总之，在一个较短的时间里，S 大学内部可谓掀起了一个学院化改制的浪潮。这在某种程度上也成为催生挂靠在学校外事部门下的汉语中心的独立化建制的诉求。

二、组织场域中的制度逻辑及其对案例组织的作用机制

（一）国家的逻辑：通过提高教育质量增强我国的综合国力与国际竞争力

一国的教育治理理念在一段时期内通常是相对稳定的。我国在整个 20 世纪 90 年代可以说基本上延续着教育要为国家经济建设服务、要与经济发展相适应、要为社会主义现代化建设做贡献的基本教育治理理念，这与我国在 1992 年中国共产党第十四次代表大会上进一步明确的从计划经济向市场经济转轨的基本路线不无关联。不过，在教育如何为国家经济建设服务、如何为社会主义现代化建设做贡献等问题上，国家的高等教育变革理念也发生着微妙的转变，这种转变体现在国家对高等院校、特别是研究型大学（委属、部属高校）提高教育质量和总体效益以及培养更多的高层次人才的强调上。

“今年委直属高校要继续稳定规模，切实把工作重点转到调整优化学科和专业结构、深化学科领域的改革、努力提高教育质量上来。学校各级领导和广大教师都要进一步增强质量观念，把提高教育质量放在突出的位置上。①

“在 20 世纪 90 年代，使我国高等教育的发展在质量、数量、结构和效益等方面达到一个新的水平，并为下世纪的更大发展和提高打下坚实基础。……高等教育的发展，要坚持走内涵发展为主的道路，首先使现有学校达到合理的办学规模，同时进一步发挥学校的办学潜力，提高整体效益。……努力扩大研究生的培养数量，实现高层次人才培养基本上立足于国

① 国家教委办公厅关于印发国家教委直属高校 1992 年工作会议文件的通知（教直厅〔1992〕4 号）.

内。在科类上，稳定基础学科的规模，适当发展新兴和边缘学科，重点发展应用学科。……发展高等教育必须把提高教育质量放在突出的地位。①

委直属高校教育改革和发展的目标是，在校生规模适度发展，教育质量稳步提高，学科结构趋于合理，内部管理更加科学，办学效益明显改善，办学整体水平上一个新台阶，为下世纪国家的经济腾飞和社会进步培养高质量的专门人才和储备科学技术，为社会主义现代化事业的长远发展和两个文明的建设做出贡献，同时也为委直属高校自身的发展和提高奠定坚实的基础。"②

与此同时，随着国际形势的变幻，国家开始将教育特别是高等教育的发展置于更加重要的地位，意识到教育与提高我国的综合国力和国际竞争力之间的紧密关联。

"当今世界政治风云变幻，国际竞争日趋激烈，科学技术发展迅速，世界范围的经济竞争、综合国力竞争，实质上是科学技术的竞争和民族素质的竞争。从这个意义上说，谁掌握了面向21世纪的教育，谁就能在21世纪的国际竞争中处于战略主动地位。为此，必须高瞻远瞩，及早筹划我国教育事业的大计，迎接21世纪的挑战。"③

在1997年召开的中国共产党第十五次全国代表大会上，我党明确提出了"科教兴国"的国家发展战略，从而把教育在党和国家各项事业中的地位提到了前所未有的高度。到20世纪末，教育在国家发展中的作用再一次被摆在了"优先"的地位上。

"在即将到来的21世纪，以高新技术为核心的知识经济将占主导地位，国家的综合国力和国际竞争能力将越来越取决于教育发展、科学技术和知识创新的水平，教育将始终处于优先发展的战略地位……当前，许多国家政府都把振兴教育作为面向新世纪的基本国策，这些动向预示未来教育将发生深刻的变革，我们应当及早准备，迎接新的挑战。"④

正是由于国家在20世纪90年代对教育特别是高等教育事业在国家发展中的战略意义有了新的认识，因此，采取了一系列推动高等教育有重点的、高质量的、快速发展的战略举措，"211"工程、"985"工程、建设世界一流大学项目就是其中的典型代表。

---

① 国务院批转国家教委关于加快改革和积极发展普通高等教育意见的通知（国发〔1993〕4号）.

② 国家教委办公厅关于印发《国家教委直属高校贯彻〈纲要〉，加快九十年代教育改革和发展步伐的实施意见》的通知（教直厅〔1993〕10号）.

③ 中国教育改革和发展纲要（中发〔1993〕3号）.

④ 面向21世纪教育振兴行动计划（教重〔1993〕3号）.

"211"工程是面向21世纪，重点建设一批高等学校和重点学科的跨世纪的国家级基础工程。国家批准建立"211"工程，目的是要集中力量建设一批大学和学科，使其教育质量、科研水平和学校管理水平达到国内先进水准，其中一部分进入世界先进行列，以增强我国的综合国力和参与国际竞争的实力。①

对列入"211"工程计划的高等学校和学科、专业，中央和地方两级教育部门，要采取适当的特殊政策，进一步扩大这些学校的办学自主权。力争到21世纪初，我国有一批高等学校和学科、专业进入世界先进行列，在教育质量、科研水平和学校管理等方面能与国际著名大学相比拟。……提高教育质量，在21世纪内力争有一批学校和重点学科的研究生教育进入世界先进水平。②

要相对集中国家有限财力，调动多方面积极性，从重点学科建设入手……对于若干所高等学校和已经接近并有条件达到国际先进水平的学科进行重点建设。今后10~20年，争取若干所大学和一批重点学科进入世界一流水平。③

建设世界一流大学和高水平大学是党和国家的重大决策，对于增强高等教育综合实力，提高我国国际竞争力具有重要的战略意义。……继续实施"985"工程和"211"工程，努力建设一批高水平大学和重点学科。继续实施"985"工程，努力建设若干所世界一流大学和一批国际知名的高水平研究型大学。紧密结合国家创新体系建设，集成优质资源，创建一批高水平、开放式、国际化的科技创新平台和人文社会科学研究基地，造就学术大师和创新团队……为国家现代化建设做出重大贡献，全面提高学校的整体水平和综合实力。④

研究型大学是国家创新体系的重要组成部分……研究型大学在我国经济建设、社会发展和国家安全的各领域具有不可替代的作用，应当发挥经济发展"加速器"、社会进步"推动机"和政府决策"思想库"的作用，为国家和地方发展的重大决策、战略规划提供高水平咨询和政策建议……为解决经

① 国家教委办公厅关于印发《国家教委直属高校贯彻〈纲要〉，加快九十年代教育改革和发展步伐的实施意见》的通知（教直厅〔1993〕10号）.

② 国务院批转国家教委关于加快改革和积极发展普通高等教育意见的通知（国发〔1993〕4号）.

③ 面向21世纪教育振兴行动计划（教重〔1993〕3号）.

④ 国务院批转教育部2003—2007年教育振兴行动计划的通知（国发〔2004〕5号）.

济社会可持续发展和国家安全的重大问题，提供技术手段和科学储备。[①]

综上所述，从20世纪90年代到21世纪初，国家期望通过提高高等教育质量以达到增强综合国力和国际竞争力的教育变革理念，在多项有关的教育政策文本中得到了反复强调。在这种国家高等教育发展理念的变革背景下，包括S大学在内的各研究型大学对于未来的发展方向基本形成了的一种共识，即优先发展校内重点学科，培养和引进学术带头人，重视科学研究，向世界一流大学的目标迈进，为实现强国梦而努力奋斗。在这种发展共识之下，S大学的对外汉语教学机构由于学科力量的薄弱、科研发展水平滞后，显然在S大学优势学科强手如林的环境中处于不利的发展境地，这在某种程度上似乎也可以部分解释其在寻求组织独立发展的过程中所历经的种种坎坷。

然而，与此同时，作为我国教育事业组成部分的对外汉语教育事业的发展，也被国家提高到了有助于增强国家“软实力”的战略高度。在国家有关教育政策文本中，曾多次亮明了支持对外汉语教学发展的基本态度。

大力加强对外汉语教学工作。[②]

积极创造条件，适当扩大和加强接受来华留学生、选派出国任教教师、对外汉语教学以及在境外联合办学等工作。[③]

对外汉语教学事业方兴未艾，健康发展。随着我国综合国力的增长，国际地位的提高，世界一些国家和地区的“中国热”推动了“汉语热”的形成和发展，汉语在世界许多国家受到重视……国家将加大对这项事业的资金投入，在国内建立若干所对国内外都有影响的对外汉语教学基地，中央和地方政府要在政策和经费等方面对建立基地的学校提供有力的支持……要采取有效措施培养一批对外汉语教学的骨干，集中力量研究和编写适应需要的对外汉语教学精品教材，并使之占领世界汉语教材市场。[④]

在当前日趋激烈的语言国际竞争背景下，汉语加快走向世界是增强我国综合国力的迫切需要，是外交和外宣工作的重要内容。因此，要把汉语国际推广作为扩大我国对外开放、提高国家软实力和实现和平发展的战略举措，

---

① 教育部关于加快研究型大学建设，增强高等学校自主创新能力的若干意见（教技〔2007〕5号）.

② 中国教育改革和发展纲要（中发〔1993〕3号）.

③ 国务院批转国家教委关于加快改革和积极发展普通高等教育意见的通知（国发〔1993〕4号）.

④ 教育部办公厅关于印发全国教育外事工作会议纪要的通知（教外厅〔2000〕9号）.

努力提高汉语的国际地位和国际竞争力。[1]

在这种背景下，对外汉语教学机构作为S大学承担对外汉语教学和汉语国际推广任务的主要机构的政治意义被凸显出来。这也是尽管它的学科基础薄弱，但仍能获得S大学在其组织独立方面的支持的一个主要背景因素。

（二）科层制的逻辑：进一步的简政放权与宏观管理理念的推进

与前一时期一样，简政放权的政府治理理念在高等教育管理系统中的贯彻落实从20世纪90年代至今依然处在“进行时”之中。随着国家教育行政机构向大学下放的权力范围不断扩展，大学的办学自主权也得到了进一步的扩大。这方面最突出的表现就是，大学不再被视为国家教育行政机构在高等教育领域的简单延伸，不再需要事事向上级教育主管部门报批，而开始被认定为是一个独立存在的“法人实体”，可以并且应该自主地管理自身在教育教学等众多环节中的具体事务。

1. 国家教育放权范围的扩展与宏观管理手段的多样化

随着20世纪90年代以来我国从计划经济体制向市场经济体制的转轨，政府职能的转变开始提上了议事日程。经济领域中的“政企分开”的管理原则在教育领域中就变成了“政事分开”，目的是给学校更多的办学自主权，增强学校的办学活力。这突出体现在当时国家教委颁发的有关促进高校管理体制改革的文件中，文件指出：

> 改革的重要方面是理顺政府与学校之间的关系，转变政府职能，扩大学校办学自主权，逐步确立高等学校的法人地位，进一步明确学校的权利和义务、利益和责任，以利于增强学校办学活力，……现提出国家教委直属高校深化改革，扩大办学自主权的意见：
>
> 一、学校可根据学科发展和社会需要的变化，在学校现设置的本、专科专业内确定与调整专业方向……二、学校可适当增加调节性的招生计划……六、学校可依据社会需要举办多种形式和层次的继续教育及岗位培训等非学历教育……八、学校可根据办学的实际需要和所在地经济发展与群众收入水平的情况，提出年度学杂费、委培生、自费生等收费的标准，报国家教委核批……十三、除中央和国务院明确规定的必设机构外，学校有权依据实际需要确定校内机构的设置及其人员的配备，可不参照主管部门对口设置校内机构……十四、学校可按有关规定，提名并考察副校长人选，报国家教委批准任免，学校有权任免副校级以下干部……十六、在国家分配下达的来华留学

---

① 国务院办公厅转发教育部等部门关于加强汉语国际推广工作若干意见的通知（国办发〔2006〕17号）.

生经费及来华留学生计划指标内，学校可直接录取来华留学生；在办学条件允许的前提下，可直接招收录取自费来华留学生，并规定其学费标准。①

上述这些办学权力的下放与S大学对外汉语教学机构申请成立针对留学生的对外汉语本科专业、留学生生源的扩张和学费收入的增加、汉语预备教育和短期培训班的火爆、组织的独立与升格、领导的任命等多项组织建制的变革有着密切的关联。

国家除了下放给高校的权力范围明显较之前有所增加之外，对高校的管理方式也发生了微调。如果说20世纪80年代以来，我国政府对高校基层学术组织的管理基本上已由直接管理向宏观管理转变的话，那么，20世纪90年代以来的新变化则是国家宏观管理的手段的日益多样化。

政府要转变职能，简政放权，由对学校的直接行政管理，转变为运用法律、经济、评估和信息服务以及必要的行政手段进行宏观管理。……学校要善于行使属于自己的权力，承担好自己的责任，建立起主动适应国家经济建设和社会发展需要的自我激励、自我发展、自我约束的运行机制。②

上述政府宏观管理的手段也曾用在引导各大学对外汉语教学机构的业务发展方面。例如：20世纪90年代，国家汉办作为国家对外汉语教育事业的领导机构，通过发出有关对外汉语教学方面的课题规划、教材编写规划，对申请中标的有关高校及其教师予以科研经费上的支持；国家教委通过颁布《对外汉语教师资格审定办法》规范了各高校中对外汉语教学机构的师资标准；教育部通过启动“国家对外汉语教学基地建设计划”的契机，对申报各高校的对外汉语教学机构进行了评审，给出了相应的评审意见，客观上引导了机构发展的方向。这些都是国家在宏观管理各高校的对外汉语教学机构的过程中所采用的多种手段的体现。

2. 高校内部机构管理权力的下放及其改革

20世纪90年代以来，虽然通过国家教育管理权力的下放，各高校对于自己内部的机构设置已经有较大的自主权，但是，国家仍然可以通过对机构设置原则的确定在宏观上影响各高校的内部机构改革走向。从20世纪90年代中后期到21世纪初，我国在国有企业中率先掀起了一股“减员增效”的机构改革浪潮，这一改革理念后来也逐渐渗透到了高等教育机构改革的领域，在有关的教育政策文本中有如下明确的政策表述。

---

① 国家教委印发《关于国家教委直属高校深化改革，扩大办学自主权的若干意见》的通知（教直〔1992〕38号）[Z]. 1992-08-21.

② 国务院批转国家教委关于加快改革和积极发展普通高等教育意见的通知（国发〔1993〕4号）.

精简机构和人员，提高办学效益。适应面向21世纪的需要，必须走建设一支人员精干、素质优良、待遇较高的师资队伍的路子。要制订合理的学校人员编制标准，严格考核，精减人员，提高每个教师负担的学生人数。①

深化校内管理体制改革……其重点是依据学校教学、科研、科技开发、后勤服务等方面所承担的任务和工作性质，建立和完善不同的管理体制和运行机制。要依据学校事业发展的需要，调整学校人员结构，实行合理分流和多种形式的用人制度……实现校内人才资源的合理配置，逐步建立一支精干优化的教学、科研和管理队伍。②

高等学校根据实际需要和精简、效能的原则，自主确定教学、科学研究、行政职能部门等内部组织机构的设置和人员配备；按照国家有关规定，评聘教师和其他专业技术人员的职务，调整津贴及工资分配。③

根据学校实际需要和精简、高效的原则，精简学校管理机构。……努力克服校部机构“政府化”的倾向，职能相近的部门和机构要尽可能合并或实行合署办公。学校管理机构数按学校规模和管理跨度确定，原则上10～20个。……理顺教学科研组织管理体制。以学科建设为龙头进行校、院、系管理体制改革。要根据学校的办学特点和实际情况，明确校、院、系（所）的管理职能，降低管理重心，调整管理跨度，规范管理行为，激发各级组织的活力。……要严格依法落实高等学校的内部管理自主权。政府部门不对学校办学自主权范围内的事务进行干预……学校自主确定和调整学校的教学、科研组织机构及其管理体制。在主管部门核定下达的人员编制定额内，学校自主确定人员配备和各类人员的构成比例，决定人员的使用。④

同20世纪80年代后期高校的机构改革情况类似，随着国家对高校内部机构管理权力的进一步下放，“各高校也以此为契机，通过改造教研室、创建研究所（室）、调整撤并或新建专业、分合增建学系、恢复兴办学院等一系列改革措施，对校内学科组织进行了大幅度的调整。”⑤ S大学的海外教育学院以及对外汉语教育学院的建立也可以部分看作是这一权力下放的产物。此外，海外教育学院在成立了短短的四年之后就被S大学撤销，似乎也可以从上述教育政策文本中关于高校要进行机构和人员的精简，找到部分源于国

① 中国教育改革和发展纲要（中发〔1993〕3号）.

② 国家教委办公厅关于印发《国家教委直属高校贯彻〈纲要〉，加快九十年代教育改革和发展步伐的实施意见》的通知（教直厅〔1993〕10号）.

③ 中华人民共和国高等教育法. 1998－08－29.

④ 教育部关于当前深化高等学校人事分配制度改革的若干意见（教人〔1999〕16号）.

⑤ 纪宝成. 中国大学学科专业设置研究［M］. 北京：中国人民大学出版社，2006：148.

家的宏观教育管理理念变革的答案。

另外，关于S大学对外汉语教育学院能在海外教育学院被取消后不久再次组建，似乎也可以从当时S大学的科层管理理念中找到部分答案。

学校要加快校院系三级建制二级管理体制的改革。今年，学校将以有利于学科整合与发展，有利于资源合理配置为着眼点，加快推进体制改革。……在充分发挥基础传统学科的作用的同时，要注意加强应用科学和工程学科，推动其密切关注社会需求，积极参与国民经济主战场。人文社会科学要注意在当前国家急需发展的领域占领制高点，在国家重大决策制定过程中，要能够听到S大学的声音。①

3．学校内部分配权力的下放及其改革

关于高校内部分配和激励制度的改革在某种程度上也是这一时期国家进一步简政放权的结果。国家在这方面的宏观管理理念体现为：

积极推进高等学校分配制度改革。扩大学校分配自主权，建立重实绩、重贡献、向高层次人才和重点岗位倾斜的分配激励机制。……在国家政策指导下，根据“效率优先，兼顾公平”“生产要素参与分配”的原则，探索建立以岗定薪、按劳取酬、优劳优酬、以岗位工资为主要内容的校内分配办法。要将教职工的工资收入与岗位职责、工作业绩、实际贡献以及知识、技术、成果转化中产生的社会效益和经济效益等直接挂钩，向优秀人才和关键岗位倾斜，充分发挥工资的激励功能。②

这种分配制度的改革理念也在某种程度上影响了S大学对外汉语教学机构的组织变革。由于学校的分配与激励机制开始注重教师个人的业绩与实际贡献，而科研成果恰恰就是这种业绩与贡献的突出表现。因此，这一分配原则在某种意义上引导了汉院及其教师对科研活动的重视，以及对成为一个独立的教学科研单位的渴望。此外，汉院内部在各种科研奖励、房子、奖金等方面的福利分配上恐怕也在一定程度上遵循了上述分配原则，由于它事关每一个教师的切身利益，因此，潜移默化地融入对机构成员及机构本身的变革当中。

4．与研究生教育制度有关的权力下放

国家在研究生培养方面的权力下放主要体现在扩展研究生培养类别以及学位授权点和博士生指导教师审核权的下放等方面。

加快研究生教育的发展，改善结构和布局，进一步明确不同类型研究生

① 佚名．校长××在春季全校干部大会上的讲话（2001年2月19日）［A］//《S大学年鉴》编委会．S大学年鉴（2002）．S大学出版社，2003：23.

② 中共中央组织部、人事部、教育部关于印发《关于深化高等学校人事制度改革的实施意见》的通知（人发〔2000〕59号）.

的培养目标和规格，在满足教学、科研岗位所需人才的同时，着重加强应用人才的培养，注意吸收在职人员接受研究生教育，在一些行业试行专业学位制度。……加快下放硕士学位授权点和博士生指导教师审核权的试点工作……改善研究生培养的物质条件，提高教育质量，在21世纪内力争有一批学校和重点学科的研究生教育进入世界先进水平。①

上述权力的下放与后来S大学对外汉语教学机构在学生培养类别上的拓展不无关系。进入21世纪，汉院的学历教育出现了两次扩展，一次是汉院开始培养更趋应用性的对外汉语教学专业硕士——汉语国际教育硕士，另一次是汉院最终获得了博士招生权。

（三）专业/学科的逻辑：以语言学科为主的跨学科建构取向

依据赵康提出的衡量专业成熟度的六条标准来看，20世纪90年代，我国对外汉语教学专业仍处在专业化或学科化的发展过程中，专业成熟度有所提高，但仍旧尚未发展成一个成熟的学科，这种“渐变”的色彩表现在以下几方面。

第一，通过20世纪90年代初《对外汉语教师资格审定办法》的颁布，对外汉语教师作为我国一种正式的全日制职业资格得到了官方的认可与保护，对外汉语教师的资格审查与证书颁发，一定程度上规范了对外汉语教学的从业队伍，“持证上岗”逐渐被各大学对外汉语教学机构奉为新进人才的基本要求。

第二，对外汉语教学专业学术团体在20世纪90年代的学术讨论异常活跃，围绕着学科定位、学科理论架构、学科等级等问题展开了激烈的辩论，在一定程度上取得了某种学术共识，但是，其两大专业学术团体一个在21世纪初停止了活动，一个被国家主管对外汉语教育事业的行政机构——汉办所控制，学术讨论的氛围受到了一定程度的消极影响。

第三，对外汉语教学的专业知识积累虽在逐步增长，但学术界在对外汉语教学学科的定位与理论架构等事关学科发展方向的基本问题上仍存在较大的分歧，对外汉语教学学科虽被学界广泛认可为一门交叉边缘学科，需要综合运用语言学、教育学、心理学等多学科的知识，但在实际中，该学科的知识仍十分明显地主要受到汉语语言学科的影响，其他母学科知识的运用和渗透非常有限，这在一定程度上仍然使得对外汉语教学专业知识的独特性尚不明了，特别是几乎很难在根本意义上得到汉语语言学科专家的认可，也就很难获得真正意义上的学术自治。

---

① 国务院批转国家教委关于加快改革和积极发展普通高等教育意见的通知（国发〔1993〕4号）.

第四，随着国家汉语推广运动的展开，对外汉语教学专业人才的社会认可度较之前有了较大幅度的提升，本科人才的培养院校和实际数量持续增长，硕士层次的研究生培养类型在过去单一的学术型硕士的基础上，拓展出了一种注重教学和实践知识应用的专业型硕士——汉语国际教育硕士，此外，研究生的培养层次也首次扩展到博士阶段，不过能够培养对外汉语教学方向的博士研究生的高校仍然比较有限。

对S大学的对外汉语教学机构而言，这种专业/学科仍未成熟的准专业/学科的逻辑突出表现在：20世纪90年代，S大学的对外汉语教学机构在组织地位上仍未真正获得与大学其他平行院系同等的待遇；教师的教学任务十分繁重，但兼职教师制度的逐步规范化在一定程度上缓解了教师的教学压力；教师的学历和职称虽有所提高但在总体上仍有较大的提升空间；汉院的科学研究刚刚起步，对母学科还有着较为明显的依赖①；关于留学生汉语本科专业的设置申请被S大学驳回，并因此与其母学科组织——中文系之间的矛盾被激化，两者的关系由合作转向对立；进入21世纪以后，随着对外汉语教育学院的成立，S大学的对外汉语教学机构作为一个独立的大学二级教学科研单位的地位得到了最终确立，教师的科研成果日渐增多，学术水平日渐提高，学术背景趋于多元；关于博士招生权的申请经过与学校有关职能部门以及中文系的艰难博弈，最终获得了许可，虽然因此与中文系间的矛盾被再一次激化，但两者间的紧张关系在这一矛盾解决后得到了暂时的缓和。

（四）市场的逻辑：留学生生源市场的进一步扩张

进入20世纪90年代，随着我国由计划经济体制向市场经济体制的转轨，以及以经济建设为中心的治国理念的确立，“汉语学习者的成分和目的发生了巨大深刻的变化，为能从事跟中国进行经贸、科技、外交、文化交流等目的而学习汉语已成为主流，大众为职业竞争掌握一门外语技能、将汉语作为实用工具的汉教大市场逐步得以形成。”② 与此同时，中国大学中的留学生选拔与录取不再只通过政府这一条途径，大学作为留学生的直接培养单位，在一定程度上逐步获得了自主招收各种来自官方与非官方渠道的留学生的权力，留学生的生源配置情况开始更多地依赖校方在广阔的生源市场上的自主表现。

国家和大学对包括对外汉语教育在内的整个留学生教育的意义及留学生的身份的认知也逐渐发生了转变。来华留学教育事业已被认为是“国家发展

① 笔者在汉院1996年的档案资料中发现，其关于1996—1997年的总共四场学术报告会安排中，有三场都是中文或外国语言学家关于语言学研究的学术报告，只有一场是对外汉语教学学科专家的报告，这也侧面反映了这一时期汉院对母学科及其学科人才的依赖。

② 张德鑫. 对外汉语教学五十年：世纪之交的回眸与思考［J］. 语言文字应用，2000（1）：52.

软实力的重要力量”,[①] 大学特别是我国的高水平研究型大学逐渐把留学生教育看作是创办具有国际影响力的世界一流大学的重要组成部分。留学生的身份不仅是中国大学中的特殊教育消费者，也是传播中国文化、搭建中外相互沟通与理解的重要桥梁。

在上述背景下，S大学的留学生生源得到了持续的增长，留学生教育与管理工作得到了大学的高度重视，其有关校领导在全校干部大会上的讲话中曾这样表述：

留学生教育在创建世界一流大学过程中也具有重要的战略地位，必须大力发展，不断改善留学生的学科、地域分布和层次结构。在管理上，要针对留学生教育的特殊性，继续贯彻“统一领导，归口管理，分级负责，协调配合”的原则，实行特殊的管理政策，学籍管理由教务部负责，使留学生在学习过程中融入中国学生中……[②]

作为S大学留学生教育的重要窗口，汉院在应对不断扩张的留学生市场时也采取了多样化的应对办法。这主要体现在汉院不断创新和扩展了留学生汉语教育的形式和内容，针对留学生市场的不同需求，开发了不同的汉语学习项目。例如，汉院针对不同类型的学生（如普通进修生、短期进修生、暑假和寒假来的学生、为升入S大学本科进修汉语的学生、需要个性化地设定学习时间的学生等）开设了各种类型的汉语学习班（如长期班、学期班、短期班、预科班、特殊项目班等）；在校领导和主管部门的指导下，汉院与国内一家某校外民办教学实体机构共同开办了面向留学生学习汉语的非学历培训项目;[③] 根据校研究生院的有关规定，开办了汉语言文字学专业（对外汉语教学方向）的研究生课程班（学生在周末上课，学制一年半）[④]，课程班有的学生还成为汉院的兼职教师;[⑤] 在S大学社科部的协调和支持下，还承担了与外国某公司合作的汉语口语自动化考试项目。[⑥]

---

① 张秀琴．总结过去，谋划未来，开拓创新，共谱来华留学教育事业新篇章［A］//教育部国际合作与交流司，外国留学生教育管理学会．播种友谊，桃李五洲：新中国来华留学教育60年纪念文集．北京，2010：17.

② 佚名．校长××在秋季全校干部大会上的讲话（2001年8月30日）［A］//《S大学年鉴》编委会．S大学年鉴（2002）．S大学出版社，2003：28.

③ 以上内容源自S大学对外汉语教学机构2004年年鉴。

④ 以上内容源自S大学对外汉语教学机构2003年的档案资料中该机构“2003年年鉴”的一部分。

⑤ 以上内容源自S大学对外汉语教学机构2006年的档案资料中该机构“2006年工作总结”的一部分。

⑥ 以上内容源自S大学对外汉语教学机构2010年的档案资料中该机构“2010年工作总结”的一部分。

第八章　总结与讨论：多重制度逻辑的形塑与组织的变迁

第一节　案例组织变迁的理论解释：多重制度逻辑的视角

从第四章到第七章，笔者按照S大学对外汉语教学机构历史变迁的时间顺序，逐一呈现了这一组织在不同的历史时期的组织形式与功能的动态变迁，并运用组织场域和制度逻辑这两个新制度主义理论中的重要概念，分析了在每个历史时期，围绕着案例组织的诞生与演变所形成的组织场域及其中的多重制度逻辑的内涵（见表8－1）。

表8－1　案例组织变迁中多重制度逻辑的内涵演变

制度逻辑	组织变革期		
	语文班与教研组时期	对外汉语教学中心时期	二级学院时期①
国家逻辑	教育要为无产阶级政治服务	教育为国家经济建设服务	通过提高教育质量增强我国的综合国力与国际竞争力
科层制逻辑	高度集权与直接管理	简政放权与宏观管理	进一步的简政放权与宏观管理理念的推进
专业/学科逻辑	专业/学科尚未形成	以语言学科为参照系的准专业/学科建构取向	以语言学科为主的跨学科建构取向
市场逻辑	留学生生源完全由国家控制，不存在市场	留学生生源的国家控制与市场的初步放开	留学生生源市场的进一步扩张

① 包括海外教育学院和对外汉语教育学院两个二级学院。

本部分将着重分析上述组织场域中的多重制度逻辑是如何共同形塑了案例组织的变迁，以及组织场域中的有关行动者是如何利用多重制度逻辑促成了案例组织的变迁。

一、案例组织的诞生与早期变革：语文班与教研组

（一）多重制度逻辑对案例组织的形塑

S大学对外汉语教学机构的诞生（即“S大学外国留学生中国语文专修班”）与其前身组织——中国另一所大学的“东欧留学生中国语文专修班”的诞生具有一脉相承的特点，它们主要都是为完成中国政府赋予的政治和外交使命而建立起来的，贯穿着教育要为全世界无产阶级政治服务的国家逻辑，因此，早期语文班的外国留学生主要是来自社会主义国家的留学生，如东欧国家、朝鲜和越南的留学生。与此同时，国家逻辑之所以能完整地渗透到S大学中发挥效用，还因为我国有一套与当时特定的国家逻辑相协调的高度集权的科层管理体系，这种科层制的逻辑有效地配合了国家逻辑，在使国家意志付诸实现的过程中，扮演着重要的执行角色。S大学的语文班在历史上并没有存在多长时间即被撤销，此后，S大学的对外汉语教学机构又先后经历了公共汉语教研组的建立、解体与恢复，这些早期的机构变革都与我国的教育几乎完全从属于政治的治理理念有着异常紧密的关联。在这种历史条件下，可以说，S大学对外汉语教学机构的诞生与早期变革主要是由当时特定的国家逻辑所发挥的主导作用所形塑的，在形塑过程中，科层制的逻辑起到了关键的协调与配合作用。

此外，与国家逻辑和科层逻辑在S大学对外汉语教学机构的诞生与早期变革中发挥的主导作用相呼应的是，在当时异常纷乱的政治氛围之下，对外汉语教学工作在大学中更多地扮演的是完成上级组织交给的“政治任务”的角色，几乎没有开展相应的科学研究，也没有产生多少属于自己的独特知识，因此，它作为一个专业或学科的逻辑在S大学内部尚未形成；与之类似，对外汉语教学的留学生市场也由于国家几乎完全控制了生源而未见发育。所以，国家逻辑和科层制逻辑可谓在几乎没有遇到来自大学内部和外部的任何制度逻辑的竞争与抵抗的情况下，长驱直入大学内部，简单而明确地形塑了S大学内部对外汉语教学机构的设置与变革。

（二）组织自身对多重制度逻辑的利用

在S大学对外汉语教学机构诞生和发展的早期，由于国际和国家政治与外交局势的频繁变动，组织的存在方式也有着相当程度的不稳定性。在这一

背景下，案例组织本身的人员构成情况比较多变，教员的流动也较为频繁，因此，并没有培植出专属组织本身的强大的派系结构。于是，当发生组织被撤销或迁移出S大学等违背其永续存在利益的情况时，组织的内部成员很难发挥有效的抵抗作用。当然，从另一个角度看，这也是由于当时国家和科层逻辑的作用异常强大，相比之下，组织内部成员反对组织撤销和迁移的力量则显得十分微弱，很容易被强大的外部制度逻辑所冲垮。例如，在S大学语文班要搬出S大学前，据一位受访者回忆，S大学曾就此事“讨论过几次，开始语文班（的教员）反对，但最后还是定下搬了过去。”①

不过，案例组织内部成员的力量虽然弱小，但对组织的发展并非完全没有自主性。其实，在案例组织早期的发展过程中，组织为了获得适宜的生存方式，也巧妙地利用过国家逻辑和科层制逻辑。例如，S大学语文班与留学生管理机构建立联系就可以部分看作是其组织成员主动探求的结果。1955年8月，在高教部颁发的《对各国来华留学生管理工作的注意事项》提到：涉及对外关系或重大问题时须报部请示……为保证做好这项工作，学校应根据留学生管理办法的规定，在校长领导下成立留学生专管机构或指定专人负责。② 循此逻辑，同年11月，语文班向学校呈送“外国留学生中国语文专修班改进工作意见”，建议S大学迅速成立留学生工作组，设专人负责，订立相应制度，经常做有关人员及留学生的思想工作及解决一些重大问题。③ 在国家的行政指令与语文班的主动探求的联合攻略之下，S大学终于在1956决定成立了留学生工作办公室。

二、案例组织的持续变革：从教研组到汉语中心

（一）多重制度逻辑对案例组织的形塑

S大学的对外汉语教学机构从学校的外事部这一行政机构独立出来，在原汉语教研组的基础上组建直属学校的教学单位——对外汉语教学中心，是多重制度逻辑共同作用的结果。

首先，从20世纪70年代末到80年代，中国政府在推动教育事业发展方面的治理理念逐渐从“教育要为无产阶级政治服务”转向了“教育要为国家经济建设服务”。在这一国家逻辑发生转变的背景下，市场的逻辑开始发挥作用，即一个留学生汉语教学的市场逐渐显露了它的雏形，这一市场的

① 出自对受访者O－20121106（1）的访谈。
② 见《S大学外国留学生工作纪事》（内部刊印），第9～10页。
③ 见《S大学外国留学生工作纪事》（内部刊印），第10页。

需求方为大量渴望通过民间渠道来华学习汉语的留学生，供给方为中国各大学特别是有对外汉语教学传统的知名研究型大学，如S大学。为了增强高校服务于国家经济建设、满足留学生汉语教学需求的主动性和积极性，我国高度集权的科层管理模式开始向简政放权和宏观管理过渡，这使得S大学自主调整和设立其内部学术组织成为可能。

其次，在国家逻辑和科层逻辑出现变化、市场逻辑开始显现的同时，对外汉语教学作为一个准专业/学科的地位开始逐步得以确立。这样，S大学对外汉语教学机构不仅作为一个语言培训机构也是一个大学学术组织的身份诉求就与当时其隶属于学校行政部门下的事实产生了比较尖锐的矛盾，或者说，对外汉语教学的准专业/学科逻辑与案例组织在S大学内部科层序列中的固有位置存在逻辑错位的事实。因此，S大学将对外汉语教学机构从隶属学校行政机构的科层序列中分离出来，实际上是上述四重制度逻辑相互协调和碰撞的结果。

最后，案例组织在获得初步的独立之后，能在学生培养层次上实现扩展，同时与其主要依赖的母学科组织中文系保持比较密切的合作关系，主要是其以语言学科为参照系的准专业/学科逻辑发挥作用的结果。在对外汉语教学作为一个新兴的专业/学科跻身学术界之时，它主要是依赖或者参照汉语语言学科的模式来发展的，这与其早期教员的受教育背景以及汉语语言学科的有关学术明星的鼎力支持有关。S大学的汉语语言学科中的有关学术带头人同样对对外汉语教学专业/学科价值给予了高度的认可。正如伯顿·克拉克所言，新学科能否诞生，除了人们在界定它时所持的理由是否充分以外，还取决于学术团体怎样理解具体的变化对自身的影响。只有在获得一定数量的真心实意的支持者以后，一个新的主张才能在许多反对者中争得一席之地。……新的领域几乎总是需要在旧领域里有一些强有力的朋友。一般来说，它们所研究的知识内容和分析方法必须被邻近学科的人视为具有学术性。①

（二）组织自身对多重制度逻辑的利用

20世纪70年代末以来，随着来S大学学习汉语的留学生的增多以及汉语教研组对S大学经济创收的贡献增多，案例组织不仅稳定地存续了下来，而且开始逐步形成了独立的派系结构，在这一背景下，它开始具有了更多的主动寻求组织变革的动力和实力。在案例组织从依附在外事处下面的汉语教

① 克拉克. 高等教育系统：学术组织的跨国研究［M］. 王承绪，徐辉，殷企平，等译. 杭州：杭州大学出版社，1994：220，249－250.

研组向独立的对外汉语教学中心转变的过程中，在以下两个方面突出地体现了组织自身的能动性。

第一，利用了科层的逻辑。一位当时汉语教研组的负责人，通过各种渠道向当时S大学的有关校级领导多次表达了组织独立的强烈意愿，在国家逐步下放大学办学自主权的背景下，来自S大学内部科层体系上层的校领导的支持，显然是组织获得独立的重要砝码。

第二，利用了专业/学科的逻辑。汉语教研组摆脱与其组织性质完全不同的行政机构的重要理由之一，就是对自身作为一个教学科研单位性质的强调。在S大学这样一个中国知名的研究型大学中，其内部的次生学术组织只有具备了一定的专业/学科基础才能站稳脚跟，而由全国性的对外汉语教学专业学术团体的成立、邻近的语言学科专家的支持所构建出来的专业/学科的逻辑，恰好成为案例组织获得独立的重要依据。在汉语中心成立后，为了寻求组织在教育类型上从汉语预备教育向正规学历教育的扩展，汉语中心也利用了其主要依赖的语言学科组织——中文系的师资力量，实现了培养自己专业的硕士生的突破。

三、案例组织的持续变革：从汉语中心到二级学院

（一）多重制度逻辑对案例组织的形塑

S大学的对外汉语教学机构从一个行政级别不甚明确的教学单位——对外汉语教学中心升格成为一个联邦式的二级学院，进而又转变为一个真正意义上的独立的二级学院，同样是多重制度逻辑共同作用的结果。

在两次学院化的组织变革的过程中，案例组织面临着同样的国家逻辑和市场逻辑的影响。首先，我国的教育治理理念从强调教育要为经济建设服务逐步过渡到了通过提高高等教育质量来增强我国的综合国力和国际竞争力的教育理念。这一国家逻辑的转变，一方面要求作为S大学一个二级学术组织的对外汉语教学机构必须同其他平行院系一样在学科建设、学术发展上追求卓越，为实现高层次人才培养和S大学建设世界高水平研究型大学的目标而努力，另一方面则要求它要发挥语言教育的特有优势，为构建我国的“软实力建造起一座宽阔的中外经济文化交流和人民交往的桥梁”① 而做出自己的贡献。其次，市场的逻辑则随着来我国大学学习汉语的留学生生源持续激增而得到逐步深化，一所大学的对外汉语教学机构的发展开始更多地依赖校方

① 陆俭明．对外汉语教学展望［EB/OL］．［2003－09－26］．http://ccl.pku.edu.cn/resource.asp?item=1&expand=229&sort=hits.

在广阔的生源市场上的竞争结果。S 大学由于位列中国知名研究型大学的行列，故而留学生生源始终比较充足。这两重制度逻辑为 S 大学对外汉语教学机构的组织升级与独立化发展提供了重要的外部形塑机制。然而，相比之下，另外两重制度逻辑——科层制的逻辑和专业/学科逻辑在案例组织的两次学院化变革的过程中发挥了更为关键的作用。

在从独立的对外汉语教学中心向海外教育学院的转变过程中，科层制的逻辑发挥了主导作用。随着从国家中央教育部门向大学的简政放权与宏观管理理念的进一步推行，S 大学作为一个独立存在的“法人实体”获得了自主设置和管理其内部学术机构的权力。因此，S 大学的对外汉语教学机构的存废与变革都成了一个学校自主决定的行为，国家有关教育行政部门不再具有干涉的绝对权力。在这种科层权力分配机制的作用下，由汉语中心、留学生办公室、港澳台学生办公室、境外办学办公室共同构成的海外教育学院，实际上是 S 大学高层领导在充分考虑汉语中心的学科发展背景及其组织升格意愿、众多兄弟院校对外汉语教学机构的学院化建制事实，特别是在实现学校内部相关机构间的整合与协调管理的基础上自主决定的结果。将教学机构与行政机构“打包”组建新的学院，很大程度上是学校既考虑行政的便利又满足教学机构升格需求的一种妥协的办法，或者说是原本相互冲突的对外汉语教学的专业/学科逻辑和大学内部的科层逻辑在案例组织升格的过程中实现了某种协调。尽管其他类型的制度逻辑对这次 S 大学对外汉语教学机构的组织变革均有一定的影响作用，但发挥决定性作用的却是科层序列中大学层面的机构设置自主权，而这一自主权的获得又是这一时期的科层逻辑变化的结果。

海外教育学院取消后，S 大学的对外汉语教学机构短暂挂靠在学校的外事部门下。在从挂靠在学校外事部门下的汉语中心向对外汉语教育学院的第二次学院化转变的过程中，专业/学科的逻辑和科层制的逻辑共同发挥了主导作用。首先，随着对外汉语教学专业学术团体的努力，关于对外汉语教学学科的性质、地位等决定学科发展方向的根本性问题在学术界得到了比较深入地讨论，尽管分歧仍然存在，但也达成了许多共识，这使得对外汉语教学作为一个特殊的、不同于语言学科的、强调知识应用性的、交叉边缘学科的事实逐渐深入人心。于是，以这一学科为依托的案例组织开始试图使其声誉的控制方由母学科群所在的组织向自身组织内部的自我控制转化，而这种自治的实现就需要组织的相对独立。其次，S 大学在学校内部机构设置问题上基本摆脱了来自科层序列中的国家干预，由大学根据自身的具体情况来自主决定。当案例组织所依托的学科日渐趋于自我控制的前提下，它“对自上而下的监督和控制的有系统的抵抗并不手软”，[①] 也就导致了其对于长期以来合署办公的S大学外事行政部门产生了日益强烈的分离与抵抗的态度，并最终经由S大学高层领导的认可和支持而得以成功独立。

（二）组织自身对多重制度逻辑的利用

在案例组织从学校直属的对外汉语教学中心向海外教育学院转变的过程中，在以下几个方面突出地体现了组织自身对多重制度逻辑的运用。

第一，对国家逻辑的利用。案例组织在寻求组织建制扩张，向学院化方向发展的过程中，一直把其机构所包含的汉语教学使命与国家的软实力建设、中国国际形象的塑造捆绑在一起，试图以此提升组织在S大学中的政治形象与价值。

例如，在海外教育学院成立初期的一项学院工作计划中，案例组织曾这样强调其工作的意义。

国家对外汉语教学三年工作计划中指出：对外汉语教学工作的指导思想是积极向世界推广汉语、弘扬中华文化，促进人类的繁荣和发展；培养对我友好、学有专长、受国际人才市场欢迎的汉语及中国文化专门人才；通过教育、宣传方式，增进外国人对中国的了解，扩大我国的国际影响，提高中华民族的声誉，促进我国的国际交流与合作，直接为我国的改革开放服务。对外汉语教学兼具教育和对外宣传两项内容，是国家和民族的事业。认识这一工作的现实意义及深远的历史意义对于做好我们当前的工作是十分重要的。如果只看到创收了多少或争得了几次出国机会，那就是忽视了我们工作的意义。……汉语短期教学和基础汉语教学是我们的重点。[②]

又如，在对外汉语教育学院成立初期的一项呈报S大学有关校级领导的“关于学院开拓发展的报告”中，案例组织也曾这样强调其工作的意义。

在日前召开的有关会议上，教育部领导明确指出：为实施“汉语桥”工程，国家决定今后几年内，在若干个国家设立“孔子学院”，以向世界传播中国文化，今年下半年和明年一季度之内则务必建成16个孔子学院。它要求各院校“抢抓机遇”，以创新、集成、跨越的精神，办好各自承担的办学任务。……这是国家的指令性任务，学院研究要以积极的姿态，倾全力把任务完成好。之所以教育部有如此大的举动，是近年来中国国力的明显增强及对外汉语教学形势大好的必然结果。……教育部已经决定明年8月召开首届

---

① 克拉克. 高等教育系统：学术组织的跨国研究［M］. 王承绪，徐辉，殷企平，等译. 杭州：杭州大学出版社，1994：192.

② 以上内容源自S大学对外汉语教学机构1995年的档案资料中“对外汉语中心95—96工作重点”的一部分。

世界汉语大会，S大学是其中的一个分会场。为了适应国家汉语教学发展对我们的要求和学校创建一流大学的需要，我们不得不向学校领导如实陈达学院存在的和学院本身无力解决的困难和问题，希望得到领导的理解和支持。①

第二，对科层制逻辑的运用。随着国家权力的下放，决定案例组织能否实现预期变革的根本力量在于S大学学校层面。因此，案例组织在寻求学院化建制的过程中很大程度上借助了学校高层有关领导的支持。例如，一位汉院的教师就提到由有关校领导出任海外教育学院院长的好处：在汉语中心没有"大学者"的情况下，让校领导来兼任，能够在学校获得更多的机会，能够发出声音。② 而且，在寻求研究生培养层次向博士拓展的过程中，汉院也积极争取了S大学高层领导以及研究生院有关领导的支持。

第三，对市场逻辑的运用。由于来S大学学习汉语的留学生生源一直源源不断，而国家又在一定程度上允许各大学招收自费留学生，因此，S大学的对外汉语教学机构通过扩招自费留学生，为S大学做出了很多经济贡献。于是，在其寻求组织升级和扩张的过程中，也曾以此为理由试图说服S大学高层领导。例如，在有关档案中，案例组织曾这样表达自己的立场。

学院面临的困难和问题——当务之急是要解决学院教学大楼的问题。留学生人数猛增，学院教室短缺，现有教室有的条件太差，我们的学费最贵，是全国之冠，给学校带来了不少负面影响。……发展留学生教育事业是国家外交的需要，它同时可以较其他单位为学校带来较丰厚的经济效益，学校应抓住近几年留学生事业大发展的机遇，为我校留学生事业的发展创造必要的硬件条件。③

学院的教学设施、办公条件无论从数量上还是质量上在校内已属少有的"第三世界"范围……来我校的外国留学生总体上质量是全国最高的，当然，我们所收学费在全国也是最高的，在我们同留学生的接触中，他们对S大学的高收费心有余悸，教室则是其中一条。他们说，我们交了那么多学费，怎么让我们在厕所边的小旮旯里上课？……我们为学校带来了可观的经济效益……一个在校留学生一年消费10万元人民币，这个估计或许有些保守，即使如此，在学院学习的千余名留学生年消费达亿元人民币。住宿和消费除掉，上缴学校的学费一项达2 500万元人民币。④

---

①④ 以上内容源自S大学对外汉语教学机构2004年的档案资料中"关于学院开拓发展的报告"的一部分。

② 出自对受访者T/O－20130116的访谈。

③ 以上内容源自S大学对外汉语教学机构2004年的档案资料中该机构"2004年工作总结"的一部分。

四、案例组织变迁总揽：变化的多重制度逻辑的形塑及其利用

（一）多重制度逻辑的共同形塑及其有效利用

表 8－2　影响案例组织变迁的多重制度逻辑列举

组织变迁的历史分期	语文班与教研组时期	对外汉语教学中心时期	海外教育学院时期	对外汉语教育学院时期
制度逻辑	国家逻辑	国家逻辑	国家逻辑	国家逻辑
	科层制逻辑（大学外部）①	科层制逻辑（大学内部）	科层制逻辑（大学内部）	科层制逻辑（大学内部）
	—	市场逻辑	市场逻辑	市场逻辑
	—	专业/学科逻辑	专业/学科逻辑	专业/学科逻辑

如表 8－2 所示，在案例组织发展变革的前 30 年（即语文班和教研组时期，从 20 世纪 50 年代到 80 年代初），由于其所依托的对外汉语教学专门知识的积累有限、学生来源不稳定，使得组织的诞生与演变似乎主要是在国家和大学外部科层逻辑的双重作用下的“随波逐流”，市场和专业/学科的力量尚未达到足以形塑组织变迁的程度；在组织发展变革的后 30 年（即对外汉语教学中心、海外教育学院和对外汉语教育学院时期，大约从 80 年代至今），对外汉语教学专业/学科逻辑以及市场的逻辑开始逐渐发挥出强有力的效力，与国家和大学内部的科层逻辑共同形塑了案例组织的变革。80 年代以后，随着对外汉语教学工作者学科意识的觉醒，案例组织中的主要领导者对多重制度逻辑的策略性运用，有力地促进了组织向着独立化建制的方向发展，并最终获得了一个相对独立的发展空间。

纵观案例组织变迁的全过程，国家逻辑（教育为无产阶级政治服务→教育为国家经济建设服务→通过提高教育质量增强我国的综合国力与国际竞争力）和大学外/内部的科层逻辑（高度集权与直接管理→简政放权与宏观管理→进一步的简政放权与宏观管理）可谓是形塑 S 大学对外汉语教学机构变革的“一以贯之”的逻辑，尽管这两重制度逻辑背后所体现的基本规则历经变迁，但它们总体上均具有高度的内部协调性和匹配性，同时又能被案例组

① 为了进一步厘清影响案例组织变革的科层逻辑，这里将其细分为大学外部和大学内部的科层逻辑，前者表示国家有关高等教育的治理理念，通过大学上级教育行政主管部门的政策、指令，规训着大学的组织变革；后者表示大学自身行政系统所秉持的治理理念在大学内部组织设置与调整中的贯彻实施。

织适时地加以利用，从而成为促进案例组织升格与壮大的重要制度力量。其中，大学外部的科层逻辑在组织变革的前30年发挥了重要的作用，但在组织变革的后30年，随着大学办学自主权的扩大，大学外部的科层逻辑对组织的形塑作用日渐式微，而大学内部的科层逻辑则开始发挥更为关键的作用。

市场逻辑（留学生生源的国家控制与市场的初步放开→留学生生源市场的进一步扩张）是在组织变迁的后30年才出现并影响组织变革的制度力量，由于我国特殊的高等教育管理体制，它在某种程度上基本可看作是在教育要为经济建设服务的国家逻辑和简政放权与宏观管理相结合的科层逻辑的推动或应允之下，顺势加入的一股制度力量，它同样被案例组织所利用，成为其与S大学校方就组织独立与升格进行谈判时的重要筹码，对案例组织的扩张起到了推波助澜的作用，但由于国家逻辑后来不再一味着重强调教育要为经济建设服务，使得市场逻辑成为一种逐渐式微的逻辑，对于组织渴望的转型与变革不再具有重要的促进效应。

然而，与市场的力量同时开始发挥作用的专业/学科的逻辑（以语言学科为参照系的准专业/学科建构取向→以语言学科为主的跨学科建构取向）随着对外汉语教学专门知识的积累和专业/学科建设的深化，却成为影响组织变革的一种渐次展开甚至是后发制人的制度逻辑，特别是当国家逻辑转向强调“通过提高教育质量增强我国的综合国力与国际竞争力”以后，加强对外汉语教学专业/学科建设被案例组织巧妙地整合进S大学建设世界高水平大学的价值诉求中，从而实现了组织的进一步独立和扩张，即最终获得了一个真正意义上的大学二级教学科研单位的合法席位。虽然专业/学科的逻辑在对外汉语教学学科形成和发展的初期，对于组织争取完全独立并没有产生实质性的影响，只是在其争取母学科所在组织——中文系的支援与帮助的过程中发挥了效力，而且，海外教育学院作为一个松散“联邦”的成立，实际上也间接表明了专业/学科的逻辑在与大学内部的科层逻辑的竞争中败北；但是，在S大学向世界高水平大学迈进、日渐强调学术繁荣的过程中，专业/学科的逻辑对案例组织的形塑已经并正发挥着日益显著的作用却也是不争的事实。

（二）对多重制度逻辑形塑及其利用的反思

由上述分析及表8－3可以看出，在案例组织变迁的整个历史过程中，国家逻辑和来自大学内外科层体系中的制度逻辑从始至终都发挥着重要的形塑作用，组织的诞生本身就是作为中国政府下属教育机构的大学，响应教育要为全世界无产阶级政治服务的国家逻辑的“仓促应急”的产物，这使得案例组织早期的发展、停滞与消亡可谓完全屈从于来自外部的国家和科层逻辑的力量，而其作为一个大学次生学术组织的内在意志因其诞生之初毫无学术根基而几乎处于完全空白的状态。与此同时，市场的逻辑作为一支重要的力量跻身影响案例组织变革的制度行列，其实也是在当时的国家和科层制逻辑的默许与培育之下才悄然发生的，因此，当国家逻辑的内涵发生变化时，它对组织扩张的促进效应就显得越来越有限。

表 8－3 影响案例组织变革的多重制度逻辑的性质和种类

制度逻辑的性质描述	制度逻辑的对应种类
“一以贯之”的制度逻辑	国家逻辑、科层制逻辑（大学外/内部）
“逐渐式微”的制度逻辑	市场逻辑
“后发制人”的制度逻辑	专业/学科逻辑

真正可以与国家、科层和市场这三重来自案例组织外部的制度逻辑相抗衡的其实只有专业/学科逻辑，然而，由于案例组织所依托的对外汉语教学专业知识的空白与长期匮乏，对外汉语教学专业/学科经历了一个从“非专业/学科”“准专业/学科”到“交叉边缘学科”的艰辛的专业/学科建设过程，在这一过程中，专业/学科逻辑实际上长期无法作为可与其他几重制度逻辑相对抗的制度逻辑，决定案例组织的关键性变革，直到对外汉语教学学科作为一个交叉边缘学科的地位逐步获得官方和学术界的认可之后，专业/学科逻辑才开始成为影响案例组织独立与扩展的重要力量登上历史舞台。

总体而言，案例组织的变迁路径主要是由多重制度逻辑本身的变迁所形塑的，而不是由多重制度逻辑间的冲突和对抗所形塑的。国家、科层和市场这三重制度逻辑更多的是相互协调与配合，只有专业/学科的逻辑能与之形成对抗，影响组织的变革路径。然而，由于对外汉语教学专业/学科的力量长期处于比较弱小的状态，使得它与其他几重制度逻辑在相当长的时期内并未形成真正的对抗，或者说专业/学科的制度逻辑长期以来并没有构成足以与其他几重制度逻辑相抗衡的竞争性制度逻辑，并在根本意义上左右组织的变革路径。不过，在案例组织最近十年以及未来的发展中，专业/学科的制度逻辑似乎正在成为案例组织进一步发展壮大的有利武器，对这一制度逻辑的培育和利用，将可能在更大意义上影响组织当前及未来的发展走向。

从变化的多重制度逻辑的视角回望组织变迁的坎坷之路，不难发现，S大学的对外汉语教学机构从一个名不见经传的语言教学组织发展成为一个相对独立的大学二级学术组织，主要靠得并不是常规的大学内部学术组织所依托的专业/学科基础，而是国家、科层制和市场等外部力量的形塑。不过，随着对外汉语教学学科建设的日益完备，案例组织存在与发展的合法性诉求已经开始向常规的大学学术组织靠拢。尽管其所依托的交叉边缘学科的发展尚不成熟，仍无法与主流学科相比肩，但专业/学科逻辑仍可能成为一种强劲的竞争性的制度逻辑与其他几重制度逻辑一道共同影响组织未来的变革与发展。

第二节　案例组织发展的秘诀、困局与反思

一、案例组织发展的秘诀

回顾S大学对外汉语教学机构半个多世纪的变迁历程，它能从一个小规模的、没有任何学科基础的教学单位——语文班，一步步发展为一个相对独立的二级教学科研单位——对外汉语教育学院，可谓苦心孤诣、历经磨难。这其中，一直在较深层次上制约它发展的恐怕要数它所依托的对外汉语教学专业/学科的独特的发育过程。在今天来看，与S大学其他若干并立的二级学院相比，像对外汉语教育学院这样仅依托一个尚不甚成熟的交叉边缘学科就获得了一个通常的要传统学科或学科群才能享有的组织席位，确实不是一个顺理成章的事情。除了前文笔者所挖掘的形塑汉院变革的多重制度逻辑的作用以外，汉院自身作为一个行为主体所采用的某些策略为其获得今天的组织席位可谓立下了汗马功劳，这体现在以下几个方面。

（一）策略性地构建和利用新的制度逻辑，强调组织声誉的多重来源

在案例组织发展变革的很长一段时间中，特别是前30年，由于对外汉语教学的专门知识积累非常有限，学科尚未形成，所以组织的发展似乎一直是在国家逻辑和科层制逻辑的作用下“随波逐流”，很难看到其主动性的发挥。到20世纪80年代以后，随着生源的激增、教员的扩充以及整个学术界学科意识的觉醒，S大学对外汉语教学机构自身的派系结构逐渐形成并稳固下来，机构的主体价值逐渐得以凸显，于是为了维护组织成员的利益，策略性地保持组织的存续与发展、增强组织存在的合法性就成为日渐庞大的组织成员的重要目标。

当组织所依托的学科尚难获得广泛认同时，汉院为求得组织的生存与发展，主要是利用它与国家的逻辑和市场的逻辑的契合性，强调其组织存在与发展的政治意义、涉外工作重要性以及它对大学的经济贡献，以此作为和S大学高层谈判的筹码；当它所依托的对外汉语教学学科地位逐步得到社会认

同时，它就开始将专业/学科的逻辑也拉进来，一方面利用母学科组织的学术力量发展和壮大自己，另一方面则开始尝试与其进行学科划界，强调其跨学科的色彩，从而为组织的独立奠定了专业/学科意义上的合法性。

与上述案例组织策略性地构建和利用新的制度逻辑相应，它也在不断地强调组织声誉的多重来源。当其所依托的学科尚难获得广泛认同时，它就主要强调组织的政治外交声誉和经济文化声誉，把组织的阅听人定向于除学术圈以外的人（如政治人物、社会大众），同时侧重对教师教学工作的考核；当对外汉语教学学科的合法性增强时，它的声誉来源又开始向学术领域扩展，逐步把组织的阅听人定向于自己学科内部专家学者，而非母学科的专家，同时更加侧重对教师科研工作的考核。尽管现在来看，案例组织的学术声誉仍然是其各种声誉来源中相对最弱的一项，但是，如果放眼S大学创建高水平研究型大学的未来征程，学术声誉的积累和构建恐怕也将是案例组织未来发展的必要条件。

（二）持续不断地加强专业/学科建设

与常见的大学学术组织的成长逻辑（学科确立在先，组织发展在后）有所不同，包括S大学在内的我国众多研究型大学中对外汉语教学机构的成长轨迹大都是组织成立在先，学科发展在后，也可以说，这类组织具有“学科建设先天不足”的特点。在这种先天不利的条件下，S大学的对外汉语教学机构在20世纪80年代后能逐步获得独立，并持续发展壮大的另外一个关键因素就是它一直在积极努力地利用外界和自己的力量推进和加强学科建设，这突出地表现在以下两个方面。

第一，它与其他对外汉语教学机构群一起，借助国家对对外汉语教师职业资格的官方确认，一定程度上控制了对外汉语教学专业人才的培养和有关的学位授予权。在国家颁布有关对外汉语教师职业资格标准的法规之前，我国的对外汉语教师队伍可谓参差不齐、鱼龙混杂。一旦职业资格标准确立，就意味着对外汉语教师作为一个法定的职业人群必须经过专业机构的认证，而包括S大学对外汉语教学机构在内的该类机构群则通过颁发对外汉语教学方面的学位文凭，为那些目标从业者提供了获取职业资格的可靠途径。正如“职业的边界与目标影响着科学群体的边界与目标”① 一样，对外汉语教师职业资格的确立在很大程度上提升了身处S大学之中的对外汉语教学机构的学术声誉，从而使其加强学科建设的目标得到了某种程度的实现。

---

① 惠特利. 科学的智力组织和社会组织［M］. 赵万里，陈玉林，薛晓斌，译. 2版. 北京：北京大学出版社，2011：78.

第二，它努力地进行了学生培养层次和类别拓展的尝试。学生培养层次从预科教育向本科、硕士、博士生教育的拓展，学生培养类别从非学历生向正规学历生的拓展是案例组织加强学科建设的重要体现。在20世纪80年代中期，对外汉语教学中心刚成立不久，就依靠S大学中文系的力量获得了现代汉语二级学科下的对外汉语教学方向的硕士学位授权。此后，在汉语中心升格为二级学院之后，案例组织又以学院的名义向S大学提出过多次针对留学生的对外汉语本科专业的设置申请，该申请意向在90年代学校组织的几次讨论中虽未获得通过，但直到2005年汉院仍将其列为工作要点在积极争取，[①] 足见其重视程度。与此同时，汉院关于博士培养权的申请则在经历了重重险阻之后于2006年终偿夙愿，汉语国际教育硕士专业学位研究生的培养也在2007年获得了国家批准。迄今为止，除了本科以外，S大学对外汉语教学机构的学生培养层次与类型已形成了“预科—硕士（学术型/专业型）—博士”的完整体系。在这一过程中，案例组织在研究生的课程设置、培养环节的完善、研究生导师的遴选等诸多学科建设的关键环节上都取得了突破性的进展。

在上述两个方面的学科建设中所取得的成绩，进一步夯实了案例组织的学术基础，为其从一个偏重教学的语言培训组织向常规意义上的大学二级教学科研组织进行转变的合法性提供了部分来源。

（三）组织的功能分化：兼职教师的聘用与制度化

随着国家的逻辑从强调“教育要为国家经济建设服务”到“要为提高国家的综合国力和国际竞争力服务”的转变，包括S大学在内的中国各研究型大学逐步拉开了一场建设世界高水平研究型大学的持久战。由于大学是由各个学科组织构成的，因此，大学作为一个整体要向高水平迈进，也就相应地要求其内部各个学科都应该循此方向努力。在这一背景下，案例组织开始由强调组织的政治声誉和经济声誉向寻求更高的学术声誉转型，其突出的表现就是将组织的学术研究职能与语言培训职能进行相对分解，通过聘用大量的兼职教师来完成组织的语言培训职能，让正式教师可以有更多的时间进行学术研究，提高组织的学术声誉。

在案例组织存在的大多数时间里，它主要是作为一个基础汉语教学组织存在的，教师的大量精力主要还是投入在了汉语教学上，并没有太多地关注学术研究。这种状况直到20世纪90年代末、21世纪初仍然存在。例如，笔

---

① 笔者在S大学对外汉语教学机构2005年的档案资料中该机构“2005年工作总结”部分发现有“争取解决设立对外汉语专业本科问题”的记录。

者在档案中发现了几条非常明显的证据。

汉语中心每年接收长期生300人，短期生500多人。而教师只有46人，其中出国任教的12人。教学任务繁重，还承担着科研和教材编写任务。多年来，汉语中心的教师是没有寒暑假，全年处在超负荷运转之中。①

由于教学规模不断扩大，学生层次提高，教师紧缺，学院教师多数周课时为12～14小时，负担过重，影响科研，并且长年如此，暑假不能休息。本学期体检，医生反映，从血象看，与其他院系比较，汉语学院的教师普遍显得疲劳，这引起学院高度重视，为减轻教师负担，学院已经采取了相应措施。②

学院编制急需增加。S大学一定要办孔子学院，这是"走出去战略"的重要步骤。眼下最大的问题是学院的教师力量不够。本来维持学校目前的日常教学，教师就已经十分紧张，但国家的外事任务我们没有条件拒绝，孔子学院我们要办好，办出S大学的特色，派出我们的精锐部队去开拓，去创出S大学的形象和品牌。我们希望学校给学院再增加20个编制。③

然而，在国家精简机构、高校定岗定编的大的行政改革背景下，案例组织要求大量增加正式教师编制的要求显然无法获得S大学的满足。在这种情况下，既要保留组织的语言培训职能，为组织的合法存在继续赢得政治声誉和经济声誉，又要寻求学术研究的突破，就只能采用兼职教师作为替代性资源来部分解放正式教师，使其有更多的时间和精力投入到科学研究当中。案例组织对此策略的重大意义认识得非常明确，而且将其纳入了制度化的建设轨道。

建设一支综合素质好、教学水平高、相对稳定的兼职教师队伍，是客观形势的需要，是用人机制的一种改革，这对于增强我院的教学力量，发展S大学的对外汉语教学，具有重要意义。④

为适应汉语发展形势的需要，学院已经初步建立起以学院专职教师为骨干、以兼职教师为补充的专兼结合的用人机制。2006年将把兼职教师的管理作为常规工作，对兼职教师，从招聘、培训、管理、考核、奖惩，建立一套

---

① 以上内容源自S大学对外汉语教学机构1998年的档案资料中"关于汉语中心党支部申报优秀支部的材料"的一部分。

② 以上内容源自S大学对外汉语教学机构2002年的档案资料中该机构"2002年度工作总结"的一部分。

③ 以上内容源自S大学对外汉语教学机构2004年的档案资料中"关于学院开拓发展的报告"的一部分。

④ 以上内容源自S大学对外汉语教学机构2003年的档案资料中"兼职教师聘任管理规则"的一部分。

行之有效的、动态的人才培养、管理和使用机制，建立起一支稳定的、教学质量有保障的师资人才库。①

在这种情况下，据档案资料显示，S大学的在岗兼职教师于2006年首次超过了正式在编教师人数，② 逐渐撑起了教学工作的“半边天”③。大量的兼职教师实际上在某种意义上“供养”了组织的正式教师，是案例组织实现策略性发展的高明之举，也是适应留学生汉语教学市场需求、适应国家提高高等教育质量、S大学追求学术卓越这一目标的应对策略。聘用大量兼职教师的策略“促进了（学术）声誉组织从培训组织中分离出来……使得知识生产能够指向合乎社会意愿的目标，同时依然赋予科学相当的自主性，使科学家按照贡献大小追求声誉”，④ 也是案例组织在组织内部进行功能分化以适应环境的结果。

二、案例组织发展中的困局

如上所述，尽管S大学对外汉语教学机构在组织变革的过程中，由于组织场域中制度逻辑的变迁及其某些策略的成功运用，帮助组织实现了某种超常规的发展，但这一过程并非一帆风顺，而且组织的发展前景也仍存在一定的不确定性。这种组织变迁中的坎坷与不确定正是组织长期面临的发展困局，对这些制约组织发展的因素的分析是解释组织成长逻辑的重要方面。

（一）学科知识与地位的从属性

大学中次生学术组织的发展是高度依赖学科发展的。对外汉语教学学科发展的独特性在很大程度上决定了组织变革的基础。在探究案例组织变迁的过程中，笔者发现，组织的扩张往往因学科基础的薄弱而备受S大学各方的质疑，进而导致了几次组织扩张性变革的中断甚至失败，而这种学科基础的薄弱就突出地表现在对外汉语教学学科知识和地位的从属性方面。具体来讲：

第一，对外汉语教学学科从属于世界第二语言教学学科，对外汉语教学

① 以上内容源自S大学对外汉语教学机构2005年的档案资料中该机构“2005年工作总结”的一部分。

② 以上内容源自S大学对外汉语教学机构2006年的档案资料中该机构“2006年工作总结”的一部分。

③ 佚名. 岁月如梭，忆絮如画：写在学院成立10周年之际［A］//佚名. S大学对外汉语六十年. S大学出版社，2012：26.

④ 惠特利. 科学的智力组织和社会组织［M］. 赵万里，陈玉林，薛晓斌，译. 2版. 北京：北京大学出版社，2011：250.

学科的地位也受到世界二语教学学科总体地位不高的影响。关于我国的对外汉语教学学科和世界其他语言的二语教学学科间的联系，一位学科专家提到："我们也属于第二语言教学范围的学科，是和法语、德语、意大利语并列的学科，但在研究上领先的还是英语，所以早先我们很多东西都是借鉴它的。……全世界语言教学这些大的规律，我们当然有共性，比如现在强调培养教师能力呀，以学生为主呀，文化的重要性呀，这些大的原则，我们不例外。"① 与此同时，多位学科专家都曾在访谈过程中表示，整个世界第二语言教学在大学中的学科地位都不是很高，例如，一位教师很明确地提到："说远一点，其实不光是中国，外国也是一样。比如欧洲一些汉学家都研究什么《左传》啊、《易经》啊，虽然有的人甚至连汉语口语都说不好，但他们觉得他们做的才是学问。至今那里也有一些教汉语的年轻人，在他们的东亚系也没什么地位。这是一个世界问题。"② 这在一定程度上加重了中国学术界对对外汉语教学学科地位不高的认知，进而影响到了 S 大学以它为基础的学术机构的发展。

关于整个世界第二语言教学学科的地位为何不高，主要原因可能是由于学术界对各种类型的学科知识性质的认知存在较大差别。正如比彻所言，"在学术界内部，硬知识领域评价高于软知识领域，纯科学领域高于应用科学领域；学术界外部的观察者在某种程度上也持有这种看法，他们在不考虑实用性因素时，对生物、化学和物理学的敬畏感高于教育研究或社会工作研究"。③ 而第二语言教学的研究恰好就大致属于上述的软知识和应用科学领域，由于它"没有备受推崇的知识严密性、纯理论知识和都市型的研究风格"，而较容易受到"那些有较高学术地位的学科的学者的歧视"。④ 而我国对外汉语教学领域的一位专家则更直言不讳地指出了对外汉语教学学科地位不高的原因："由于语言教育所具有的工具性、技能性的特点，与其他基础理论学科相比，总有人认为'没有多少学问'，'缺乏学术性和理论性'"。⑤

由于"大学学科等级就是大学学科在声望评价、资源与权力占有之间存

---

① 出自对受访者 T＊－20121108 的访谈。

② 佚名. 汉语中心时期的教材建设和教师队伍建设：××先生访谈实录［A］//佚名. S 大学对外汉语六十年. S 大学出版社，2012：53.

③ 比彻，特罗勒尔. 学术部落及其领地：知识探索与学科文化［M］. 唐跃勤，蒲茂华，陈洪捷，译. 北京：北京大学出版社，2008：184.

④ 比彻，特罗勒尔. 学术部落及其领地：知识探索与学科文化［M］. 唐跃勤，蒲茂华，陈洪捷，译. 北京：北京大学出版社，2008：202－203.

⑤ 刘珣. 语言教育学是一门重要的独立学科［J］. 世界汉语教学，1998（2）：43.

在的地位差异"①，所以，上述对外汉语教学学科在地位上的从属特征，使得以其为学术依托的S大学对外汉语教学机构在组织声望以及资源占有方面显然处于不利的境地，这也就部分解释了案例组织的扩张为何屡屡受阻。

第二，对外汉语教学学科知识的发展过度依赖其母学科之一的汉语语言学，使得对外汉语教学学科尚没有在根本意义上作为一个显著区别于汉语语言学的独特的学术领域建立起来，或者说它的学科知识的辨识度仍然不高，特别是在和汉语语言学科相比的情况下。

对外汉语教学学科对汉语语言学科的过分依赖主要表现在，长期以来，对外汉语教学研究一直比较重视汉语本体研究，② 而汉语本体研究主要是汉语语言学学科的使命。尽管随着20世纪80年代以来大量新的语言学习理论以及其他语言的第二语言教学理论从国外涌入，特别是20世纪90年代以后各种外语人才、心理学、教育学以及计算机等其他专业人才也大量进入对外汉语教师队伍，这种局面开始有所改观，但原有的研究基础依旧显示出它的发展惯性。

这一点从第一届至第七届国际汉语教学研讨会的论文集所收集的各类论文内容比例可见一斑。(见表8-4)③

表8-4　第一届至第七届国际汉语教学研讨会研究兴趣分布表

(单位：篇)

兴趣分布	会议届次						
	第一届(1985)	第二届(1987)	第三届(1990)	第四届(1993)	第五届(1996)	第六届(1999)	第七届(2002)
汉语本体	40	55	40	26	39	35	46
教学方法	13	23	36	25	19	11	17
二语习得	0	2	1	1	4	10	6
汉外对比	5	5	9	4	1	2	3
文化教学	2	1	4	7	6	5	5
教材与工具书	5	8	13	5	5	8	4

① 万力维. 控制与分等：大学学科制度的权力逻辑［M］. 南京：南京师范大学出版社，2005：201.

② 这与我国早期的对外汉语教学工作者的受教育背景以及我国应用语言学学科发展的特殊情况有关，这里不再赘述。

③ 朱志平. 汉语第二语言教学理论概要［M］. 北京：北京大学出版社，2008：49.

续上表

兴趣分布	会议届次						
	第一届（1985）	第二届（1987）	第三届（1990）	第四届（1993）	第五届（1996）	第六届（1999）	第七届（2002）
语言测试	1	1	2	5	1	3	2
多媒体与网络教学	5	1	6	3	6	5	1
其他	8	0	1	0	8	14	0
总计	79	96	112	76	89	93	84

相比之下，英语作为第二语言教学的研究情况则完全不同。在 1960 年后，英语第二语言教学的研究已从过去侧重于关注语言学方面的研究转向了关注学习者习得第二语言的过程。李晓琪老师的课题组对 1989—1998 这 10 年的 800 多篇 TESOL 学位论文进行了统计和分类，从论文的内容看，所涉及的领域包括许多方面，依次为：语言习得（388 篇）、教学研究以及习得（260 篇）、教学综合研究（102 篇）、文化（36 篇）、语言本体（17 篇）、其他（13 篇）。其中，语言习得、语言教学研究以及习得、教学综合研究三类总和超过了 90%，语言习得和语言教学研究占据英语二语教学研究的绝对优势。①

与英语作为第二语言教学研究侧重点的比较，更加凸显了我国对外汉语教学研究对汉语语言学科的过分依赖。当人们把多数注意力都集中在汉语本体研究时，其他相关领域的研究势必受到“冷遇”，它使整个对外汉语教学学科的研究表现出显著的不平衡性。在笔者对有关学科专家进行访谈的过程中，不止一位专家表达过对这种学科研究侧重情况的不满，其中一位专家还以当前世界汉语教学学会会刊《世界汉语教学》中关于汉语本体研究的学术论文占了过高的比重来说明这种不合理的现状。

其实，真正具有对外汉语教学学科特色的研究并不是汉语本体研究，而恰恰是以汉语语言学科进行的汉语本体研究为基础的汉语教学研究。将研究重心放在汉语本体研究上，既难以凸显对外汉语教学研究的特色，又存在与汉语语言学科“抢饭碗”的嫌疑。与这种观点类似，在对外汉语教学专业人才的培养方面，中国语言学界的知名学者也在呼吁应将其与单纯的汉语言专业的人才培养区分开来。例如，陆俭明教授认为，在专业方面，要区分培养

① 李晓琪，黄立，刘元满，等．英语、日语、汉语第二语言教学学科研究［M］．北京：中国大百科全书出版社，2002：132－134．

"汉语"人才的专业和培养"汉语教学"人才的专业，前者属于作为第二语言的"汉语"或"汉语言"专业，后者属于作为第二语言的"汉语教学"或"汉语教育"专业。作为第二语言的"汉语"专业和"汉语教学"专业虽然都是对外汉语教学的研究对象，但是它们的培养目标、教学内容和教学要求等有明显的区别，所以是不同的专业，决不能混淆。①

上述对外汉语教学学科对其母学科之一的汉语语言学科的过分依赖，一定程度上影响了S大学对外汉语教学机构与汉语语言学所在机构中文系之间的关系变化，进而影响了案例组织的扩张性变革。其中，有利的影响在于，案例组织在早期学科力量薄弱之时，在很大程度上通过借助中文系的力量实现了对外汉语教学方向的研究生培养，不利的影响在于，随着案例组织学科建设的逐步完善，当它进行组织扩张（特别是学生培养层次和类别的扩张）时，就会出现与中文系争夺资源的情况，也就导致了组织发展过程中的某种停滞甚至倒退。

第三，对外汉语教学研究的跨学科性明显不足。由于上文所述对外汉语教学学科对汉语语言学科存在的过分依赖，使得它的学科知识构成与汉语语言学科有着相当程度的同质性色彩，而没有体现出对外汉语教学学科本身的跨学科性。

其实，进入20世纪90年代以后，学术界已广泛认可对外汉语教学学科是一门由语言学、教育学、心理学等多学科知识交叉而形成的边缘学科，这就意味着过分依赖一门母学科而忽视其他邻近学科知识的运用，在根本上不符合学科性质对学科知识生产的要求。在对外汉语教学研究中，与语言教学、学生认知与发展、教师发展等研究相关的部分并不属于汉语语言学研究的范畴，而是（在理论上）从属于教育学和心理学。只是由于现有的教育学和心理学研究并未充分顾及汉语作为第二语言教学过程中的上述学术问题，而使得对外汉语教学学科以一种"剩余的方式"② 组建了自己的学术领地。可惜的是，由于既有学术联系的疏离，使得教育学、心理学的学科知识在我国尚未成为影响对外汉语教学学科发展的"重要他人"。在某种意义上，对外汉语教学的学科知识无法充分体现出它与汉语语言学科知识的显著不同，就是因为它没有严格按照跨学科/边缘学科知识生产的方式，将包括教育学、心理学和语言学等多学科的知识融汇到对外汉语教学的研究过程中。

---

① 中国对外汉语教学学会，《世界汉语教学》编料部，《语言教学与研究》编辑部．对外汉语教学的定性、定位、定量问题座谈会纪要［J］．世界汉语教学，1995（1）：3.

② 惠特利．科学的智力组织和社会组织［M］．赵万里，陈玉林，薛晓斌，译．2版．北京：北京大学出版社，2011：191.

当前对外汉语教学学科知识的相对偏狭反映在学术组织上就是，案例组织的发展威胁到了其主要依赖的母学科所在的学术组织——中文系的核心利益，而其学术声誉（学术成就标准）在一定程度又被中文系所控制，进而就导致了组织中的某种困境，引发了案例组织在成长过程中与中文系的多次冲突和对抗。一个学科只有生产出具有辨识度的独有知识才能够长久的生产下来，这个道理在依赖它发展的学术组织上亦然成立。

（二）开展真正意义的跨学科研究存在制度性障碍

S大学对外汉语教学机构在发展的过程中屡屡受到母学科组织的挑战，除了自身在知识生产中的偏狭性缺陷以外，也与学校和案例组织自身在组织建设上并没有真正按照有利于跨学科研究的方式来构建自己有关。这体现在学校把案例组织归属在人文学部的院系构成下面，而没有归属到跨学科类的院系设置中（从S大学机构设置分布中可以看出）。

在这种不尽合理的组织建制背后，更深层的原因还在于，在我国的高校中开展跨学科研究具有较多的制度性障碍。对此，有学者指出："由于（我国）高校的业务系统均是按学科、按专业建制的，致使跨学科探索从科研立项到课程设置，从人员编制到经费落实，常常由于不能归入传统体制而陷入'上不着天，下不着地'的尴尬境地；再加上跨学科着眼科学和教育的全局性问题，涉及面广，牵一发而动全身，倘若没有高层支持和校方的充分自主权，是很难有大的实践动作的。"① 此外，笔者访谈过的一位受访者在谈到案例组织的跨学科研究表现时，曾引述S大学一位知名学者在一次学校大会上的讲话内容，其中提到，"跨学科研究是好，但是在现在中国的条件下，谁跨谁痛苦！因此，大家都不敢真正地跨，跨容易，但还是要解决一个'以谁为主'的问题。"或许正是考虑到这方面的障碍，S大学对外汉语教学机构的跨学科研究努力主要还只能采取招聘少量的心理学、教育学的学科人才加入到正式教师团队当中的方法，而这显然不是一种最有效率的跨学科研究团队的组建方式（下文详述）。

（三）组织的发展过于依赖外部的政治环境

S大学的对外汉语教学机构从其诞生之初就具有鲜明的外部力量驱动的色彩。在半个多世纪的历程中，案例组织的发展变革作为我国对外汉语教育事业的组成部分，始终与国家的政治外交战略和国际环境的变化息息相关。当我国的政治外交事业发展顺利之时，来华学习汉语的外国留学生就会增

---

① 刘仲林. 跨学科教育论［M］. 郑州：河南教育出版社，1991：7-8.

多，相应的对外汉语教学机构的发展也就比较顺利；当我国的政治外交事业发展受阻之时，来华学习汉语的外国留学生就会减少甚至完全绝迹，相应的对外汉语教学机构的发展也会出现停滞甚至倒退。尽管随着我国高校办学自主权的扩大，其内部对外汉语教学机构的发展变革越来越取决于大学层面的决策，但是，由于教学对象的特殊性，一旦政治外交环境出现大的变化，就会不可避免地影响到对外汉语教学机构的生源问题，这不是一个可以简单地由作为独立法人的大学及其对外汉语教学机构本身的学术影响力和竞争力所决定的事情。

对此，对外汉语教学领域的专家学者感受更加深刻，例如，有学者指出："对外汉语教学有一个跟中文系不一样的特点，就是说它是个风险行业，因为它跟我们国家的发展和世界形势密切相关。中国经济发展了，国家强盛了，世界太平安宁，来学中文的人就多。如果形势紧张，灾难频仍，我们就会受到影响。我们的生源和发展，跟形势是密切相关的。"① 此外，笔者在访谈一位案例组织的教师时，他也曾明确提到："我不担忧（对外汉语教学）学科的发展，但担忧机构的发展。学科不断有新的人才涌现，人才济济。但是，机构的发展和国家的经济、政治有关。我们不能保证中文在世界范围内始终处在一种强势状态。十年以后什么样呢？很难说……"② 由此可见，从对外汉语教学行业内部人的视角来看，大学中对外汉语教学机构的发展高度依赖于外部政治环境的变化，这种依赖甚至超过了对学术环境的依赖。

三、案例组织发展的反思

本研究的主旨在于解释案例组织为什么能够从一个教学班发展成为一个大学独立的二级学术组织，之前的章节，笔者都是以案例组织作为分析的出发点来看其他行为体或者制度要素在案例组织变革过程中的作用。本部分，笔者将在前述内容的基础上，站在大学的立场上审视案例组织变迁的意义。对此，笔者认为，S大学对外汉语教学机构的发展壮大的确促进了我国对外汉语教育事业的蓬勃发展，也为推进学术界的关于对外汉语教学方面的专门研究贡献了自己的力量。但是，对于S大学来讲，案例组织当前的组建方式可能并非一种最优的组织建制方式，这主要体现在以下两个方面。

---

① 佚名．汉语中心时期的教材建设和教师队伍建设：××先生访谈实录［A］//佚名．S大学对外汉语六十年．S大学出版社，2012：56.

② 出自对受访者T/O－20120907的访谈。

（一）案例组织的合法性追求一定程度上模糊了大学的高深知识内核

在S大学对外汉语教学机构成长与变革的过程中，由于国家教育治理理念的变化，案例组织为了寻求存在的合法性，一直策略性强调组织对于大学乃至整个国家的政治意义和经济意义，而相对忽略了学科知识的积累和发展。然而，"大学促进公共福祉的主要方法是促进知识的增长，而不是依据政治或社会政策的行动，大学本身就是公共服务的最高形式之一，这种公共服务的一部分是质疑有关观念和错误的观念。"① 此外，案例组织通过扩大兼职教师队伍来确保语言培训职能的实现，也部分反映了其对经济利益的不懈追求，这种对创收价值的强调一定程度上模糊了大学对于高深知识的探求本质。正如一位外国大学的校长所言："大学确实应当参与经济，宣传它们要为经济做更多的贡献也不是一件坏事，但这是急短期之所急。大学之存在，是为了探究事物的本质；大学之存在，是为了发现如何区分真实与表象；大学之存在，是为了理解意义。它们为有差别地给以意义、探索、发现、重新排列、理解而存在；它们为理解差异和不同而存在。这一切事实上是创造一个更美好世界的源泉。一所伟大的大学的特征是，它探索人类知识的全部领域和多样性。"②

（二）案例组织的扩张方式一定程度上限制了有效的跨学科研究的开展

如果从科层级别的角度来看，S大学对外汉语教学机构的组织变迁过程，就是一个大学次生学术组织日渐独立且行政级别不断跃迁的过程。在笔者的访谈中，案例组织的有关受访者一直强调汉院升格为一个独立的文科二级学院，有利于学科的发展，但这种发展并非真正有利于推动跨学科的学术发展，实际上更多的是有利于组织争夺和保护某种狭隘的资源与利益，对于合理调配整个大学的多学科研究力量，实现跨学科学术共同繁荣，并不是一个"有效率的选择"。

案例组织在推进跨学科研究方面的举措（即招聘少量多学科人才，将其纳入组织的正式教师编制），与很多国外大学以及我国一些研究型大学召集校内外多学科研究人员协同进行跨学科问题攻关的方式不同，它更像是一种"吸纳式"的多学科研究人员各自独立开展跨学科研究的方式。这种方式在某种程度上延续了人文学科常见的个人作坊式的独立研究方式，常见的情形

---

① 卡斯帕尔. 成功的研究密集型大学必备的四种特性［A］//李延成，译. 教育部中外大学校长论坛领导小组. 中外大学校长论坛文集. 北京：高等教育出版社，2002：111.

② 卢卡斯. 21世纪的大学［A］//蒋凯，译. 教育部中外大学校长论坛领导小组. 中外大学校长论坛文集. 北京：高等教育出版社，2002：88.

是具有教育学背景的学者主要从教育学和汉语语言学交叉的角度来研究具有跨学科色彩的问题，而具有心理学背景的学者则主要从心理学和汉语语言学交叉的角度来研究具有跨学科问题，缺少围绕一个跨学科的问题进行集体协同攻关的高效性和灵活性。也许正是这个原因，使得有关受访者对S大学对外汉语教学机构的学术进展颇有诟病："1949年以来几十年，我们的对外汉语教学没有大的、根本性的突破。学了两年中文后，到系里听课听不懂，有困难，然后就找老师、找学生辅导，中华人民共和国成立初期S大学就存在这个问题，到现在还是这个问题。"①

尽管这种跨学科建设的思路从某种意义上说也是在我国特有的单位人事制度下的一种无奈之举，但是它确实在一定程度上限制了可能更有效的跨学科研究的开展，是S大学及其对外汉语教学机构未来发展中应当考虑调整的变革议题。

第三节　本研究的贡献、局限与后续研究的讨论

一、本研究的主要贡献

本研究的主要贡献有以下几个方面：

（一）关注了高等教育管理研究的基础议题

大学组织研究是高等教育管理研究的常见议题，也是高等教育管理研究的基础议题。目前，国内外关于大学组织变迁的相关研究较多的是把大学作为一个整体进行的历史研究，将研究的聚焦点定位在大学内部某个或某类次生学术组织的历史变迁的研究并不多见。本研究即是将大学组织研究的关注点下移至嵌套在大学内部的次生学术组织的一个案例，因此，与常见的大学组织研究所不同的是，本研究除了将大学外部的制度环境作为影响大学内部组织变迁的分析要素以外，还关注了大学自身对嵌套其中的内部学术组织的影响。此外，对大学内部学术组织变迁特性的研究本身对如何更好地管理学术组织就具有一定的基础意义和启示意义。好的大学管理应该是在认清其内部学术组织发展特性的前提下，既尊重组织本身的独特性，又能促进和引导组织向积极、健康的方向努力进取。

① 出自对受访者O－20121106（1）的访谈。

（二）聚焦大学内部边缘学术组织的独特成长境遇

一般来讲，大学内部的学术组织都是依托某个或某些比较成熟的学科建立起来的，而本研究所关注的大学学术组织则是一个以尚未发展成熟的交叉边缘学科为基础成长起来的学术组织，这种边缘学术组织在专业知识和学科基础“先天不足”的情况下所走过的成长之路，对同类学术组织具有较为直接的借鉴意义。

与本研究所关注的中国研究型大学中的对外汉语教学机构性质类似的边缘学术组织，还有如美国一些大学中从事区域、黑人和女性学研究的学术组织。这些学术组织的共同点在于它们所依托的学科都是一个迅速崛起且尚未发展成熟的交叉边缘学科，这类学科及其组织的发展往往鲜明地受到本专业/学科以外的多种制度环境的影响。然而，国外关于类似学术组织的研究大多关注的是学术组织及其外部环境是如何影响有关边缘学科的发展的，侧重点和落脚点往往放在边缘学科知识的形成与发展上面，较少关注边缘学科知识的发展对其赖以为生的大学边缘学术组织发展的反作用，本研究则在一定程度上充实了这方面的研究。

（三）首次从变迁的多重制度逻辑的视角，解析了中国研究型大学中的某类边缘学术组织的变迁机制，丰富了学术界关于当代中国研究型大学内部学术组织变迁规律的研究

正如笔者在导论中的文献述评中所述，运用（多重）制度逻辑的概念来分析和解释社会变迁的研究是近些年来新制度主义社会学研究的热点，这类研究的大致共性在于它们都强调形塑西方社会的多重制度逻辑往往来自于市场、国家、家庭、基督教等几大制度部门，是多重制度逻辑之间的冲突与矛盾推动了社会的变迁。本研究在借用制度逻辑这一概念来分析中国大学中一个独特的学术组织的变迁机制时，并没有照搬西方的多重制度逻辑，而是基于扎实和较为丰富的案例资料所呈现出的基本事实，抽象出了国家的逻辑、科层制的逻辑、市场的逻辑、专业/学科的逻辑这几重形塑案例组织变迁的制度逻辑，并对每重制度逻辑的内涵及其演变进行了新的界定和说明。

需要强调指出的是，本研究在运用多重制度逻辑的概念来解析组织变迁时，并没有局限于西方的传统解释模式，即认为组织的变迁主要是由于多重制度逻辑之间的相互冲突所推动的，而是认为在中国特定的历史背景下，多重制度逻辑自身的不断演变是导致案例组织变迁的主要原因，尽管多重制度逻辑之间也存在某些矛盾甚至对抗，且这种矛盾和对抗确实也在一定程度上形塑了组织的变迁轨迹，但多重制度逻辑之间也存在很多协调与配合，这种

借由多重制度逻辑之间的协调与配合所形成的强大合力是导致案例组织诞生和发生关键性变革的更为重要的原因。此外，本研究不仅关注组织是如何被强大的多重制度逻辑所形塑的，也关注组织是如何主动建构和利用多重制度逻辑来实现主动变革的，从而发挥了制度逻辑概念强调认知性因素的理论优越性。

（四）作为一个组织变迁史的研究，本研究在资料的收集方面有新的突破

一般而言，从事组织历史研究特别是长时段的历史研究的重要阻碍因素在于历史资料的匮乏以及资料来源渠道的单一。本研究采用“档案＋口述历史”的方式，使得多种历史资料之间可以形成一定程度的相互印证，增强了资料的可信度和解释力。其中，通过对若干位组织变迁亲历者的访谈所获取的口述史资料尤为珍贵，因为这类资料的获取将随着时间的推移和历史见证者的故去，变得越来越困难，正是在这个意义上，本研究也扮演了组织历史的“抢救者”的角色。

二、本研究的局限之处

本研究的局限之处有以下几方面：

（一）案例研究中案例数量的选择

在研究时间、资料收集的可行性和难易程度等约束性条件的限制下，本研究采用了单案例研究的方法。单案例研究确实有利于对案例组织变迁的整个历史过程进行深入挖掘，但是这也在一定程度上使本研究必须面对研究结论具有多大程度的普遍性的质疑。尽管关于案例数量的争论在学术界尚未形成普遍共识，且对案例研究颇有影响的凯瑟琳·艾森哈特认为“案例数量的合适与否不在于两个案例是否优于一个案例，或者说四个案例是否优于三个案例，而是取决于多少信息是已知的，多少信息可以从增加的案例中获得”，[①] 但就本研究的资料丰富程度来考量，似乎更多的案例更有利于弥补单案例研究中的某些信息盲点，提高材料的丰富性和可信度。

（二）研究结论外推的边界问题

关于本研究结论的外推，笔者认为应注意区分几个推论层次/边界——对外汉语教学机构、边缘学术组织、大学、国别和组织成长的时代。

① 李平，曹仰锋．案例研究方法：理论与范例——凯瑟琳·艾森哈特论文集［M］．北京：北京大学出版社，2012：26.

首先，在中国大学中的对外汉语教学机构中的推论。本研究的案例组织——S大学对外汉语教学机构的选取是从表1－4区域A中的9个具有高度同质性的学术组织中选取的，即那些在组织形式上采取独立式的组织建制、在组织功能上以单纯的教学科研为主的对外汉语教学机构，因此，如果以比较谨慎的推论态度来看的话，本研究的结论可直接推论的组织群体应该是区域A中的其他8个研究型大学中的对外汉语教学机构，或者至多可推论到那部分设有对外汉语教学机构的中国大学中，它对于大学及其对外汉语教学机构的管理者乃至中国对外汉语教育的参与者来说，具有比较直接的反省思考和促进办学实践的改进的价值。

其次，在边缘学术组织中的外推。如上所述，与美国很多大学中专门从事黑人研究、区域研究和女性学研究的边缘学术组织类似，本研究所关注的对外汉语教学机构也是在这种边缘学科/研究领域的基础上建立起来的大学次生学术组织。不过，这些边缘学术组织所依托的交叉边缘学科还有一个共同点在于它们都是在人文社会科学内部交叉形成的，且都与大学内外政治环境的变化休戚相关，这使得本研究的结论在向大学中的边缘学术组织外推的过程中，应格外注意适用边界的问题。例如，本研究所关注的这类边缘学术组织与那些在自然科学内部交叉形成的边缘学科及其学术组织相比，可能存在比较显著的不同，因此，就不能简单而泛泛地外推到所有大学中的边缘学术组织。

最后，在不同大学、国别和组织成长时代中的外推。本研究的案例组织是一个嵌套在研究型大学中的边缘学术组织，这实际上限定了影响案例组织成长的学术环境，该学术环境使得专业/学科的制度逻辑对案例组织的影响在组织成长的后期日渐重要和深刻，这可能是其他类型的大学，特别是以教学为主的大学中的同类机构所不曾面对或较少面对的形塑力量。此外，影响本研究案例组织成长与发展的多重制度逻辑及组织对其的利用都发生在当代中国的特定历史情境下，因此，多重制度逻辑的具体内涵也具有鲜明的中国历史情境的色彩，这既构成了本研究的独特贡献，也使得研究结论在向其他国家及其不同的时代情境外推的过程中可能存在“水土不服”的情况。

如上所述，尽管本研究结论的推论具有上述限定性条件，但是这并不影响读者通过对研究结果的认同而实现推论，也不影响读者运用本研究得出的动态变迁的多重制度逻辑来诠释有关嵌套在大学中的学术组织的发展路径。

（三）资料收集方面的限制

本研究的资料来源主要有两类：历史档案和访谈资料。尽管如前所述，这两类资料具有互补性，在一定程度上有利于研究者对有关研究问题进行比对和相互印证，但是这两类资料本身及其收集过程仍存在一定的局限性。在档案资料收集方面，案例组织发展前三十年的历史档案非常有限，不仅存在某些年代的间歇性空白，而且在档案的种类丰富性上也多少有些差强人意。在访谈资料的收集方面，一方面，由于年代久远，很多高龄的受访者很难对一些历史事实记得非常清楚，能回忆出的史实也存在一定的模糊性或不确定性；另一方面，由于研究内容涉及组织人事等方面的敏感话题，故而存在一定的拒访率。此外，还有一些数据（如高校内部各院系的学费收入、给学校上缴的经济创收数额等）由于我国高校内部财政数据的保密性和透明度不高等原因而无法获得，这也在一定程度上影响了研究内容的丰富性和结论得出的扎实程度。

三、后续研究的讨论与建议

后续研究的讨论与建议有以下几点：

第一，可以开展中国大学中对外汉语教学组织发展的多案例对比研究，弥补单案例研究在信息获取量上的有限性。具体来讲，可以研究不同类型中国大学中的对外汉语教学机构为什么具有不同的组织形式与功能的变迁轨迹？或者说，为什么对外汉语教学机构在有些中国的高校中可以成功地实现组织形态的历史突围（制度化成功），即从一个没有学科基础的语言教学组织发展成为一个独立的大学二级学术组织，而在另外一些高校则突围失败（制度化失败），即没有从一个语言教学组织发展为具有相对独立的组织建制和学术地位的大学二级组织。

第二，可以将边缘学术组织的关注点向其他类型的以边缘交叉学科为基础的学术组织扩展。例如，同样是边缘学术组织，其所依托的是人文、社会科学内部交叉形成的边缘学科，还是自然科学内部交叉形成的边缘学科，对其组织成长和发展轨迹的影响可能具有较大的差别，这一点在现有的研究中还鲜有提及，是未来高等教育组织研究中的学术生长点。

第三，可以对中、外大学中边缘学术组织的发展路径进行国际比较研究，这种比较研究一方面可以为探寻大学中边缘学术组织的发展路径提供中国情境下的经验和理论，使我们更清楚地看到我国大学中边缘学术组织成长所遵循的独特逻辑，另一方面也可以吸取国外大学中边缘学术组织发展的经验和教训，为更好地促进我国大学中边缘学术组织的发展以及边缘学科知识的积累提供他山之石。

附　　录

一、访谈提纲

对外汉语教学机构的教师访谈提纲

（一）关于组织机构的建立与发展

1. 1977 年，S 大学外事处成立，当时下设外事办公室、留学生办公室和汉语教研组，请问为什么把这几个机构放在一起？

2. 汉语教研组与另外两个并列机构和外事处之间是什么关系？

3. 1984 年，为什么 S 大学决定成立“对外汉语教学中心”？

4. “对外汉语教学中心”成立后，它和原先外事处下面的外事办公室、留学生办公室还有何联系？

5. “对外汉语教学中心”成立时，为何要请中文院系的老师来担任中心领导，而不是从自己的教学队伍中选拔？

6. 1987 年，汉语中心正式以“对外汉语教学中心”的名义独立招收留学生，请问之前是以什么名义招收留学生的？这个独立名义对学校的对外汉语教学来说意味着什么？

7. 1995 年，为什么要成立海外教育学院？

8. 海外教育学院当时的组织架构为什么要包括留学生处、港澳台办公室、境外办学办公室和对外汉语教学中心四部分？

9. 为什么海外教育学院成立时的首任领导不选择一位本单位的专业人士出任？

10. 1999 年，为什么海外教育学院被撤销了？

11. 海外教育学院撤销后，其原来的几个机构（留学生处、港澳台办公室、境外办学办公室和对外汉语教学中心）各自被分到了哪里？为什么？

12. 20 世纪 90 年代中期，对外汉语教学中心关于设置本科专业的报告提交学校领导审批时遇到了什么困难？为何设立本科专业的问题迟迟未得到解决？

13. 2002 年，为什么要成立对外汉语教育学院？

14. 在历次组织变迁的过程中，对外汉语教学机构为什么不选择并入其母学科所在院系——中文院系？

15. 对外汉语教育学院和学校的中文院系之间有何联系？（追问：人才培养方面？教师聘用方面？教师职称评审方面？学位、学术委员？）

16. 对外汉语教育学院和学校的外事部门之间是何关系？

17. 对外汉语教学机构和留学生办公室之间是何关系？

18. 对外汉语教育学院在发展的过程中与哪些校级领导或学者的参与密切相关？他们在对外汉语教育学院成立的过程中发挥了什么作用？

18. 对外汉语教育学院、国家汉办、大学三者之间的联系体现在哪些方面？

19. 依托对外汉语教育学院成立的孔子学院的建立过程是怎样的？中间需要经过哪些机构的参与和协调？

20. 汉院在申办首批“国家对外汉语教学基地”的过程中遇到了哪些困难？困难是如何克服的？得到了哪些支持？

21. 成功申办“国家对外汉语教学基地”对对外汉语教育学院的发展带来了什么影响？

22. 对外汉语教育学院为什么要设立“汉语国际推广办公室”？其职能是什么？

23. 对外汉语教育学院为什么要与北京新航道学校共同举办“S 大学新航道汉语项目”？

24. 对外汉语教学机构的办公和教学地点在校内经历了什么样的变化？

（二）关于学科的建立与发展

1. 当初为什么要提出“对外汉语教学是一门学科”？

2. 当时为什么要考虑成立对外汉语教学研究会？协会最初为什么放在教育学会下面？后来又为什么独立出来？是怎么独立的？

3. 对外汉语教学研究会在各地的分会是怎么建立起来的？

4. “对外汉语教学”在国家学科专业目录中归入“应用语言学”经历了怎样一个过程？（追问：哪些人参与了？他们是如何参与的？）

5. 在中国，对外汉语本科专业设置是如何获得试办权和最终举办权的？

6. 对外汉语教学是如何获得硕士和博士学位授予权的？

7. 对外汉语教学学科与中国的汉语言文学界有何联系？两者是如何区分开来的？

8. 对外汉语教学是如何参与到世界学术界当中的？如世界第二语言习得学术圈的加入。

9. 国家汉办在对外汉语教学学科发展的过程中发挥了什么作用？

10. 为什么全国许多高校都在同一个时期纷纷建立了对外汉语教学中心或者二级学院？

11. 对外汉语教学相关的研究经费从哪里来？

12. 早期的一些对外汉语教学相关的刊物是如何创办的？

13. 早期的一些对外汉语教学的专业出版社是如何创办的？

14. 早期的学科研究生培养计划是如何拟定的？

15. 对外汉语教学和其所依托的上位学科——中国语言文学、教育学、心理学之间是什么关系？

16. 有没有学术界的人（特别是中文系的学者）反对对外汉语教学学科的建立？他们提出的反对意见是什么？人们是如何回应的？

（三）关于教师

1. 对外汉语教学机构中教师的基本受教育背景是怎样一种情况？

2. 对外汉语教学机构变迁过程中教师的心态上有什么变化？

3. 对外汉语教育学院教师职称晋升、教师绩效考核的标准是什么？和学校其他院系有何不同？

4. 对外汉语教师对外派他国从事汉语教学这件事是什么心态？有何得失？

5. 对外汉语教育学院聘任兼职教师从何开始？数量变化态势大致是什么情况？

学校留学生事务管理者访谈提纲

1. 请您谈谈学校留学生办公室这一职能部门发展的历史情况？

2. 请您谈谈学校留学生办公室与学校外事部门间关系的发展变化情况？

3. 请问学校留学生的培养经费从何而来？学校是什么时候开始收留学生学费的？

4. 请问学校的留学生管理工作与中国对外汉语教学事业的发展之间是否有着比较密切的关联？这种关联体现在哪些方面？

5. 请您谈谈学校留学生办公室的工作与对外汉语教学工作在不同历史时期发展中的关联体现在哪些方面？（追问关联体现的方面：如业务上、招生上、管理上、奖金分配上……）

6. 请问学校为何决定在1984年决定在原先对外汉语教学机构的建制基础上成立规模更大的对外汉语教学中心？

7. 请问作为科级和后来升格为处级单位的汉语中心与留学生办公室的关系有何不同或变化？

8. 请问学校为何要在1995年筹建海外教育学院？

9. 请问海外教育学院的几个下属机构是如何被集结在一起的？

10. 请问对外汉语教学中心成立时，留学生办公室做何反应？

11. 请问海外教育学院成立时，留学生办公室做何反应？

12. 请问学校为何要在1999年撤销海外教育学院的建制？

13. 请问学校为何要在2002年建立对外汉语教育学院？

14. 请问对外汉语教学中心申请成立对外汉语教学本科专业时，为什么学校没有批准？当时学校高层领导和其他有关部门对此有何意见？

15. 请问对外汉语教学机构与学校哪些院系在培养留学生的过程中有何往来或者互动？

16. 请问学校中文院系和对外汉语教学机构间有哪些方面的往来与互动？（追问：是否有过合并的想法？结果如何？）

学校高层管理者访谈提纲

1. 请问20世纪90年代末，学校管理体制进行了怎样的调整或改革？

2. 当时为什么要进行这种调整或改革？

3. 在调整或改革中，为什么要首先撤掉学校对外汉语机构的二级学院建制？

4. 为什么撤掉后让其挂靠在学校的外事部门而不是并入在学缘上更为相近的中文院系？

5. 对外汉语教学中心曾经提出过申请成立本科专业，请问当时学校各有关方面的意见如何？

6. 为什么对外汉语教学中心提出的成立本科专业的申请后来不了了之？

7. 请问当时对外汉语教育学院的有关教师申请博士生培养名额时，遇到了哪些困难或阻碍？

8. 当时研究生院和学校高层如何协调和处理对外汉语教育学院的这一请求的？

9. 当时学校中文院系有关人员对这一请求持什么态度？

10. 在对外汉语教育学院有关教师申请博士生招生权的过程中，先后有哪些机构参与了这一事务的协商？它们之间是如何协商并达成一致意见的？

11. 请问对外汉语教育学院有关教师最终成功获得博士招生权的关键影响因素有哪些？

二、关于建立大学本科制对外汉语教学专业方向的请示报告

对外汉语教学是一门新兴的外向型的学科，它是以外国留学生为教学对象，以汉语和中国文化为教学内容的学科。国家对外汉语教学工作的指导思想是：积极向世界推广汉语、弘扬中华文化，促进人类的繁荣和发展；培养对我友好、学有专长、受国际人才市场欢迎的汉语及中国文化专门人才；通过教育、宣传方式，增进外国人对中国的了解，扩大我国的国际影响，提高中华民族的声誉，促进我国的国际交流与合作，直接为我国的改革开放服务。

S 大学是国内最高学府，也是对外汉语教学历史最久的学校。四十多年来，为世界各国培养了大批精通汉语、熟悉中国历史文化的各类人才，为加强中外文化交流与合作做出了贡献。S 大学以她的学科优势和学术地位在国际上享有盛名，吸引着成百上千的各国青年。

然而，S 大学对外汉语教学仍处在汉语培训的非学历预科教育阶段。这种封闭式的单纯汉语教学的模式已经不适应国际人才市场的需求，也与 S 大学创建世界一流大学的培养目标不相适应。

学科要面向世界，面向社会需求，就不能不考虑教学对象的需要。我们的办学思想、办学方向不仅要考虑高层次的专业研究人才的培养，而且要考虑复合型的应用型人才的培养。这是对外汉语教学这一新兴学科的特殊性决定的。我们既要坚持我国教育对大学本科教育的基本要求，同时，也要考虑教学对象的实际情况。“三基”对外国留学生同样是适用的，建立对外汉语教学方向的专业并不是要降低本科生的基本要求和水准。

目前，在 S 大学对外汉语教学中心学习的留学生毕业时，只能获得一张结业证书，证明他们的汉语水平达到初级或者中级。这样的文凭对留学生来说意义并不大，而学位证书对外国人求职关系甚大。我们要完善专业设置，逐步改变国外汉学家多是中国台湾培养出来的不正常局面，这是一项具有政治意义的工作。

国家汉办组织的追踪调查报告表明：无论是在汉语本科专业学习的还是进修的外国学生中，从事外交外贸工作和翻译工作的均占一半左右，以“了解中国，对中国文化有兴趣”为目的的占 1/4，从事中国问题研究和汉语教学研究的比例不大。这就为我们确定新的培养目标提供了重要的依据。

S大学是文理兼备的综合性大学，文科在高校中占有明显的优势。充分利用文科的这一优势，把汉语与中国国情结合起来，开设一门新专业，为世界各国培养一批跨世纪的国外汉语和汉学人才是完全可以实现的。

海外教育学院的建立为设置对外汉语教学专业提供了必要的保证。专业设置不完整的局面理应结束，包括预科教育、专业本科教育和研究生教育的完整体系的建立势在必行。目前，汉语中心有长期生240人，短期生每年约800人，研究生13人，教授5人……

我们建议在学院设立大学本科制对外汉语教学专业方向。它的培养目标是掌握本学科的基础知识和基本理论；掌握综合运用汉语的基本技能；熟悉中国国情，并具有实际工作和从事中国社会科学研究的能力。学制为4年。完成规定的课程学习任务，修满150个学分并通过毕业论文答辩，授予本科学士学位。为了确保学生质量和教育水平，设预科1年。学生通过预科考试，成绩合格，择优录入本科。

课程设置：四年共开设35门课。其中必修课10门，选修课25门。

第一学年：(24学时/周)

必修课：中级汉语（一、二）；中级汉语口语；中级听力；中级报刊阅读；中文写作。

选修课：汉语语法；汉语虚词；汉语词汇、中国通史；中国民俗；计算机语言；汉字学。

第二学年：(20学时/周)

必修课：高级汉语（一、二）；高级汉语口语；报刊阅读；中文写作。

选修课：现代文学作品选读；当代文学作品选读；古代汉语；经贸口语；中国地理；中华人民共和国对外关系史；中国政治与政治经济改革。

第三学年：(18学时/周)

必修课：高级汉语（三、四）。

选修课：中国区域经济概论；台港澳经济；法学基础理论；企业法学；知识产权法；环太平洋地区的历史发展。

第四学年：(16学时/周)

选修课：中国公务员制度；社会心理学；中文工具书；中国民族与宗教；美学。

毕业论文。

实施办法：

1. 有关中国国情方面的课程将从文科院系聘请教师兼课。

2. 此计划若经批准，将从1996年起正式招生。初步计划第一年招生

20 名。

以上报告当否，请批示。

海外教育学院
1995 年 6 月 12 日

三、受访者一览表

序号	受访人编号	受访者身份/职务	访谈时间	访谈形式
1	O－20121203	前常务副校长	2012－12－03	面对面访谈
2	O－20121221	前主管文科的副校长	2012－12－21	面对面访谈
3	O－20121106（1）	前留办主任	2012－11－06	面对面访谈
4	O－20121106（2）	前留办主任	2012－11－13	面对面访谈
5	O－20111228	前外事部门工作人员	2011－12－28	面对面访谈
6	O－20121204	教务部/处教务办公室主任	2012－12－4	电话访谈
7	O－20130126	研究生院副院长	2013－01－26	面对面访谈
8	O－20121107（1）	研究生院培养办副主任	2012－11－06	邮件访谈
9	O－20121116（2）	研究生院培养办副主任	2012－11－16	电话访谈
10	O－20121218（3）	研究生院培养办副主任	2012－12－18	邮件访谈
11	O－20121122	研究生院学位办副主任	2012－11－22	面对面访谈
12	T/O－20120907	汉院教师	2012－09－07	面对面访谈
13	T－20120912	汉院教师	2012－09－12	电话访谈
14	T/O－20121226	汉院教师	2012－12－26	面对面访谈
15	T/O－20130116	汉院教师	2013－01－16	面对面访谈
16	T/O－20130207	汉院教师	2013－02－07	面对面访谈
17	T/O－20130122	中文院系教师	2013－01－22	邮件访谈
18	T/O－20130123	中文院系教师	2013－01－23	电话访谈
19	T/O＊－20121102（1）	外校同行专家	2012－11－02	面对面访谈
20	T/O＊－20121218（2）	外校同行专家	2012－12－18	邮件访谈
21	T＊－20121108	外校同行专家	2012－11－08	面对面访谈

参考文献

中文文献

一、中文著作与学位论文

[1] 陈向明. 质的研究方法与社会科学研究 [M]. 北京：教育科学出版社，2000.

[2] 程裕祯. 新中国对外汉语教学发展史 [M]. 北京：北京大学出版社，2005.

[3] 戴桂芙，刘德联. 对外汉语教学法研究 [M]. 北京：北京大学出版社，1996.

[4] 范省伟. 基于组织变迁视角的行业协会发展研究 [D]. 西安：西北大学，2005.

[5] 方文. 学科制度和社会认同 [M]. 北京：中国人民大学出版社，2008.

[6] 宫振蒙. 学术组织的动态演变：一所大学的院系结构变迁史 [D]. 上海：华东师范大学，2010.

[7] 郭海. 大学内部财政分化 [M]. 北京：北京大学出版社，2007.

[8] 郭建如. 声望、产权与管理：中国大学的校企之谜 [M]. 北京：社会科学文献出版社，2010.

[9] 郭为禄，林炊利. 大学运行模式再造：大学内部决策系统改革的路径选择 [M]. 上海：上海教育出版社，2012.

[10] 胡仁东. 我国大学组织内部机构生成机制研究 [M]. 广州：广东教育出版社，2010.

[11] 纪宝成. 中国大学学科专业设置研究 [M]. 北京：中国人民大学出版社，2006.

[12] 贾春增. 外国社会学史 [M]. 北京：中国人民大学出版社，2003.

[13] 贾莉莉. 基于学科的大学学术组织研究 [D]. 上海：华东师范大

学，2008.

［14］教育部中外大学校长论坛领导小组. 中外大学校长论坛文集［M］. 北京：高等教育出版社，2002.

［15］胡建雄，等. 学科组织创新：高等学校院系等学科结构的改革研究［M］. 杭州：浙江大学出版社，2001.

［16］姜华. 中国民办高等教育组织的变迁及其特性：组织社会学的视角［D］. 北京：北京大学，2007.

［17］李开. 汉语语言学和对外汉语教学论［M］. 北京：中国社会科学出版社，2002.

［18］李路路，李汉林. 中国的单位组织：资源、权力与交换［M］. 杭州：浙江人民出版社，2000.

［19］李平，曹仰锋. 案例研究方法：理论与范例——凯瑟琳·艾森哈特论文集［M］. 北京：北京大学出版社，2012.

［20］李泉. 对外汉语教学学科理论研究［M］. 北京：商务印书馆，2006.

［21］李铁君. 大学学科建设与发展论纲［M］. 北京：中国社会科学出版社，2004.

［22］李友梅，黄晓春，张虎祥. 从弥散到秩序："制度与生活"视野下的中国社会变迁（1921—2011）［M］. 北京：中国大百科全书出版社，2011.

［23］刘珣. 对外汉语教育学引论［M］. 北京：北京语言大学出版社，2000.

［24］刘仲林. 现代交叉科学［M］. 杭州：浙江教育出版社，1998.

［25］吕必松. 对外汉语教学发展概要［M］. 北京：北京语言大学出版社，1990.

［26］庞青山. 大学学科论［M］. 广州：广东教育出版社，2006.

［27］邱泽奇. 当代中国社会分层状况的变迁［M］. 保定：河北大学出版社，2004.

［28］屈潇潇. 民办高校特色发展的行动逻辑：以某民办高职院校为例［D］. 北京：北京大学，2012.

［29］施光亨. 对外汉语教学是一门新型的学科［M］. 北京：北京语言大学出版社，1994.

［30］唐国军. 资源依赖视角下民间组织行动策略研究：以北京新阳光慈善基金会的成长过程为例［D］. 北京：北京大学，2011.

［31］万力维．控制与分等：大学学科制度的权力逻辑［M］．南京：南京师范大学出版社，2005.

［32］王寿朋．大学研究组织变迁研究：学科的视角［D］．上海：华东师范大学，2010.

［33］王英杰，刘慧珍．2005中国教育发展报告：高等教育的发展、问题与对策［M］．北京：北京师范大学出版社，2005.

［34］徐守磊．孔子学院系统的治理机制研究［D］．北京：北京大学，2010.

［35］宣勇．大学组织结构研究［M］．北京：高等教育出版社，2005.

［36］杨晓民，周翼虎．中国单位制度［M］．北京：中国经济出版社，1999.

［37］佚名．S大对外汉语六十年［M］．S大学出版社，2012.

［38］赵金铭．汉语与对外汉语研究文录［M］．北京：外语教学与研究出版社，2005.

［39］张炜．学术组织再造：大学跨学科学术组织的成长机制［M］．杭州：浙江大学出版社，2012.

［40］张永宏．组织社会学的新制度主义学派［M］．上海：上海人民出版社，2007.

［41］郑晓齐，王绽蕊．研究型大学基层学术组织改革与发展［M］．北京：清华大学出版社，2009.

［42］郑永年．全球化与中国国家转型［M］．杭州：浙江人民出版社，2009.

［43］周小兵．对外汉语教学入门［M］．2版．广州：中山大学出版社，2009.

［44］周雪光．组织社会学十讲［M］．北京：社会科学文献出版社，2003.

［45］朱志平．汉语第二语言教学理论概要［M］．北京：北京大学出版社，2008.

二、中文报刊与会议论文

［1］陈洪捷．北大高等教育研究：学科发展与范式变迁［J］．北京大学教育评论，2010（4）：2－11.

［2］陈英．我国高等教育制度与组织变迁的基本逻辑［J］．中国城市经济，2010（12）：232－233.

［3］崔永华．对外汉语教学学科建设30年成就与展望［A］//世界汉

语教学学会. 第九届国际汉语教学研讨会论文选. 北京：北京语言大学出版社，2008：134－139.

［4］方文. 社会心理学的演化：一种学科制度视角［J］. 中国社会科学，2001（6）：126－136.

［5］高岱，许平. 世界史成为一级学科是社会发展和学术发展的需要［J］. 学位与研究生教育，2008（6）：49－51.

［6］郭海. 20世纪90年代中国高等教育经费的来源构成变化［J］. 清华大学教育研究，2004（5）：46－53.

［7］郭建如，马林霞. 社会学的制度与教育制度研究初探［J］. 比较教育研究，2005（4）：1－6.

［8］郭建如. 社会学组织分析中的新老制度主义与教育研究［J］. 北京大学教育评论，2008（3）：136.

［9］郭建如，阎凤桥. 北大教育管理研究：学科制度化的回顾与反思［J］. 北京大学教育评论，2010（4）：23－39.

［10］雷励. 对外汉语教学研究是否应该包括汉语本体研究——对外汉语教学研究的定位问题［J］. 黔西南民族师范高等专科学校学报，2010（1）：35－39.

［11］李汉林，渠敬东，夏传玲，等. 组织和制度变迁的社会过程：一种拟议的综合分析［J］. 中国社会科学，2005（1）：94－108.

［12］李培元. 中国对外汉语教学的40年［J］. 世界汉语教学，1989（3）：129－136.

［13］李泉. 国际汉语教学学科建设若干问题［J］. 语言文字应用，2010（2）：107－117.

［14］廖世平. 部分重点高校实行学院制的调查分析［J］. 高等教育研究，1998（6）：38－42.

［15］刘珣. 语言教育学是一门重要的独立学科［J］. 世界汉语教学，1998（2）：43－48.

［16］刘珣. 近20年对外汉语教育学科的理论建设［J］. 世界汉语教学，2000（1）：51－61.

［17］吕必松. 对外汉语教学学科理论建设的现状和面临的问题［J］. 语言文字应用，1999（4）：3－11.

［18］蔺亚琼. 管理学门类的诞生：知识划界与学科体系［J］. 北京大学教育评论，2011（2）：66－79.

［19］刘珣. 语言教育学是一门重要的独立学科［J］. 世界汉语教学，

1998 (2): 43 -48.

[20] 罗燕. 教育的新制度主义分析: 一种教育社会学理论和实践 [J]. 清华大学教育研究, 2003 (6): 28 -34.

[21] 马林霞, 郭建如. 中国社会学社区学派与教育制度研究 [J]. 教育学报, 2008 (3): 72 -78.

[22] 潘文国. 论"对外汉语"的学科性 [J]. 世界汉语教学, 2004 (1): 11 -19.

[23] 申超. 论中国大学中对外汉语教学机构组织建制的扩散 [J]. 高等教育研究, 2012 (7): 53 -58.

[24] 施光亨, 杨俊萱. 新中国对外汉语教学40年大事记 [J]. 世界汉语教学, 1990 (2): 98 -107.

[25] 施光亨, 杨俊萱. 新中国对外汉语教学40年大事记 (续完) [J]. 世界汉语教学, 1990 (4): 250 -255.

[26] 孙立平, 王汉生, 王思斌, 等. 改革开放以来中国社会结构的变迁 [J]. 中国社会科学, 1994 (2): 47 -62.

[27] 唐国军. 案例研究方法及其在国内教育研究中的应用述评 [J]. 教育学术月刊, 2011 (12): 14 -17.

[28] 王富伟. 独立学院的制度化困境: 多重制度逻辑下的政策变迁 [J]. 北京大学教育评论, 2012 (2): 79 -93.

[29] 王富伟. 组织形式的创立及制度化困境: 组织场域中的中国独立学院演变史 [D]. 北京大学博士后出站报告, 2013.

[30] 王泉根. 评教育部《学科专业目录》中有关文学学科设置的不合理性 [J]. 学术界, 2004 (2): 100 -106.

[31] 王泉根. 学科级别对象中国学术的影响 [J]. 粤海风, 2007 (6): 17 -20.

[32] 王泉根. 学科级别与"国学学位问题": 试评《学科专业目录》[J]. 学术界, 2007 (6): 82 -86.

[33] 项聪. 我国高校基层学术组织变迁的制度逻辑: 基于历史制度主义的分析 [J]. 中国高教研究, 2011 (6): 23 -28.

[34] 阎凤桥. 我国农村民办教育发展的政治逻辑: 基于北方某县的调查 [J]. 北京大学教育评论, 2012 (2): 64 -78.

[35] 严美华. 汉语, 迎来世界注目礼 [N]. 光明日报, 2003 -02 -13.

[36] 张德鑫. 对外汉语教学五十年: 世纪之交的回眸与思考 [J]. 语

言文字应用，2000（1）：49－59.

[37] 赵金铭."九五"期间的对外汉语教学研究 [J]. 世界汉语教学，2000（3）：3－6.

[38] 赵金铭."十五"期间对外汉语学科建设研究 [A] //北京语言大学对外汉语研究中心. 对外汉语教学的全方位探索：对外汉语研究学术讨论会论文集. 北京，2004：15－35.

[39] 赵康. 专业、专业属性及判断成熟专业的六条标准：一个社会学角度的分析 [J]. 社会学研究，2000（5）：30－39.

[40] 中国对外汉语教学学会，《世界汉语教学》编料部，《语言教学与研究》编辑部. 对外汉语教学的定性、定位、定量问题座谈会纪要 [J]. 世界汉语教学，1995（1）：1－5.

[41] 周雪光. 多重逻辑下的制度变迁：一个分析框架 [J]. 中国社会科学，2010（4）：132－150.

[42] 周雪光. 一叶知秋：从一个乡镇的村庄选举看中国社会的制度变迁 [J]. 社会，2009（3）：1－22.

三、相关政策文件

[1] 国家教委办公厅关于印发国家教委直属高校 1992 年工作会议文件的通知（教直厅〔1992〕4 号）[Z]. 1992－02－26.

[2] 国家教委办公厅关于印发《国家教委直属高校贯彻〈纲要〉，加快九十年代教育改革和发展步伐的实施意见》的通知（教直厅〔1993〕10 号）[Z]. 1993－11－05.

[3] 国家教委关于印发《关于重点建设一批高等学校和重点学科点的若干意见》的通知（教重〔1993〕3 号）[Z]. 1993－07－15.

[4] 国家教委印发《关于国家教委直属高校深化改革，扩大办学自主权的若干意见》的通知（教直〔1992〕38 号）[Z]. 1992－08－21.

[5] 国务院办公厅转发教育部等部门关于加强汉语国际推广工作若干意见的通知（国办发〔2006〕17 号）[Z]. 2006－03－13.

[6] 国务院关于发布《高等教育管理职责规定》的通知（国发〔1986〕32 号）[Z]. 1986－03－08.

[7] 国务院批转国家教委等部门关于深化改革鼓励教育科研卫生单位增加社会服务意见的通知（国发〔1989〕10 号）[Z]. 1989－01－15.

[8] 国务院批转教育部 2003—2007 年教育振兴行动计划的通知（国发〔2004〕5 号）[Z]. 2004－03－03.

[9] 国务院学位委员会. 关于下达《汉语国际教育硕士专业学位设置方

案》的通知（学位〔2007〕10号）[Z]. 2007-03-30.

[10] 教育部关于印发《第二次全国对外汉语教学工作会议纪要》的通知（教外专〔2000〕6号）[Z]. 2000-02-03.

[11] 面向21世纪教育振兴行动计划 [Z]. 1998-12-24.

[12] 中共中央关于教育体制改革的决定 [Z]. 1985-05-27.

[13] 中国教育改革和发展纲要（中发〔1993〕3号） [Z]. 1993-02-13.

[14] 关于发布《S大学校属实体机构设置和调整申请与审批程序的规定》的通知（校发〔2001〕17号）[Z]. 2001-02-21.

[15]《S大学外国留学生工作纪事》（内部刊印）

四、外文译著

[1] 拉格曼. 一门捉摸不定的科学：困扰不断的教育研究的历史 [M]. 花海燕，梁小燕，许笛，等译. 北京：教育科学出版社，2006.

[2] 波丢. 人：学术者 [M]. 王作虹，译. 贵阳：贵州人民出版社，2006.

[3] 克拉克. 高等教育系统：学术组织的跨国研究 [M]. 王承绪，徐辉，殷企平，等译. 杭州：杭州大学出版社，1994.

[4] 迪尔凯姆. 教育思想的演进 [M]. 李康，译. 上海：上海人民出版社，2006.

[5] 惠特利. 科学的智力组织和社会组织 [M]. 赵万里，陈玉林，薛晓斌，译. 2版. 北京：北京大学出版社，2011.

[6] 默顿. 社会理论和社会结构 [M]. 唐少杰，齐心，译. 南京：译林出版社，2006.

[7] 殷. 案例研究：设计与方法 [M]. 周海涛，李永贤，李虔，译. 2版. 重庆：重庆大学出版社，2010.

[8] 殷. 案例研究方法的应用 [M]. 周海涛，译. 重庆：重庆大学出版社，2004.

[9] 波克塞. 当妇女提问时：美国妇女学的创建之路 [M]. 余宁平，占盛利，等译. 天津：天津人民出版社，2006.

[10] 比彻，特罗勒尔. 学术部落及其领地：知识探索与学科文化 [M]. 唐跃勤，蒲茂华，陈洪捷，译. 北京：北京大学出版社，2008.

[11] 布什. 当代西方教育管理模式 [M]. 强海燕，译. 南京：南京师范大学出版社，1998.

[12] 霍伊，米斯克尔. 教育管理学：理论·研究·实践 [M]. 范国

睿，译．北京：教育科学出版社，2007：3.

［13］鲍威尔，迪马吉奥．组织分析的新制度主义［M］．姚伟，译．上海：上海人民出版社，2008.

［14］科尔奈．社会主义体制：共产主义政治经济学［M］．张安，译．北京：中央编译出版社，2007.

［15］米尔斯．社会学的想象力［M］．陈强，张永强，译．北京：生活·读书·新知三联书店，2005：222.

［16］迪尔凯姆．社会学方法的准则［M］．狄玉明，译．北京：商务印书馆，2011.

［17］斯科特，戴维斯．组织理论：理性、自然与开放系统的视角［M］．高俊山，译．北京：中国人民大学出版社，2011.

［18］斯科特．制度与组织：思想观念与物质利益［M］．姚伟，王黎芳，译．3版．北京：中国人民大学出版社，2010.

英文文献

[1] BRAIN D. Book Review: Professional Powers: A Study of the Institutionalization of Formal Knowledge [J]. Social Forces, 1988, 66 (4): 1119-1121.

[2] BROWN M C. Organization & Governance in Higher Education (Fifth Edition) [M]. Boston: Pearson Custom Publishing, 2000.

[3] DIMAGGIO P J, POWELL W W. The Iron Cage Revisited: Institutional Isomorphism and Collective Rationality in Organizational Fields [J]. American Sociological Review, 1983, 48 (2): 147-160.

[4] FELDMAN M S, PENTLAND B T. Reconceptualizing Organizational Routines as a Source of Flexibility and Change [J]. Administrative Science Quarterly, 2003, 48 (1): 94-118.

[5] FRIEDLAND R. The Endless Fields of Pierre Bourdieu [J]. Organization, 2009, 16 (6): 887-917.

[6] FREIDSON E. Professional Powers: a Study of The Institutionalization of Formal Knowledge [M]. Stanford, Calif: University of Chicago Press, 1986.

[7] GREENWOOD R, OLIVER C, SUDDABY R, et al. The SAGE Handbook of Organizational Institutionalism [M]. London: SAGE Publications Ltd, 2008.

[8] GUMPORT P J. Academic Pathfinders: Knowledge Creation and Feminist Scholarship [M]. Westport, CT: Greenwood Press, 2002.

[9] MMRCH J G, OLSEN J P. Ambiguity and Choice in Organizations: Political Decision Making in Modern Democracies [M]. Georgetown: Georgetown University Press, 2003.

[10] MEYER H, ROWAN B. The New Institutionalism in Education [M]. Albany: State University of New York Press, 2006.

[11] SMELSER N J, CONTENT R. The Changing Academic Market: General Trends and a Berkeley Case Study [M]. Berkeley & Los Angeles: University of California Press, 1980.

[12] PARSONS T, PLATT G. The American University [M]. Cambridge: Harvard University Press, 1973.

[13] PERROW C. Complex Organizations: A Critical Essay (Third Edition) [M]. New York: McGraw - Hill Publishing Company, 1986.

[14] POWELL W W, DIMAGGIO P J. The New Institutionalism in Organizational Analysis [M]. Chicago: The University of Chicago Press, 1991.

[15] RAO H, MONIN P, DURAND R. Institutional Change in Toque Ville: Nouvelle Cuisine as an Identity Movement in French Gastronomy [J]. American Journal of Sociology, 2003, 108 (4): 795 - 843.

[16] SCOTT W R. The Adolescence of Institutional Theory [J]. Administrative Science Quarterly, 1987, 32 (4): 493 - 511.

[17] SELZNICKP. TVA and the Grass Roots: A study in the Sociology of Formal Organization [M]. New York: Harper & Row, 1966.

[18] SMALL M L. Departmental Conditions and the Emergence of New Disciplines: Two Cases in the Legitimation of African - American Studies [J]. Theory and Society, 1999, 28 (5): 659 - 707.

[19] THORNTON P H. Markets from Culture: Institutional Logics and Organizational Decisions in Higher Education Publishing [M]. Stanford, Calif: Stanford Business Books, 2004.

[20] THORNTON P H, OCASIO W. Institutional Logics and the Historical Contingency of Power in Organizations: Executive Succession in the Higher Education Publishing Industry, 1958 - 1990 [J]. American Journal of Sociology, 1999, 105 (3): 801 - 843.